바세보에게
배우는
33역량

바세보에게 배우는 33역량

지은이 신호종
펴낸이 임상진
펴낸곳 (주)넥서스

2판 1쇄 인쇄 2019년 12월 16일
2판 1쇄 발행 2019년 12월 20일

출판신고 1992년 4월 3일 제311-2002-2호
10880 경기도 파주시 지목로 5 (신촌동)
Tel (02)330-5500 Fax (02)330-5555
ISBN 979-11-90032-40-7 03320

www.nexusbook.com

[바늘구멍으로 세상을 보는 탐정]

바세보에게

배우는

신호종

33역량

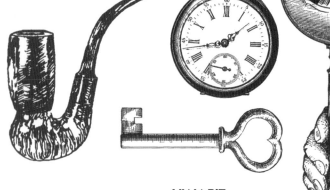

넥서스BIZ

역량이란

진단하고 실행하며

마무리 짓는 기술,

한마디로 세상을 움켜쥐는 힘이라

인식하게 된다.

_《테오 엡스타인에게 배우는 33역량》에서

김진명 작가의 추천의 글 중에서

김진명 작가의 추천의 글을 이 책의 주춧돌로 삼았다.

명탐정과 3인의 팀장

명영호 탐정

부하 직원들과 동고동락하며 수사 현장을 누빈 검찰 수사관 출신이다. 한번 물면 이빨이 다 빠질 때까지 물고 늘어지는 집요함과 열정이 넘친다. 부조리와는 절대 타협하지 못하여 공직과 교수직도 그만두고 탐정 회사를 차렸다. 호기심이 많고 경험을 중시하며 사건과 사람의 속을 정확하게 파악하는 촉이 남다르다. 다만 성격이 다소 급하여 기다리지 못하고 직선적이기도 하다.

강철만 팀장

전직 소방관 출신으로 한번 시작한 일은 끝장을 봐야 직성이 풀리는 끈기와 성과 역량이 뛰어나다. 앞만 보고 달리는 기관차와 같이 추진력과 실행력이 뛰어나다. 한번 시작한 일은 중도에 포기하지 못하는 집착 증세가 병적일 정도다.

양초희 팀장

한 번 옷깃만 스쳐도 상대방의 이름이나 특성을 정확하게 기억할 정도로 대인 관계에서 뛰어나다. 사람은 물론 동물도 잘 사귀는 관계 역량이 탁월하다. 보험회사, 마케팅 매니저 등 무형의 상품을 판매하는 업무에서 탁월한 성과를 낼 정도로 네트워크가 좋고 갈등 상황을 잘 해결하는 조정 역량이 뛰어나다. 반면에 한곳에 집중하지 못하고 산만하기도 하다.

문영민 팀장

현안의 분석과 핵심을 빠르고 정확하게 파악하는 사고 역량이 돋보인다. 매사가 논리적이고 조각을 짜맞추는 추론 능력이 뛰어나며 쟁점을 빠르고 정확하게 요약하는 능력이 탁월하다. 부동산 언론 기자, 부동산 기획, 광고 디자인과 인터넷 검색 등 다방면에서 경험이 풍부하다. 반면에 문제 인식은 빠르나 구체적인 해결책을 찾는 실행력은 다소 떨어진다.

바늘구멍을 통해 세상에 감춰진 온갖 질병의 근원과 증상을 8강 6경 3초 변증법으로 치료법을 찾아냈던 사암도인의 역량을 보는 듯하다. 2017년 세계에서 가장 위대한 지도자 1위로 테오 엡스타인을 예견했던 저자의 역량이 새로운 탐정소설의 서광이 되리라 확신한다. 답답한 문제에서 시원한 해법을 갈망하는 사람에게 이 책을 일독하길 권한다.

_양진석 박사(미국 자연의학)

명수사관에서 명탐정으로의 변신이 놀랍다. 수사 현장에서 열정과 동료애로 동고동락했던 추억이 생생하다. 무엇보다 적법절차를 철저히 지켜가면서 사건을 해결해내는 과정이 흥미롭다. 이 책을 통해 탐정의 미래를 미리 보기를 바란다.

_이경구 수사과장(의정부지방검찰청)

추적과 반전을 거듭하며 사건을 통쾌하게 마무리 짓는 바세보 탐정의 동선을 따라가다 보면 마치 한 치 앞을 내다볼 수 없는 깜깜한 동굴 속에서 출구를 찾아가는 서스펜스를 느끼게 한다. 씨실과 날실로 촘촘하게 짠 탐정소설을 통해 역량을 배우는 일은 생각만 해도 가슴이 설렌다. 저자의 33역량 시리즈 3번째 책이 주는 신선한 충격이다.

_이상길 작가

급변하는 4차 산업혁명 시대의 복잡하게 얽힌 문제를 탐정소설을 통해 해결해내는 과정에서 역량을 쉽게 배울 수 있는 걸작이다. 역량 전문가의 경륜이 묻어나는 이 책이 탐정을 준비하거나 실제로 활동하는 분들에게 좋은 지침서가 될 것이라고 믿는다.

_이창배 교수(동국대학교 경찰사법대학)

미궁에 빠진 3가지 사건을 뛰어난 추리력으로 해결해나가는 바세보 탐정 이야기는 흥미진진하다. 저자의 수사 실무 경험과 범죄학적 지식이 책 속에서 뛰어난 역량으로 드러나고 있다. 역량 있는 탐정이 되고 싶은 사람들에게 이 책을 강력히 추천하고 싶다.

_장현석 교수(경기대학교 경찰행정학과)

예리한 촉과 열정으로 바늘구멍만 한 틈을 비집고 들어가 혼돈 속에서 진실을 찾아내는 바세보 탐정은, 진실이 반드시 승리한다는 믿음을 우리 사회에 널리 확산시키는 데 크게 기여하리라 믿는다.

_조극래 교수(대진대학교)

저자의 글은 간결하고 힘이 있다. 그래서 그의 글에는 오해가 있을 수 없다. 내가 그의 글에 빠진 이유다. 이번에는 글보다 구도와 상상력에 빠졌다. 미궁에 빠진 3가지 사건을 집요하게 추적하여 해결해내는 그를 쫓다보면 몰입에 빠져 저절로 역량을 배우게 된다. 그의 열정과 변신의 끝이 어디인지 지켜보는 기쁨을 함께 나누고 싶다.

_조혜원 번역가

필자는 역량 평가, 역량 면접을 통해 채용 및 승진 심사와 역량을 지도하는 역량지도 교수다. 《이솝우화에서 배우는 33역량》, 《테오 엡스타인에게 배우는 33역량》이라는 2권의 역량 서적을 출간했다.

교수가 되기 전 필자는 검찰 수사관으로 현장 수사 팀장이었다. 위기와 갈등 상황에서 늘 스스로 선택과 결정을 해야만 하는 수사 현장에서의 경험을 〈신호종의 현장수사교실〉이라는 제목으로 《수사연구》에 15회 기고했다.

《이솝우화에서 배우는 33역량》은 국가 공무원 채용과 승진 기준인 18가지의 표준역량과 OECD 직원 선발 및 승진과 성과평가 기준인 15가지 핵심역량 총 33가지 역량을 이솝우화로 쉽고 재미있게 설명했다. 2500년 전 노예로 태어난 이솝이 사람들의 특성과 일상의 문제를 해학적이고 지혜롭게 해결한 우화 속에 숨어 있는 지혜에서 역량을 찾았다.

《테오 엡스타인에게 배우는 33역량》은 미국 메이저리그 194년 저주를 파괴한 테오 엡스타인 단장의 우승 전략을 역량 관점으로 분석한 책이다. 야구선수 경험이 전혀 없는 그가 통계 및 데이터 분석과 선수보다는 사람으로서의 인성을 더 강조한 선수 선발, 유망주 육성 등 창의적 역량을 발휘함으로써 월드시리즈 우승을 가로막아 왔다고 굳게 믿어온 108년 '염소의 저주'와 86년 '밤비노의 저주'를 파괴하고 시카고 컵스와 보스턴 레드삭스에게 우승 트로피를 안겨주는 과정을 역량 관점에서 썼다.

이 책은 검찰 수사관과 교수의 경험을 바탕으로 쓴 필자의 3번째 역량 서적이다. 언뜻 보기에는 탐정소설로 보이지만 팀원들이 어떻게 현안을 파악하고, 실행하는지 관찰하고 평가함으로써 조직 관리에 대한 역량을 보여주려고 쓴 책이다. 우리 사회에서 일어날 수 있는 3가지 사건을 탐정의 입장에서 강철만(성과 역량), 양초희(관계 역량), 문영민(사고 역량) 3명의 팀장이 사건을 해결하는 과정에서 그들의 역량을 관찰하고 평가했다.

이 책에서는 실종자 찾기(〈이상한 보이스피싱〉), 분실한 물건의 소재 파악(〈일화이발소 그림〉), 소송 자료 수집(〈완전한 유언〉)이라는 3가지 사례를 소재로 했다.

제1장은 〈바세보 탐정〉이다.

검찰 수사관 출신 역량지도 교수가 탐정 회사를 차리고 성과형, 사고형, 관계형 3가지 역량 가운데 한 가지 역량만 두드러진 팀장 3명을 뽑는다. 그들과 함께 사건을 해결하는 과정에서 그들의 역량을 관찰하고 평가하기 위해 탐정 회사를 차린 것이다.

제2장은 〈이상한 보이스피싱〉이다.

서울의 한 여고생이 신종 보이스피싱으로 갑자기 실종되었고 유사한 수법으로 고등학생들이 잇따라 실종된다. 청년 취업난에 허덕이는 한국에 진출한 국제적인 금융 조직이 저지르는 그루밍 경제 범죄를 파헤친다.

제3장은 〈일화이발소 그림〉이다.

진흙 속에 묻혀 있는 진주와 같이 한 이발소에 걸려 있던 그림 2점의 소재를 파악하여 되찾아오는 사건이다. 수단과 방법을 가리지 않고 미술품에 집착하는 미술품 수집 마니아의 삐뚤어진 심리와 베이비부머의 애환과 향수를 느낄 수 있다.

제4장은 〈완전한 유언〉이다.

자수성가한 박노인이 갑작스럽게 혼수상태에 빠졌다가 곧 사망한다. 큰아들이 아버지의 유언을 근거로 재판을 통해 1,200억 원대 재산을 독차지하려고 한다. 탐정은 고인이 애지중지 키웠던 앵무새가 갑자기 실어증에 걸린 점을 착안하여 유언의 진실을 밝혀낸다.

"역량이란 진단하고 실행하며 마무리 짓는 기술, 한마디로 세상을 움켜쥐는 힘이라 인식하게 된다."《테오 엡스타인에게 배우는 33역량》에서 김진명 작가의 추천사가 이 책의 주춧돌이 되었다. 역량을 이보다 더 간결하면서도 임팩트 있게 설명한 글을 아직까지 본 적이 없다. 전문적으로 역량을 공부한 적이 없는 그의 역량에 대한 통찰력은 역량이란 지식보다 현장에서 문제를 해결해낼 수 있는 잠재력이라는 사실을 새삼스레 깨닫게 했다.

이 책의 시점은 2022년이다. 2021년 극적으로 탐정법이 국회에서 통과되고 시행될 것이라는 가정에서 썼기 때문이다. 그동안 탐정 제도가 오랫동안 논의되어 왔지만 탐정 자격과 감독 권한을 놓고 논쟁만 벌이다 한 발짝도 진전되지 못하고 있는 것이 현실이다. 이 책에서는 공인 자격증을 기반으로 한 공인 탐정보다는 일본과 같이 누구나 영업 신고만으로 탐정업을 할 수 있는 사설탐정 방식을 설정했다. 누구나 탐정업을 할 수 있지만 업무 수행은 엄격하게 법을 준수하도록 하고 법을 위반할 때에는 강력한 처벌과 감독으로 통제하도록 했다. OECD 35개 회원국 가운데 유일하게 탐정 제도가 없는 대한민국에서 국민의 사법 수요의 증가로 탐정 제도가 조속히 실행되었으면 하는 희망을 담았다.

이 책은 인간 내면의 심리를 심층적으로 분석한 추리소설이라기보다는 현실에서 실제 발생할 수 있는 사례를 탐정이 해결해내는 탐정소설에 가깝다.

심리소설을 쓰기엔 역부족이기도 하지만 3명의 팀원이 사건을 해결하는 과정에서 드러내는 역량을 관찰하고 평가하려는 필자의 의도를 관철하기 위한 불가피한 선택이었다.

이 책에서 절마다 저자의 생각과 경험을 짧은 글로 삽입했다. 본문을 읽기 전 기대감과 읽은 후 요점을 정리했으면 하는 심정으로 쓴 것이다. 자칫 탐정소설, 추리소설, 역량 서적 그 어느 분야에서도 완성되지 못했다는 아쉬움과 두려움이 가슴 한 구석에 남아 있다. 하지만 탐정소설을 매개로 조직 역량을 쉽게 설명한 첫 번째 시도라는 점이 작은 위안이 된다.

끝으로, 이 책이 탐정 제도의 조속한 법제화에 다소나마 도움이 되었으면 하는 바람이다. 자신과 조직의 문제를 해결하려고 분투하는 독자에게 이 책을 바친다.

신호종

차례

1장

바셰로 탐정

부적응자

성공과 실패는 어떤 길을 선택했느냐보다는
선택한 길을 어떻게 걸어갔느냐에 따라 결정된다.

_명탐정 S

2022년 2월 10일 오전 11시 10분.

서울 서초동 강남대로에 있는 에이트리빌딩 1층에서 남자와 여자가 다투는 소리가 문밖으로 새어 나왔다. 실평수 10평 남짓한 부동산이다. 소파와 책상 대신에 8인용 큰 테이블이 중앙에 놓여 있다. 남자 3명과 여자 1명이 탁자에 앉아 논쟁을 벌이다가 잠시 멈추었는지 분위기가 싸늘했다.

부동산 사장으로 보이는 60대 남자는 계약서를 쓰다 말고 남자와 여자의 말싸움에 이러지도 저러지도 못하겠다는 듯 난감한 표정을 지었다. 금테 안경을 낀 50대 중반의 남자와 대나무 손잡이로 된 가방을 팔에 낀 60대 초반의 여자 간 논쟁이었다.

계약 기간을 무조건 3년으로 해달라는 남자와 계약 기간을 1년씩 연장해야 한다는 여자 간의 다툼이었다. 여자는 임대인이고 남자는 임차인임을 한눈에 알 수 있었다.

"제가 지금까지 이 동네에서 30년 넘게 부동산을 했지만 임대 기간으로 오늘처럼 힘든 일은 처음입니다."

부동산 사장은 자신도 참을 만큼 참았다는 듯 약간 신경질적으로 말하면서 한숨을 내쉬었다. 분위기가 어색해지자 탁자 한쪽에 조용히 앉아 있던 직원으로 보이는 젊은 남자가 끼어들었다.

"제가 보기엔 두 사장님 말씀에 모두 일리가 있습니다."

"이 건물 오피스텔은 1년 단위로 임대차계약을 하는 것이 관행입니다. 하지만 임차인이 1년 계약 후에 임대차 갱신 요구를 하면 임대인은 법적으로 10년을 보장해야 하죠."

그의 말이 끝나기가 무섭게 남자는 한층 목소리 톤을 높였다.

"법으로 10년이 보장되어 있으니 3년 계약하자는 주장은 당연한 거네요."

"이 빌딩에는 이런 사무실이 200여 개가 있고요. 이 동네는 아시다시피 부동산 가격이 매년 올라서 사무실 월세를 1년씩 올리는 것이 관행입니다."

여자는 차분한 목소리로 지금까지 숨겨왔던 자신이 속내를 그대로 드러냈다.

직원은 남자와 여자를 한 번씩 번갈아 쳐다보았다.

"사장님, 이렇게 하면 어떨까요? 임차인 사장님 의견대로 계약 기간을 3년으로 하되, 임대인 사장님 입장도 고려해서 월세를 1년 치씩 선납하는 조건으로 하면 어떨까요?"

말이 끝나자마자 여자는 가방에서 손바닥 안에 들어갈 만한 작은 전자계산기를 꺼내더니 재빠르게 계산기를 두드렸다.

"그럼 계약 기간을 3년으로 하고요. 임차료는 1년 단위로 선납하는 조건으로 하죠. 그 대신에 임차인이 중도 해약할 때에는 이미 낸 임차료는 반환하지 않는 조건으로 하고요. 그런 조건이면 당장 계약하겠어요."

그러자 임차인도 말없이 젊은 직원을 쳐다보았다. 분명 그것은 묵시적인 동의였다. 그동안 어찌할 바 모르고 조용히 앉아 있던 부동산 사장의 얼굴에 화색이 돌아왔다.

"아하, 그렇게 하면 되겠네요. 사장님들, 어떠세요?"

"역시 우리 사장님은 머리가 참 좋아요."

그가 직원으로 보이는 젊은 남자에게 사장님이라고 부르자, 임차인은 놀라는 표정으로 한쪽 벽에 걸려 있는 자격증과 사업자등록증을 유심히 쳐다보았다.

공인중개사 자격증과 사업자등록증에 이상수(46세)로 기재된 것으로 볼 때 젊은 남자가 사장임을 알 수 있었다.

나이 든 직원은 작성하다가 만 계약서를 수정하고는 바로 출력했다. 지루했던 논쟁이 한순간에 해결되자 사무실 분위기도 한층 밝아졌다.

"보증금 3,000만 원에 월세 120만 원, 계약 기간은 3년, 특약 사항으로 임차료는 1년 치씩을 선납해야 하고, 임차인 귀책사유로 본 계약이 중도 해약될 때에는 선납한 임차료는 반환받지 못한다."

직원은 자신이 작성한 계약서가 어떠냐는 듯이 중요 사항을 큰소리로 또박또박 읽었다.

"사장님들, 됐지요?"

그러자 임대인과 임차인은 말없이 그에게 도장을 건네주었다. 기찻길처럼 평행선을 그을 것 같았던 갈등이 젊은 사장의 개입으로 한순간에 해결된 것이다. 직원은 작성한 계약서를 한 장씩 임대인과 임차인에게 건네주었다.

"이제 명영호 사장님이 송명숙 사장님 은행 계좌로 보증금과 1년치 월세를 이체하고 송사장님은 열쇠를 넘겨주면 거래는 끝납니다. 돈과 열쇠는 동시 이행 관계입니다."

영호은 폰뱅킹으로 돈을 이체하였고 송명숙은 휴대폰으로 입금을 확인하고는 열쇠를 그에게 건네주었다.

그녀는 계약서를 가방 안에 넣고 간단한 눈인사만 하고는 사무실 밖으로 나갔다. 명영호는 임대인이 밖으로 나가자 계약서를 찬찬히 살펴보더니 깜짝 놀라는 표정이었다.

"올해 송명숙 사장님 연세가 만 75세네요."

60대 초반 정도로 보인 그녀가 75세라는 사실에 그게 놀랐다는 표정이었다.

그는 이상수 사장에게 커피 한 잔 달라고 했다.

나이 든 직원은 재빠르게 정수기 쪽으로 가더니 믹스 커피를 종이

컵에 넣고 정수기 물을 부은 후 커피 봉지를 둘둘 말아 빙빙 젓더니 커피를 건넸다.

영호는 커피를 받아들면서 나이 든 직원에게 "참 센스가 만점입니다"라고 했다.

"제가 눈치와 행동 하나는 제트기입니다요. 헤헤." 그는 아침부터 끌어온 계약을 성공적으로 마친 것에 만족하는 눈치였다.

영호는 커피를 한 모금 마셨다. 믹스 커피를 좋아하지 않는 그였지만 갈등의 본질을 정확하게 파악하고 해결 방안도 명쾌하게 제시한 이상수 사장에 대한 호기심이 생겼다. 또한 빠르고 정확한 실행력을 보인 나이 든 직원과의 역할 분담도 알고 싶어졌다.

"송명숙 사장님은 아마도 금융기관에 오래 근무하였고 독신일 겁니다." 영호는 방금 나간 송명숙에 대하여 거의 단정적으로 말했다. 그러자 두 남자는 깜짝 놀라면서 서로 얼굴을 쳐다보고는 동시에 영호를 쳐다보았다.

"사장님이 그걸 어떻게 아셨어요? 혹시 송사장님을 아는 분이세요?"

"아니요, 오늘 처음 뵌 분입니다."

"그런데 어떻게 그렇게 족집게처럼 그걸 아셨어요?"

"사장님, 혹시 오늘 계약한 사무실에서 사주 풀이, 관상, 작명 같은 일을 하시려고 하세요?"

영호는 순간 아차 싶었다.

"아닙니다. 그냥 느낌이 그래서요." 영호는 더 이야기했다가는 자신이 어떤 사람인지 드러날 것 같았는지 말을 아꼈다.

송명숙은 은행에서 오래 근무하였고 현재까지 독신이라고 부동산 사장이 알려주었다. 부동산 사장은 그녀에 관한 이야기를 이어갔다.

"송사장님은 여기에 사무실이 5개가 있는데 저희 부동산하고만 거래합니다. 송사장님은 자신의 신상이 남에게 알려지는 것을 극도로 꺼려서 다른 부동산하고는 절대 거래하지 않아요."

그는 말을 마치고는 자신이 무슨 큰 비밀이라도 누설한 것처럼 손가락으로 입술을 쓸어냈다. 마치 지퍼를 채우는 시늉이었다. 송명숙에 관해 말한 것을 비밀로 해달라고 영호에게 부탁하는 제스처였다.

"사장님은 처음 만난 송사장님을 어떻게 정확하게 알아보셨어요? 정말로 놀랐습니다."

이상수는 자신이 송명숙에 대한 비밀을 알려줬으니, 영호도 어떻게 그녀에 대해 족집게처럼 알게 되었는지 그 비법을 말해달라는 눈치였다.

영호는 속내를 다 터놓은 이상수가 오랜 친구처럼 느껴졌다.

"송사장님을 은행원 출신으로 본 것은 1년 치 월세를 선납하자고 할 때 그녀가 전자계산기를 두드리는 것을 유심히 보았는데, 단순히 더하기, 빼기, 곱하기로 셈을 하는 게 아니라 중간중간에 계산했던 것을 저장했다가 다른 계산을 할 때 그것을 통째로 활용했기 때문입니다. 기간별 이자율을 계산할 때 그렇게 하거든요."

부동산 사장은 영호의 설명이 수긍되는지 고개를 끄떡이면서 다시 물었다.

"그러면 송사장님이 독신인 것은 어떻게 아셨어요?"

"그녀가 독신일 거라는 판단은 3가지 정도를 근거로 했지요. 첫 번째는 부동산 계약과 같이 중요한 일을 처리하면서 중간에 변수가 생겼음에도 혼자 결정하더군요. 보통은 남편이나 다른 사람과 상의하는 것이 일반적이거든요. 두 번째는 독신 여성은 나이가 들수록 배우자가 있는 여성보다 노화 속도가 느리게 진행된다는 연구 논문을 읽은 적이 있거든요. 세 번째는 2시간 넘게 탁자에 앉아서 대화하는 동안 그분은 저와 한 번도 눈을 제대로 마주치지 않더군요. 그 나이에 남자와 눈을 마주치는 것을 무척 어색해하시는 것 같았어요."

영호의 말을 듣던 두 사람은 그의 세심한 관찰력에 놀랐다는 표정이었다. 이상수는 영호를 보며 엄지손가락을 치켜세웠다.

영호도 이상수에게 재빠르게 물었다.

"꼬인 실타래를 풀어내는 실마리를 찾아내듯이 오늘 갈등 상황을 해결해내는 비법이 진짜 궁금해요?"

이상수는 자신만의 비법을 빠르게 설명하기 시작했다.

"부동산 일을 하다보면 오늘처럼 양쪽 입장이 팽팽하게 대립하는 경우가 많아요. 쉽게 계약서를 쓰는 경우는 100건 중 1건이나 될까 말까 해요. 그것도 작은 월세로요. 그래서 저는 제 생각이나 입장을 완전히 빼고 양쪽 입장만을 냉정하게 보려고 해요. 그래야 손님들의 본심이 조금씩 보여요. 손님들은 각자 입장이 있는데 체면 때문에 속내를 잘 드러내지 않으려는 경향이 있거든요. 그래서 오시는 손님의 진짜 속내를 파악하는 것이 쉽지 않아요."

"좀 더 알기 쉽게 설명해주세요. 얼른 이해가 안 되네요."

"예를 들면요. 부동산에 오는 손님이 똑같지가 않아요. 실제 계약하려고 오는 손님, 다른 부동산에서 이미 다 알아보고 가격만 비교해보려고 오는 손님, 마음에 둔 물건의 가격 추이만을 체크하려는 손님, 심지어는 공짜로 커피 한 잔을 마시면서 시간을 때우려는 손님까지 부동산에 오시는 손님이 아주 다양해요."

"그래서 먼저 손님 성향을 정확하게 파악해야 하지요."

"사장님은 계약 기간, 송사장님은 월세가 포인트라는 점을 알았지요. 그런 다음에 양쪽을 모두 만족시킬 수 있는 방안을 생각하게 된 겁니다. 한마디로 누이 좋고 매부도 좋은 방안을 찾아야 해결되지요."

영호는 그와의 대화가 마치 동료 역량지도 교수와 갈등 상황을 해결해내는 방안을 설명하는 대화로 착각될 정도였다.

"이사장님! 양 당사자를 다 만족시킬 수 있는 방안을 생각해내는 비법을 좀 구체적으로 알려주실 수 있나요?"

영호는 그에게 '비법'이라는 단어까지 쓰면서 되물었다. 그는 물 한 잔 마시고는 자신만의 비법을 천천히 설명하기 시작했다.

"제 경험으로는요. 대립하는 의견 차이를 좁히는 데 먼저 당사자 이외에 다른 사람들이 끼어들지 못하게 하는 것이 중요해요. 만약 오늘 두 사장님 의견에 제가 끼게 되면 양자 관계가 3인 관계가 되고요. 거기다가 우리 실장님까지 관여하면 4인 관계고요. 만약 함께 온 사람이 또 끼게 되면 5인 관계, 6인 관계가 되거든요. 그렇게 되면 문제가 더 복잡해지고 문제의 본질이 바뀌기도 해요. 양자 관계로 단순화시키고 나서 양쪽이 원하는 내용을 정확하게 알아내는 것이 중요하죠. 뭐, 별거 아닙니다만 저만의 노하우입니다."

"제가 이 동네에서 30년 넘게 부동산 일을 했지만 우리 사장님같이 거래를 잘 성사시키는 분은 없어요. 우리 사장님이 최고입니다."

영호는 이상수의 거침없는 말에 입을 다물 수 없었다. 그가 보인 행동이나 설명은 바로 갈등을 해결해내는 역량 기법을 그대로 보여준 것이기 때문이다.

"혹시 사장님은 대학에서 심리학을 전공하셨어요?" 영호의 뜻하지 않은 질문에 그는 약간 얼굴을 붉혔다.

"전 중학교 졸업이 다예요."

영호는 괜한 질문으로 사장을 곤란하게 만들었다는 생각에 미안한 마음이 들었다. 그의 학력이 중졸이라는 말에 한 번 더 놀랐지만 애써 태연한 척했다.

"사장님은 정말로 대단하세요. 어렵다는 공인중개사 자격증도 따시고 이렇게 좋은 동네에서 부동산을 운영하시니까요."

갈등 조정 역량은 문제의 핵심과 원인을 파악하고 그 문제 해결에 적합한 방안을 제시하는 것이다. 역량을 발휘하는 데 학력이 크게 좌우하지 않는다는 영호의 평소 소신을 그를 통해 확인한 것 같아서 뿌듯했다.

"오늘 사장님이 계약을 성사시킨 일은 정말 대단한 작품입니다."

영호가 오늘 일을 칭찬하자 그는 약간 흥분한 목소리로 말을 이어갔다.

"전 어릴 적부터 늘 싸움과 갈등 속에서 살아왔어요. 아버지는 동네 분들과도 많이 다투셨고요. 어머니와도 자주 다투셨지요. 그때마다 전 누가 잘못했는지, 누가 원인을 제공했는지 생각해보는 습관이 생겼어요. 제 성격이 내성적이다 보니 말은 못했지만 싸우는 과정을 보면서 누가 뭘 잘못했고 누구는 뭘 잘못했는지를 정리해보는 버릇이 있었지요. 지나고 보니 이때 경험이 부동산 일을 하는 데 큰 도움이 된 것 같아요."

영호는 그의 이야기를 듣고 그가 갈등 상황을 잘 분석하고 대응하는 이유를 알 것도 같았다. 그와 밤새도록 이런저런 이야기를 나누고 싶었지만 나이 든 직원이 영호에게 인사하듯이 큰소리로 말했다.

"명사장님과 대화를 하니 아주 유익하네요. 이제 이 건물에 입주하셨으니 자주 우리 사무실에 들러주세요. 언제든 환영입니다."

순간 벽에 걸려 있는 시계를 보니 오후 2시다. 영호는 계약한 후 너무 오래 있었음을 알고는 미안한 생각이 들었다.

"저도 오늘 대화가 너무 재미있고 유익했습니다."

계약서를 챙겨 부동산 밖으로 나오자 자신이 탐정이 되었다는 실감이 조금은 났다. 이틀 전 교수직 사직서를 대학 본부에 제출하고 교문을 나설 때가 문득 떠올랐다. 그날 교문을 나서면서부터 코로 숨을 제대로 쉬고 있다는 느낌이 생생했다. 크게 숨을 들이마시니 찬 공기가 가슴 깊이 들어와 온몸에 퍼지는 느낌이었다. 마치 처음 숨을 쉬는 사람같이 연거푸 코로 숨을 들이마셨다가 내뿜기를 수십 번 했다. 교수라는 거추장스러운 옷을 벗어던지니 너무 홀가분했다.

그가 사직서를 제출한 것이 이번이 처음은 아니었다. 딱 5년 전에도 남들이 부러워했던 공직도 그만두었다.

15년 동안 근무했던 공직을 그만둔 이유는 간단했다. 정의를 외치는 검찰청에서 부당한 인사에 항변했으나 돌아오는 것은 오히려 그를 부적응자로 여겼기 때문이었다. 젊은 사무관이던 그는 그런 부조리를 납득할 수 없었다. 실체적 진실을 찾는 데 목숨을 거는 조직이지만 승진 인사를 앞두고는 너무도 공정하지 못했다.

솔직하게 변명이라도 해서 영호를 설득했더라면 받아들이기 쉬웠을 텐데 윗사람들은 그러지도 못했다. 영호는 자신의 열정을 그런 조직에 바친다는 것이 싫었고 참을 수 없었다.

명영호는 수사관 시절 밤을 새워가며 일을 해도 피곤한 줄 몰랐다. 공장을 그만두고 검찰 수사관이 된 것이 가장 잘한 선택이었다다고 자부했다. 그는 가정 형편이 어렵고 형제가 많아 대학 진학은 꿈도 꾸지 못하여 공고로 진학했다. '조국 근대화의 기수'가 되겠노라며 스스로 선택했다. 방학도 없이 불철주야 실습장에서 쇳덩이를 마치 고무지우개쯤으로 마음대로 다루는 기술을 익혔다. 2학년 때 자격증을 딴 학생은 3학년 1학기가 되면서 바로 공장으로 취업했다.

영호도 3학년 1학기부터 왕십리에 있는 대형 철공소에 취업했다. 회사는 그리 크지 않았지만 많은 일을 배울 수 있는 기회가 있었다. 그런데 공장에서 하는 일은 학교에서 배운 것과는 딴판이었다. 학교에서 배운 것을 다 잊고 현장에서는 다시 배워야 한다고 배웠지만 학교와 공장은 너무 달랐다. 현장에서는 기계 부품과 공구 이름이 거의 일본어가 섞인 말이라서 무슨 말을 하는지 알아들을 수가 없었다.

게다가 누구도 가르쳐주려고 하지도 않았다. 고교 2년간 어렵게 딴 자격증도 현장에서는 인정해주지 않았다. 공장에서는 기름밥 먹은 경륜이 바로 자격증이었다.

영호를 지휘한 김반장은 동갑내기였다. 그는 초등학교 졸업하고 바로 공장에 와서 기술을 배웠다. 자격증은 하나도 없었지만 그는 일을 너무도 능숙하게 해냈다.

"가방끈 긴 놈들하고 자격증 타령하는 놈은 아무 일도 못해." 그는 영호를 볼 때마다 그런 말을 했다.

마치 영호를 두고 하는 말 같았지만 그래도 참고 그에게 일을 배우려고 했다. 힘든 하루하루를 보내며 2주째 되던 날이었다.

"야, 키즈치 달라는데 내 말이 안 들려!" 김반장은 소리를 치면서 작은 쇠망치를 영호에게 던졌다. 영호는 기계 소리로 김반장이 하는 말을 제대로 듣지 못했지만 설령 들었어도 그가 말한 키즈치가 무슨 말인지 몰랐다.

"반장님, 저요?"라고 영호가 대답하자 그는 더 큰 쇠망치를 영호에게 던졌다.

두 번째 던진 쇠망치는 영호 발 앞에서 튀어서 그 옆에 있던 김영감 다리를 때렸다. 김영감의 정강이에서 붉은 피가 났다. 그를 김영감이라고 불렀고 공장 청소 같은 허드렛일을 하면서 공장에서 숙식했다. 누구도 그의 이름을 알려고 하지 않았고 그도 자신의 이름을 누구에게도 알려주려 하지 않았다. 영호는 순간적으로 김영감이 자기 때문에 다쳤다는 생각에 미안한 마음이 들었다.

그런데 김반장은 사과하기는커녕 계속해서 영호에게 욕설을 해댔다. 순간 영호는 더 참을 수 없었다. 영호는 반장이 그에게 던졌던 망치를 집어 들어 그를 향해 던졌다.

"야, 이 새끼야! 너 빨리 영감님께 와서 사과드려!" 둘은 누가 먼저랄 것도 없이 서로 달려들었다. 순식간에 서로 주먹질하고 뒤엉켜 싸우기 시작했다. 갑자기 공장 안은 아수라장이 되었고 직원이 모두 모여들었다. 공장장은 기계 전원 스위치를 끄고 싸움을 말렸다.

잠시 후 반장은 영호가 자기에게 대든 것을 참을 수 없다는 듯이 오히려 큰소리를 쳐댔다. 결국 영호는 사무실로 불려가 공장장으로부터 훈계를 들어야 했다. "이 공장에서 계속 일하려면 반장한테 사과해라."

"제가 잘못한 게 없는데 뭘 사과합니까?" 영호는 사과하라는 공장장에게 따졌다.

공장장은 "김반장이 나무 망치를 달라고 말했다던데?"라고 물었다. 영호는 그제야 김반장이 말한 키즈치가 나무 망치라는 사실을 알게 되었다.

공장장은 영호가 실무 수습생이기 때문에 여기서 평가가 좋지 못하면 다시 학교로 가야 하고 다른 공장에도 취업이 어려울 수 있다며 은근히 겁을 주었다. 그의 말대로 공장에서 실습생에 대한 평가가 나쁘면 학교로 통보되고 다른 곳으로 취직할 때 영향을 미치는 것이 사

실이었다. 영호는 김반장에게 사과하기 싫었고 이런 부조리를 참을
수 없었다. 영호는 바로 공장을 나왔고 그 이후 출근하지 않았다.

명영호는 분명 직장을 그만둔 경험이 있지만 자신을 부적응자라
고 생각해본 적은 없다. 어느 길을 선택했느냐보다는 자신이 선택한
그 길을 어떻게 걸어갔느냐가 더 중요하다고 생각했기 때문이다.

첫 관문

집안에서 평가받지 못한 사람이 집 밖에서 평가받겠다는 것은
나무에서 물고기 구하는 격이다.
_명탐정 S

영호는 새로운 일을 시작할 때마다 기대감으로 설레었는데 탐정 일
을 시작하면서는 설렘이 오래가지 않았다. 오히려 걱정과 답답함이
가슴속에 가득 찼다. 나이 탓인가?

사직서를 교무처에 제출하고 교문을 빠져나올 때 느꼈던 상쾌함
은커녕 뭔가 뒤엉켜 큰 수렁에 빠져드는 느낌이었다. 마치 수사관 시
절 자신의 과오로 수사를 망치고 그 과정을 상사에게 보고해야 할 때
와 같은 그런 중압감마저 느껴졌다.

점심시간이 훨씬 지났지만 배고픔도 전혀 느껴지지 않는다. 영호
는 밖으로 나와 걸어가면서 어디엔가 전화했다.

"세무사님 좀 부탁드립니다." 전화를 받은 여직원은 그가 누구인

지 금방 알아차렸는지 전화를 바꿔주었다.

"난데. 점심 먹었어?"

상대방은 아무 대답도 하지 않았다.

"아직 안 먹었구나? 지금까지 점심도 못 먹고 일하는 거야?"

"아무리 바빠도 점심 좀 챙겨 드셔야지."

"나도 아직 점심 못 먹었는데 나랑 점심하자?"

"그래요? 왜 아직까지….."

"그럼 그 된장집 알지? 그리로 와요. 난 5분이면 도착할 거야."

된장집은 그녀 사무실 부근에 있는 음식점이다. 그녀는 걸어서 2분 정도, 영호도 10분이면 충분히 도착할 수 있는 거리였다.

먼저 도착하는 사람이 음식을 주문한다. 묻지 않아도 서로 뭘 먹을지 잘 알기 때문이다.

영호는 식당으로 걸어가는 동안 아내에게 교수직을 그만둔 일과 사무실 계약한 일을 어떻게 설명해야 할지 걱정이었다. 안정된 교수직을 그만두고 다른 일을 시작하는 것을 그녀가 쉽게 승낙할 리 없기 때문이다.

개업 세무사인 그녀는 공무원 출신인 남편이 교수를 그만두고 새로운 사업을 시작한다는 것이 얼마나 무모한 일인지 누구보다 잘 알고 있을 것이다. 영호가 아내와 한마디 상의도 없이 오늘 사무실을 계약한 것도 그녀가 반대할 게 너무도 명백했기 때문이었다. 지금으로서는 영호는 아내를 설득하는 일이 가장 어렵게 느껴졌다.

갑자기 공무원을 그만두고 박사 과정을 시작했던 영호 때문에 그녀가 얼마나 마음고생을 했는데 한마디 상의도 없이 교수를 또 그만두다니….

영호는 곧 아내를 만난다고 생각하니 가슴이 답답해졌다. 문득 부동산 사장이 했던 말이 떠올랐다. 둘만의 문제로 국한시키고 자신의 감정을 개입시키지 말고 상대방을 만족시킬 수 있는 방안을 찾아라.

식당에 도착하니 아내는 아직 보이지 않았다. 영호는 그녀를 잘 안다. 약속 장소에 그녀가 먼저 온 기억이 거의 없다. 아내와 전화할 때 10분 정도 소요되는 거리였지만 5분 후에 도착한다고 말해도 그녀에게는 아무 소용없었다.

그녀는 자신의 일에 몰입하는 편이다. 약속 장소에 늦게 오는 그녀에게 짜증을 내기도 했지만 그만큼 영호를 가장 편한 존재로 생각해 주는 그녀가 고맙게 느껴졌다.

세무사는 1월 초부터 5월 말까지 눈코 뜰 새 없이 바쁘다. 거래 업체의 전년도 소득과 지출에 관한 세무 자료를 꼼꼼하게 챙기고 세금 신고도 해줘야 하기 때문이다. 한 푼이라도 절세할 수 있도록 세무사는 수시로 바뀌는 규정을 찾아내야 한다.

영호가 그녀에게 휴대폰 대신 사무실로 전화한 것도 그런 이유였다. 휴대폰은 거의 통화 중이거나 영호가 한 전화는 받지 않을 거라는 사실을 누구보다 잘 알았기 때문이다. 영호는 된장찌개 백반 2인분을 주문했다. 이 집은 두부 부침, 전, 진한 된장찌개와 함께 나오는 시원한 동치미 국물이 일품이다.

아내가 약간 초췌한 얼굴로 식당 안으로 들어왔다. 눈이 벌겋게 충혈되어 마치 토끼 눈 같았다. 아내가 도착하자마자 1분도 되지 않아 식사가 나왔다. 영호는 아내와 커피 한 잔 마시려고 식사하면서는 말을 아꼈다. 식사가 끝나자마자 영호는 커피 한잔하자고 했다.

오늘따라 조용히 밥만 먹는 영호가 뭔가 할 말이 있다는 것을 그녀가 금방 알아차렸다.

"왜 나한테 할 말 있어요?"

"응, 오래 걸리지 않을 거야."

"그래요, 그럼 그 카페로 가요."

식당을 나와 그녀는 말없이 영호와 팔짱을 끼고 걸어갔다. 영호가 오전 수업이 없는 날이면 아내와 모닝커피를 마시던 카페였다.

오후 3시쯤이라 그런지 둘이 자주 앉았던 자리가 비어 있었다. 한쪽 구석에 놓여 있는 2인용 원탁 테이블로, 벽면에는 뉴욕의 타임스스퀘어를 배경으로 한 카페에서 노부부가 다정하게 따뜻한 커피를 마시는 일러스트가 있었다. 아내는 먼저 그 자리로 가서 앉았다. 잠시 후 진동벨이 울리자 영호는 재빨리 카운터로 가서 따뜻한 커피 두 잔을 가져왔다.

서로 잔을 들고는 뜨거운 커피를 한 모금씩 마시기 시작했다. 이때에는 누구도 먼저 말을 걸지 않는다. 갓 추출한 커피에서 나오는 크레마가 사라지기 전에 마셔야 하기 때문이다. 둘은 커피 마니아다. 커피 몇 모금을 마시고 난 후 아내는 여유를 찾은 듯 표정이 금방 밝아졌다. 영호도 아내의 밝은 표정을 보니 긴장이 약간 풀렸다. 커피를 마시면서 가끔씩 벽면 그림을 쳐다보고는 미소를 짓는 아내를 보니 한

결 마음이 편해졌다. 부부는 작은 일로 화내고 다투지만 더 사소한 일로도 마음이 편해지는 사이라는 생각이 문득 들었다.

"자기야, 나한테 한 3년만 시간을 좀 주면 안 될까?"

아내는 영호가 무슨 말을 하는지 궁금해하면서도 일부러 무관심한 척했다.

"당신 지금 나한테 무슨 말을 하려고 그래?"

"사실 나 공무원하다 그만두고 박사 받고 교수하는 데 참 힘들다."

"뭐가 그렇게 힘들어?"

"학생들에게 역량을 가르치는 일이…."

"무슨 말이야?"

"당신만큼 열정적으로 역량을 잘 가르치는 사람도 없다고 하던데?"

"그동안 역량을 가르친다고 가르쳐왔는데 하면 할수록 확신이…."

영호의 뒷말은 들릴 듯 말듯 흐려졌다.

"연륜이 쌓이면 그만큼 자신감도 쌓여야 하는데 난 점점 더 어렵게 느껴지니…."

"그래서 뭘 어떻게 할 건데?"

그녀는 더는 말하기 싫다는 투로 영호를 물아붙였다.

"그동안 공부하고 가르친 것을 직접 체험을 통해 검증해보고 싶어. 검증을 통해 내 생각이 옳았다고 생각하면 큰 벽을 뛰어넘는 거고, 그 벽을 넘지 못하면 역량 가르치는 일을 그만두고 다른 일을 해보려고."

"뭐요?"

"이게 내가 몇 년 동안 혼자 고민해온 거야."

그녀는 영호의 말에 더는 대꾸하지 않겠다는 듯이 눈길을 다른 곳으로 돌렸다.

"자기야, 나한테 한 번만 기회를 줘라. 응?"

"아니, 말이 통하지 않는 5살 아들이 장난감 사달라고 조르는 것 같다."

"그러지 말고 그냥 지금같이 해. 다들 똑같아. 목사님들도 설교하다 보면 어느 날 문득 믿음이 생긴다고 하던데 당신이 무슨 그런 엉뚱한 고민을 해요."

영호는 오늘 작성한 계약서를 아내에게 내밀었다.

"나 오늘 사무실 계약했어…. 이번만 기회를 줘. 내가 잘해볼게."

그녀는 영호가 내미는 계약서를 찬찬히 읽어보고는 어이없다는 표정을 지었다.

"당신한테 이런 모습이 있었다니…. 늘 자상한 남편, 의젓한 가장으로서 치밀한 사람이 이번 일은 참 다르다." 그녀는 식은 커피를 마셨다.

"이 순간만큼은 당신과 나 우리 둘만을 생각해보자." 영호는 부동산 사장의 조언대로 문제를 아내와 둘만의 관계로 단순화시키려고 노력했다.

"당신을 대학교 때 만나서 5년 연애하고 26년 살아오면서 당신이 이런 적은 처음이다." 그녀는 식은 커피를 다 마셨다.

"하긴 내가 세무사 시험 공부할 때 당신이 말없이 도와주었고 가장으로서 그동안 집안을 잘 이끌어왔으니….” 그러면서 그녀는 잠시 생각이 잠겼다.

그녀는 지나간 일을 회상하는지 잠시 시선을 다른 곳으로 돌렸다.

둘은 캠퍼스 커플이다. 영호가 복학한 2학년일 때 4학년이던 그녀를 중앙 도서관에서 만났다. 영호가 지방 고시원으로 공부하러 다닐 때에도 대학원생이던 그녀는 먼 곳까지 영호를 찾아와 격려해주었다. 영호가 행정고시에 합격하자마자 2달도 채 안 돼 12월 말에 결혼 선언을 했다. 뭘 그렇게 급하게 결혼하느냐며 양가에서는 은근히 반대했지만 둘은 약속대로 결혼했다.

대학에서 강의하던 그녀가 어느 날 세무사 공부를 하겠다고 했을 때 영호는 군소리 없이 그녀를 도와줬다. 그녀는 아들을 낳아 키우면서도 세무사 시험에 합격했다.

“당신, 교수 그만두고 무슨 일을 하려고 그래요?”

“응, 탐정 사무소를 한번 차려보려고.”

그녀는 놀란 표정을 지었다. “우리는 탐정 일이 불법이잖아?” 언젠가 아내와 함께 셜록 홈스 영화를 본 적이 있었는데 그때 우리나라에서는 탐정이 불법이라는 대화를 나눈 적이 있었다. 영호는 이때다 싶었다.

“지난 연말에 전격적으로 탐정법이 국회를 통과했어. 그래서 올해부터 탐정 사무실을 낼 수 있어.”

그러자 그녀는 “당신이 정 그렇다면 딱 1년만 해봐요. 1년 해보고 아니다 싶으면 미련 없이 그만두는 거야. 알았지요?”

영호는 아내가 1년만 해보라는 말에 뛸 듯이 기뻤다. 그녀는 영호와 함께 셜록 홈스 영화를 보고 나서 영화 속에 숨은 이야기를 열정적으로 설명하던 영호가 탐정을 하면 잘할 것 같다고 말했던 일이 떠올랐다.

"여보, 고마워." 영호는 그녀의 볼에 가볍게 입맞춤을 했다.

"아휴, 이 사람이…."

그녀는 무안한 듯 영호를 떠밀면서 그의 손을 꼭 잡았다.

오늘 따라 그녀의 손이 유난히 따뜻했다.

탐정 법안은 2021년 연말에 국회를 통과했다. 법안은 오래전부터 여러 차례 발의되었지만 본격적으로 논의조차 되지 못했다. 하지만 2020년 4월 제21대 국회의원 선거가 끝나자마자 본격적으로 논의되기 시작했다. 탐정 제도는 국민의 권리 구제, 피해 회복과 사법 서비스 보완 필요성을 주장하는 찬성론과 국가 업무를 사적 영역에 맡기는 것은 직무유기라는 반대론이 팽팽했다. 그동안 제대로 논의조차 안 된 이유는 탐정 자격 요건, 관리 감독 권한을 놓고 경찰과 검찰, 변호사 단체 간의 직역 다툼 때문이었다.

탐정 법안이 전격적으로 국회를 통과한 것은 기존의 사법 시스템에 대한 국민의 불신과 일자리 창출을 통한 경제 활성화에 대한 기대 때문이었다.

탐정 제도를 통해 약 2만 개의 일자리가 생기고 연긴 3조 원 이상의 경제 유발 효과가 발생한다는 분석이 법제화를 촉진시켰다. 또한 그동안 검찰, 경찰, 변호사 단체가 국민의 사법 수요를 제대로 충족시켜주지 못했다는 여론도 법안 통과에 긍정적으로 작용했다.

명분과 실리만 있으면 어제까지의 주장을 오늘 바꿀 수 있고 어제의 적이 오늘의 동지가 되는 것이 정치다. 그동안 법 통과의 장애 요인이었던 탐정에 대한 자격 요건 및 감독 권한을 국무총리실 산하 별도 기구에 두었다. 이 기구에는 검찰, 경찰, 변호사 단체와 인권 단체가 참여했다. 갈등 문제를 가장 손쉽게 해결하는 방식이 바로 이해당사자가 모두 참여하는 절충형 기구를 두는 것이다. 이런 방식은 갈등 문제를 하나도 해결하지 못한 채 봉합된 졸속 방식이다.

2022년 1월 1일부터 시행한 탐정법은 대한민국 국민이면 누구든지 탐정업 영업 신고를 하면 탐정이 될 수 있다. 다만, 탐정업 영업 신고를 하려면 이 법이 정한 교육기관에서 80시간 이상의 교육을 이수하거나 이 법 시행 이후 설립된 탐정 회사에서 6개월 이상 근무 경력이 있어야 한다.

이 법 시행 전에 5년 이상 경비업 법인을 운영한 자 또는 검찰청, 경찰청 등 수사기관에서 징계를 받지 않고 10년 이상 수사 업무에 종사한 자, 법학 · 경찰학 · 범죄학 박사 학위를 취득하고 5년 이상 해당 분야에서 연구 및 강의를 한 자는 교육 이수와 근무 경력 없이도 바로 영업 신고를 할 수 있도록 하였다.

명영호는 검찰 수사관 근무 경력과 경찰학 박사 학위를 취득하고 5년 이상 강의한 교수로서 바로 영업 신고를 하고 탐정 업무를 시작할 수 있는 요건을 갖추었다.

바세보

모든 조직은 현안을 진단하고 대안을 실행하며
마무리할 줄 아는 인재를 갈구한다.
_명탐정 S

2022년 3월 2일 수요일. 명영호가 선발한 직원 3명이 첫 출근하는 날이다. 영호는 잠을 설쳤다. 잠을 설쳤다기보다는 잠을 제대로 이룰 수 없었다. 난생처음으로 자기 이름으로 회사를 차린 흥분과 직접 뽑은 직원들에 대한 기대감 때문이었다.

이런저런 생각을 하다가 7시쯤 집을 나섰다. 사무실 부근에 있는 빵집에서 커피와 빵으로 간단하게 아침 식사를 했다. 8시쯤 사무실에 도착해서 직원들을 맞이할 준비를 했다.

10평 남짓한 사무실이다. 창가 쪽에는 카페와 같이 원목으로 된 탁자와 의자를 놓았고 반대편에는 작은 상담실을 설치했다. 중앙에는 6인용 회의용 테이블과 칠판을 하나 놓았다. 그리고 벽면에는 캐

비닛을 배치하여 개인 물품을 넣을 수 있도록 했다. 사무실이 마치 도심에 있는 카페와 회의실을 옮겨놓은 것 같았나.

오늘 출근할 직원은 강철만, 문영민, 양초희 3명이다. 강철만은 일을 시작하면 끝장을 보는 성과형, 문영민은 두뇌 회전이 빠르고 논리적인 사고형, 양초희는 대인 관계가 아주 좋은 관계형이다.

3명의 직원은 한 분야의 역량이 높은 만큼 개성도 분명하게 드러낼 것이다. 233명 지원자 가운데 선발 예정 인원의 5배수인 15명을 1차로 선발하고, 면접 방식으로 3명을 최종 선발했다.

8시 50분이 되자 강철만이 가장 먼저 사무실로 들어왔다. 그는 다부진 몸매로 목소리에 힘이 있었고 성과 역량이 가장 돋보였다. 면접은 제시된 자료에 대해 자신이 선택한 대안을 논리적으로 설명하는 AP면접(Analysis & Presentation Interview) 방식으로 실시했다. 면접 문제는 누구나 다 아는 《이솝우화》의 '여우와 신포도'에서 찾았다.

덩굴을 타고 높이 올라간 포도나무에는 먹음직스러운 포도송이가 주렁주렁 달려 있었다. 포도송이를 본 여우는 자신이 그 포도를 따먹을 수 없음을 알고는 "저 포도는 시어서 맛이 없을 거야"라고 말하고는 발길을 돌린다는 이야기다.

면접 문제는 총 3문제였다. 첫 번째, 여우의 행동에 대한 자신의 생각과 그렇게 생각한 이유를 말하라. 두 번째, 포도를 따먹을 수 있는 구체적인 방안을 자신만의 경험을 근거로 제시하고, 그 이유를 설명하라. 세 번째, 고교 시절 자신이 가장 하고 싶었던 직업은 무엇인가? 그 직업이 좋았던 이유는? 그 꿈을 이루지 못했다면 그 이유는 무엇인가?

강철만은 여우의 행동이 비겁한 행동이라고 했다. 그 이유는 해보지도 않고 포기했기 때문이라는 것이다. 만약 자기 같으면 죽을 때까지 포도덩굴을 흔들거나 타고 올라가서 포도를 따먹겠다고 했다.

그리고 자신의 꿈은 소방관이 되는 것이었는데, 소방관은 무슨 일이든지 거절하거나 포기하지 않고 최선을 다하는 직업이라고 생각했기 때문이라고 했다. 9시가 되자 문영민과 양초희도 출근했다.

"명탐정님 센스가 최고네요. 책상 대신 우드슬랩이 마음에 들고 의자도 너무 편하네요. 두 분이 양해해주신다면 제가 창가 쪽을 원하는데 괜찮으시겠지요?"

양초희는 밖이 내다보이는 창가 탁자에 자리를 잡았다. 그녀의 호들갑에 남자 2명은 엉거주춤한 표정으로 고개를 끄떡이면서 자리를 잡았다.

"다섯 자리이니 원하는 자리에 앉으시면 됩니다. 작은 공간을 효율적으로 활용하다 보니 이렇게 준비했어요. 이용하시다가 불편하면 그때그때 고쳐나갑시다."

"탐정이 해야 할 일이 무엇이라고 생각하세요?" 영호가 직원들에게 질문을 던졌다.

"억울한 일을 당해본 사람이라면 그 억울함을 해결해줄 구세주를 갈망합니다. 돈이 많은 사람은 유능한 변호사를 선임해서 자신의 일을 해결할 수 있지만, 그렇지 못한 사람들은 답답함에 화병이 날 지경일 겁니다. 이런 문제를 해결해주는 것이 탐정이 할 일이라고 생각합니다." 문영민이 대답했다.

"수사기관에서는 접수 순서대로 처리하는 것 외에는 달리 공정함을 보여줄 게 없어요. 억울하다고 생각하는 사람이 국가기관을 믿고 만족하는 사람이 얼마나 되겠어요?" 강철만도 자신의 의견을 밝혔다.

"수사기관에 고소, 고발을 해놓고 처리 결과에 만족하는 사람이 많지 않은 것이 현실이지요. 자기 사건만은 빨리 처리되기를 바라는 조급함도 문제입니다. 대부분 사람들은 자기 사건은 시간만 끌고 뒷전으로 밀려난다는 생각을 하지요. 아무리 담당자가 공정하게 접수 순서대로 사건을 처리한다고 해도 자신에게는 자기 사건이 가장 시급하고 중요하다고 느끼기 때문에 불만은 있을 수밖에 없지요." 양초희가 대답했다.

"누구든지 자신의 사건을 우선적으로 충실하게 처리해주기를 바라는 것은 인지상정 아니겠습니까? 우리 회사가 해야 할 일이 바로 그런 답답함을 속 시원하게 처리해주는 겁니다."

영호의 말이 끝나기가 무섭게 문영민이 질문했다. "명탐정님, '바세보'라는 회사 이름은 무슨 뜻인가요?" 강철만과 양초희도 자신들도 궁금했다는 듯이 명영호를 쳐다봤다.

"좋은 질문입니다. 바세보는 회사가 지향하는 운영 방침이면서 동시에 탐정으로서의 근무 자세를 뜻합니다."

"예?" 3명의 직원은 영호의 말을 듣고는 더 답답하다는 듯이 영호를 쳐다보았다.

"첫 번째 바세보는 탐정으로서의 근무 자세입니다. '바늘구멍으로 세상을 보는 탐정'이라는 뜻입니다. 탐정은 바늘구멍만 한 작은 틈을 찾아서 그 틈을 통해 사건 실체를 볼 수 있어야 합니다. 작은 조각, 쓰레기 더미에서도 사건을 해결할 수 있는 단서를 찾아내야 합니다.

두 번째 바세보는 우리 회사 운영 방침입니다. '바보처럼 세상이 알아주지 않는 보물을 찾는 탐정 회사'라는 의미입니다. 우리에게 의뢰한 사건이 비록 세상에서 알아주지 않는 일이더라도 그 사건을 보물로 생각하고 그 보물을 찾는 탐정 회사를 만들어보고자 합니다."

영호가 차분하게 설명하자 직원들은 바세보라는 회사이 재미있다는 표정을 지었다.

"명탐정님은 검찰이나 경찰 수사관 출신이신가요?" 양초희가 불쑥 물었다. 뜻밖의 질문에 영호는 약간 놀랐지만 태연하게 대답했다.

"아니요. 전 범죄학 박사를 받은 교수 출신입니다."

그러자 그동안 가만히 있던 강철만이 물었다. "탐정님이 수사관 출신이 아니면서 저희 같은 '초짜'들을 선발한 이유가 있나요?" 그는 궁금함보다는 불안해하는 표정이 역력했다.

"수사기관에 근무했던 경력자들은 과거 방식을 그대로 답습할 것 같아 바세보 탐정이 될 수 없다는 것이 제 소신입니다."

그래도 강철만은 한 가지 더 질문하고 싶은지 갑자기 손을 번쩍 들었다. "저희를 선발하면서 이력서 같은 서류를 하나도 보지 않고 월급도 기본급으로 200만 원, 출장비 전액 보전 등 획기적인 조건으로 선발한 것에는 무슨 이유가 있나요?" 강철만의 질문은 가슴 깊이 묻어둔 불안함을 못 참겠다는 듯 작심하고 묻는 것 같았다.

"다른 탐정 회사는 기본급을 주지 않거나 오히려 일정 금액을 탐정에게 상납하나 유독 우리 회사만 기본급을 200만 원 준다는데, 제가 세상 물정을 너무 몰라 회사가 오래가지 못하는 것 아닌가 걱정하시는 거지요?" 영호가 강철만의 질문에 숨은 뜻을 알아차렸다는 듯이 요약했다.

강철만은 자신의 속내를 들킨 아이처럼 얼굴을 약간 붉혔다. "아…니요…." 그는 말을 잇지도 못했다.

"여러분이 걱정해주는 마음 감사합니다. 제가 기본급과 출장비를 주는 이유는 일을 할 수 있는 여건을 만들어주려는 것입니다. 그리고 성과에만 급급하면 '바세보'는 헛구호에 불과하게 되지요.

'사람들이 일을 하고 싶어 하는가?'라는 질문에 대하여 두 가지 유형이 있습니다. 직원들이 일을 하기 싫어한다고 보는 비관론자와 일을 하고 싶어 한다고 보는 낙관론자가 있습니다.

비관론자는 회사는 끊임없이 구성원을 통제하고 개인별 성과를 관리해야 한다고 믿고요. 낙관론자는 회사는 직원들이 일하는 데 불편함을 찾아서 제거해주는 일을 가장 중요하다고 믿지요.

전 낙관론자입니다. 여러분이 마음껏 일할 수 있는 기회를 주고 장애 요인을 제거해주는 것이 저의 임무라고 생각합니다. 제가 바세보 탐정 회사를 시작한 이유입니다."

강철만이 갑자기 자리에서 벌떡 일어났다. "잘 알겠습니다. 명탐정님. 최선을 다하겠습니다." 다른 두 직원도 박수를 쳤다.

"예, 감사합니다. 잘해봅시다. 앞으로는 저를 탐정이라고 부르지말고 그냥 교수라고 불러주세요. 교수라는 직함이 더 익숙해서요. 저는 여러분을 프로라고 부르겠습니다. 자신이 추진하는 업무에는 최고의 프로페셔널이라는 의미에서요."

사실 명영호는 교수라는 호칭이 정말 어색했다. 그래서 교수직을 미련 없이 그만둘 수 있었다. 그가 검찰 수사관 출신이었다는 전력을 숨기기 위해 그렇게 말한 것이다.

점심시간이 되자 영호는 빌딩 2층에 있는 중식당으로 갔다. "오늘은 첫 출근 날이고 금요일이니 점심 식사 후에 바로 퇴근하시지요. 앞으로는 식사는 각자 편하게 하는 것을 원칙으로 하겠습니다. 자유롭게 활동하세요."

그가 탐정 회사를 차린 목적은 업무 수행 과정을 통해 역량 관점에서 직원들의 행동 특성을 관찰하고 싶었기 때문이다. 그가 전직 수사기관이나 변호사 사무소에 근무했던 경력 직원을 선발하지 않은 이유는 간단했다. 그들은 과거 업무 처리 방식으로 일할 가능성이 많다고 생각했기 때문이다. 그는 직원들이 업무를 원활하게 수행할 수 있도록 도와주는 퍼실리테이터(facilitator) 역할과 직원들의 역량을 관찰하고 평가하는 역량 평가자(assessor) 역할을 할 생각이다.

2장

이상한 노이즈피싱

#1

보이스피싱

욕망이라는 사람의 본성을 가장 잘 보여주는 거울이 바로 범죄다.
범죄가 계속 진화하는 이유다.
_명탐정 S

한 달쯤 지나자 직원들이 사건 보따리를 슬슬 풀어놓기 시작했다. 문영민은 이발소 그림 2점을 찾아달라는 의뢰를 받았다. 양초희는 여고 3학년이 갑자기 실종된 사건을 알아보고 있었다. 강철만은 갑작스럽게 사망한 부동산 부자의 두 아들이 벌이는 상속 사건을 알아보고 있다고 했다.

"앞으로 의뢰받은 사건은 일단 내사 사건부에 기재하고 서로 협력해서 해결해나갑시다." 영호는 진행하고 있는 사건을 빠짐없이 사건부에 기재하도록 했다. 사건부에는 당사자와 사건 개요와 진행 과정을 모두 기재하도록 했다.

"의뢰받은 사건 가운데 가장 먼저 처리해야 할 사건부터 정하지요?"

"레이디 퍼스트입니다. 저는 양프로님이 알아보고 있는 여고생 실종 사건을 먼저 했으면 합니다."

"저도 동감입니다. 그림이나 돈도 중요하지만 사람이 먼저지요. 특히 여고생 실종 사건이라니 더 시급하다고 생각합니다." 강철만과 문영철은 약속이나 한 듯 양초희가 진행하는 사건을 먼저 착수할 것을 제안했다.

"두 분 말씀에 모두 일리가 있습니다. 그럼 여고생 실종 사건부터 시작하기로 하겠습니다."

2022년 4월 22일 금요일 오후 5시 30분경 미성여자고등학교 3학년 1반 교실.

수업이 끝났음에도 학생 전원이 남아서 조용히 자습을 하고 있었다. 다음 주 월요일부터 중간고사 시험이 시작된다. 누구랄 것 없이 똑같이 진지한 모습이 남녀공학과는 사뭇 달랐다. 마치 모두가 전교 1등을 목표로 공부하는 학생처럼 비장함이 느껴졌다.

슬리퍼를 신은 한 학생이 조심스럽게 교실 밖으로 나오면서 전화를 받았다. 처음에는 조용히 전화를 받다가 갑자기 언성을 높였다.

"뭐, 돈이 급히 필요하다고?"

"나 돈 없어!"

"…."

"알았어. 알았다고."

전화를 급하게 끊고 스마트폰을 만지작거리고 다시 교실로 들어 갔다.

그녀는 아무 일도 없었다는 듯이 다시 책장을 넘겼다. 30분도 채 되지 않아서 그 학생이 다시 밖으로 나왔다. 이번에는 운동화를 신고 있었다. 누군가에게 계속 전화를 했지만 상대방이 받지 않는지 약간 신경질적으로 반복해서 전화를 걸었다. 하지만 상대방은 여전히 전화를 받지 않았다. 점차 초조해하는 모습이 역력했다. 잠시 후 누군가와 통화했다.

"엄마, 왜 이렇게 통화가 안 돼? 언니는 아예 통화가 안 되네."

"유미야, 왜 무슨 일이 있었니?"

"으응? 뭐? 무슨 일이 있었냐고?"

"언니가 엄마랑 같이 있는데 급히 돈이 필요하다고 나한테 50만 원만 보내라달라고 톡을 보냈잖아. 그리고 언니랑 통화까지 했는데…."

"그래서 내가 방금 50만 원을 엄마 통장으로 보냈잖아."

"유미야, 너 지금 무슨 소리야. 엄마는 일 마치고 동료들과 저녁 먹으러 나왔는데. 수미 언니는 공부하고 있을 텐데. 무슨 소리야?"

그 말을 들은 학생은 운동장에 있는 나무를 발로 걷어찼다. 그녀는 자신이 무언가에 홀리듯 속았다는 생각에 잔뜩 화가 나 있었다. 화는 바로 자신에게 내는 것 같았다. 운동장을 몇 바퀴 돌고는 다시 교실로 들어갔다. 책을 주섬주섬 가방에 넣고는 조용히 교실을 빠져나왔다. 1시간이 지난 후에 교실 밖으로 나올 수 있음에도 그녀는 야자 선생님이 없는 틈을 타서 밖으로 도망치듯 빠져나왔다.

야간 자율 학습 시간이 끝나기 전에 교실을 나오면 야자 선생님이 담임선생님에게 그 사실을 통보한다. 담임선생님은 다음 날 조회 시간에 학생 상담을 통해 그 사유를 확인하고 무단 이탈일 경우에는 근태 항목에서 감점이 된다. 또한 다음 달 야자 신청 순위에서 밀려서 야자를 못할 수도 있다. 이 학교는 1학년 때부터 철저한 야간 자율 학습 관리로 입시에서 명문대 진학률을 높이는 것으로 잘 알려져 있다.

그녀는 학교 부근에 있는 나라은행으로 갔다. 영업시간은 종료되었지만 현금 인출기로 거래 내역을 조회했다. 2시간 전에 김영숙에게 50만 원을 이체한 것으로 되어 있었다. 그녀는 큰길가로 나와 마을버스를 탔다. 몇 정거장을 가서 내리고는 거의 뛰듯이 빠른 걸음으로 걸어갔다.

유미네 집은 양재천 변에 있는 주택가였다. 주변에는 고층 아파트가 많지만 그녀의 집은 다가구주택 3층이다. 급히 문을 열고 집안으로 들어가니 댕이만 그녀를 반길 뿐이다. 댕이는 유미가 애지중지하게 키우는 토이푸들 강아지 이름이다. 평소 같으면 집에 도착하자마자 교복도 벗지 않고 댕이를 껴안아주었지만 오늘은 달랐다. 엉덩이를 실룩거리면서 짧은 꼬리를 흔드는 댕이를 쳐다보지도 않고 안방 문부터 방문을 열기 시작했다. 집에는 아무도 없었다.

다시 전화를 했다. "언니, 왜 그렇게 전화를 안 받아." 그녀는 큰 잘못을 한 상대방을 나무라듯이 큰소리를 쳤다.

"유미야, 왜? 나 지금 고시원에 있잖아. 너 알다시피 난 공부할 때는 휴대폰을 무음으로 놓고 가방 안에 넣어 두거든."

"언니, 그래도 전화는 받아야지! 빨리 집으로 들어와." 그녀는 언니에게 거의 고함을 치듯이 말하고는 일방적으로 전화를 끊었다.

수미는 동생 유미에게 전화를 걸지 않았다. 수미는 동생이 화나면 물불을 가리지 않는 성격이고 대꾸하면 싸우게 된다는 사실을 잘 알기 때문이다.

9시가 좀 넘자 영숙이 귀가했다. "아직 아무도 안 왔네. 댕이야!" 하면서 그녀는 거실 등을 켜고는 깜짝 놀랐다. 소파 한 켠에 누군가 앉아 있었기 때문이다.

"아이, 깜짝이야. 유미야, 너 왜 그래? 어디 아프니?" 그녀는 딸에게 다가갔다.

"엄마, 나 미치겠어."

"아니, 왜 그래? 아까부터 언니가 전화를 받지 않았다고 하고 내가 언니랑 같이 있지 않았냐는 둥."

"유미야, 너 오늘 무슨 일이 있었구나?"

유미는 교복도 벗지 않은 채 눈이 퉁퉁 부어 있었다.

"엄마, 나 분해서 못 살겠다." 그녀는 그 말을 하고는 참았던 울음을 터트리고 큰소리로 울기 시작했다.

그녀는 아무 말 없이 딸을 꼭 껴안아주었다.

"너 시험 잘 못 봐서 그러니?"

"아니야, 아직 시험도 안 봤는데…. 엄마, 나 오늘 보이스피싱 당했나 봐."

"오늘 야자 시간에 언니한테 톡이 와서 엄마 통장으로 급히 50만 원을 보내달라고 해서 보냈단 말이야."

"언니가 톡으로 엄마랑 같이 있는데 급히 50만 원이 필요하니 돈을 보내달라고 하면서 엄마 은행 계좌번호를 알려주기에 야자 시간이라 먼저 50만 원을 보내놓고 엄마하고 언니한테 연락을 했더니 둘다 전화를 안 받는 거야."

"아하, 그랬구나."

"괜찮아. 그까짓 돈 50만 원 없다고 치면 되지, 뭐."

"돈도 돈이지만 너무 억울해서 못 살겠어. 내가 바보같이 보이스피싱이나 당하다니 말이야…."

유미는 오늘 있었던 일을 엄마에게 다 털어놓았다. 김영숙은 막내딸 유미를 위로하면서도 한편으로는 걱정이 앞섰다. 그녀는 유미 성격을 너무 잘 알고 있었기 때문이다.

영숙은 몇 년 전부터 정수기와 비데 코디 일을 하고 있다. 그녀가 서른아홉 살에 낳은 막내 딸 유미는 좀 남달랐다. 특히 열 살 많은 큰딸 수미와는 너무 달랐다. 그녀는 딸 둘이 커가면서 성격이 너무 다르다는 것을 알게 되었다. 마치 영숙과 남편이 성격적으로 완전히 다르듯이 딸 둘도 점점 성격이 달라지는 것을 느낄 수 있었다.

그녀와 남편 이진호는 동갑내기 부부다. 같은 대학에서 만나 연애하다 결혼한 캠퍼스 커플이다. 진호는 고시 공부를 하였으나 합격하지 못하고 뒤늦게 대학원에서 박사 학위를 받았다. 석박사 과정을 마치고 대학에서 비전임 강사와 학원에서 강의를 했다.

그는 명문대나 유학파가 아니고 집안도 넉넉하지 못하며 사교성도 부족했다. 남에게 아쉬운 소리는 한마디도 못하면서 자존심은 무척 셌다. 현실적으로 대학 전임 교수가 되는 데 필요한 요건을 한 가지도 갖추지 못했다.

큰딸 수미가 그런 아빠를 꼭 빼닮았다. 수미는 공부를 곧잘 했지만 취직을 못하다가 몇 년 전에 로스쿨에 진학했다. 현재 로스쿨 3학년으로 졸업 시험과 변호사 시험을 앞두고 있다.

반면에 유미는 언니 수미와는 성향이 정반대로 어릴 적부터 당차고 현실적이었다. 유미가 중학교에 입학하면서 장래 꿈을 적고 그 꿈을 실천할 구체적인 계획을 써낸 적이 있었다. 고등학교 졸업 때까지 1억 원을 모으겠다는 '1억원 모으기 프로젝트(억모프)'를 목표로 적어내서 모두를 놀라게 했다. 실천 계획으로 초등학교 때 저축한 955만 원에 중고등학교 6년 동안 9,045만 원을 모아서 반드시 1억 원을 모으겠다고 했다.

유미는 중학교 1학년 때부터 악착같이 목표 달성을 위해 돈을 모았다. 용돈이나 세뱃돈은 물론 집에서 심부름을 하고 받은 돈을 모조리 저축했고, 이자를 많이 주는 금융 상품을 찾아 그 돈을 저축했다. 심지어는 집에 있는 못 쓰는 책을 중고 서점에 팔았고, 서점에서 사지 않는 헌책이나 폐지는 모아서 고물상에다 판매할 정도로 억척스러웠다. 처음에는 유미를 기특하게 생각해서 도와주었지만 그 정도가 심해져서 은근히 걱정이 되었다.

반면에 큰딸 수미는 유미와는 정반대였다. 학생 때에는 돈을 모으기보다는 써야 하고, 직장을 구하면 그때부터 돈을 모으겠다는 생각이었다. 다만 그녀는 돈을 쓸 때에는 '가성비'를 높게 쓰는 것이 절약이라고 생각했다.

밤 11시가 될 무렵 이진호와 수미가 집으로 들어왔다. 11시가 넘은 시간이지만 영숙은 가족회의를 하자고 했다. 수미는 오후에 유미와 통화한 일 때문인지 피곤하다고 하면서 자기 방으로 들어가려고 했다. 이때 유미가 소리쳤다.

"언니, 빨리 나와! 어떻게 들어가서 잠자려고 그래."

"난 언니와 엄마 때문에 보이스피싱으로 50만 원이나 날렸는데."

이진호는 걱정스러운 얼굴로 "막내야, 무슨 일이 있었니? 다들 모여보자"라고 말했다.

유미는 오늘 하루 있었던 일을 차분하게 설명했다.

"그럼 언니를 사칭한 사람이 유미에게 톡으로 급하게 돈을 보내달라고 했고, 유미가 엄마 통장으로 50만 원을 보내줬다는 거니?"

진호가 유미의 이야기를 정리하자 유미는 고마운 듯이 눈물을 글썽거렸다.

"아빠! 바로 그거예요. 내가 그렇게 보이스피싱을 당했어요."

"우리 유미가 확인도 안 하고 돈을 보냈을 리는 없었을 테고? 무슨 일이 또 있었니?" 유미는 아버지가 자신의 입장을 잘 이해해주는 것이 너무도 고마웠다.

"아빠, 내가 돈을 보내기 전에 언니하고 통화를 했어요. 돈을 보내고 나서 엄마하고 언니한테 확인 전화를 여러 번 했는데 둘 다 전화를 받지 않았어요."

그 말을 하고는 유미는 참았던 울음을 터트리고 말았다.

"유미가 돈을 보내기 전에 수미하고 통화까지 했다고?" 진호는 우는 유미 편을 들어주듯이 말했다.

"'언니, 꼭 지금 돈을 보내야 해?'라고 묻자 수미 언니가 '응, 지금 바로'라고 대답했단 말이야."

"엄마하고 수미가 잘못을 했구나. 유미한테 사과해라." 진호는 무조건 유미 편을 들었다.

"전화를 안 받은 게 무슨 잘못이야. 돈을 보낸 사람이 잘못이지? 졸업 시험과 변호사 시험으로 정신없는데 맨날 휴대폰만 바라보고 있으란 말이야? 그리고 유미 너는 낮에 나한테 전화로 화만 내고는 그냥 끊어버리면 어떻게 해."

유미에게 늘 져주기만 하던 수미도 오늘은 작심한 듯 그동안 쌓였던 불만을 털어놓았다.

조용히 듣고 있던 영숙은 "자, 이제 그만하자. 늦은 밤에 싸우는 소리는 오는 복도 다 내쫓는다고 할머니가 늘 말씀하셨잖아. 유미야, 엄마가 전화를 받지 않아서 미안해. 그리고 50만 원은 내 잘못 때문에 피해를 봤으니까 너한테 줄게."

"엄마, 나 알잖아. 내가 엄마 돈을 그냥 받을 것 같아. 이 나쁜 놈들을 내 손으로 꼭 잡고야 말겠어."

"유미야, 다음 주부터 중간고사인데 엄마를 봐서라도 엄마가 주는 돈을 받고 잊으면 안 될까? 엄마가 부탁 좀 하자." 영숙은 유미의 말이 걱정스러운지 사정을 했다. 그러자 진호도 거들었다. "그래, 똥이 무서워서 피하냐? 더러우니깐 피하지. 우리 막내딸 착하지?"

유미의 보싱스피싱 사건은 마무리된 듯했지만 더 큰일의 씨앗이 되고야 말았다. 유미는 보이스피싱을 당했다는 생각에 중간고사 시험 공부가 되지 않았다. 공부가 되지 않았다기보다는 하기 싫었다. 그때부터 인터넷 검색과 트위터, 페이스북으로 보이스피싱 수법에 대하여 파고들었다. 유미는 한번 마음을 먹으면 끝장을 보는 성격이다. 늦둥이 막내딸이라 그런지 억울한 일을 당하면 참지 못했다.

시험을 제대로 못 보면 집에 와서 울고불고하는 수미와 달리 유미는 성적에 연연하는 성격이 아니었다. 그래도 유미는 다른 과목은 몰라도 영어는 늘 상위권이었다. 유미는 고등학교를 졸업하고 억모프로 모은 1억원으로 사업하는 데 영어는 꼭 필요하다고 입버릇처럼 말했다. 중간고사가 끝난 후 유미네 가족은 평안을 되찾은 듯했다.

며칠 후에 유미가 "엄마, 아빠, 내가 드디어 지난번 보이스피싱 당한 돈을 되찾을 수 있게 되었어요"라고 말하기 전까지는 그랬다.

"그래? 잘되었구나."

"유미야, 어떻게?" 수미만 유독 그 이유를 물었다.

유미는 "보이스피싱 범죄자가 붙잡혀서 돈을 되찾을 수 있게 되었어"라고 대답했다.

조만간 피해자들을 모아서 피해 금액만 확인되면 돈을 돌려받을 수 있다는 것이다. 그 말은 들은 수미는 더욱 미심쩍은 표정이었다.

"수미야! 보이스피싱은 범죄자가 붙잡혀도 돈은 이미 다른 곳으로 다 빼돌리고 도망가는 경우가 많다고 하는데 돈을 돌려받는다고?"

"언니는 그러니깐 세상 돌아가는 걸 모르는 거야."

"그럼 누가 언제 돈을 돌려준다고 하니?" 수미가 되물었다.

"응, 이번 주 토요일에 모이는 장소를 알려준대. 그곳으로 가면 내가 돈을 보낸 것과 카톡으로 주고받은 대화 내용만 확인하고 돈을 되돌려 받게 돼. 엄마 그래도 엄마가 지난번 준 돈은 내 돈이다. 엄마가 나한테 마음고생을 시킨 대가야 알았지?"

"유미야, 누구한테 어떻게 연락을 받았니?" 수미는 미심쩍다는 듯이 유미에게 계속해서 캐물었다.

"보이스피싱 피해자 모임에서 내게 전화도 왔고 톡으로도 연락이 왔어."

수미는 여전히 뭔가 이상하다는 표정을 지었지만 한바탕 웃고 집 안은 다시 평온을 되찾았다.

보이스피싱 문제가 해결되어 그런지 얼마 전까지만 해도 잔뜩 풀이 죽어 있던 유미가 아무 일이 없었던 것처럼 모든 게 예전 모습으로 돌아갔다.

2022년 5월 7일 토요일. 유미가 보이스피싱 피해금을 찾으러 가기로 한 날이다. 저녁 무렵 영숙은 유미에게 전화를 했다. 전화기 전원이 꺼졌다는 답변이 되돌아왔다. 잠시 후 또 전화를 했지만 여전히 똑같은 기계음만 반복되었다.

그녀는 여러 사람이 모여서 회의를 하느라 딸이 휴대폰 전원을 꺼둔 것으로 생각했다. 잠시 후 다시 전화를 했지만 여전히 유미의 휴대폰 전원이 꺼져 있다는 메시지만 반복되었다. 유미에게 문자와 톡을 보냈지만 여전히 답이 없었다.

이런 적은 한 번도 없었다. 전화를 조금만 늦게 받아도 화를 내는 유미가 이토록 전화를 받지 않은 적은 없었다. 전화를 받지 못하면 바로 문자메시지를 보냈던 유미였다.

2시간 동안 전화를 했지만 여전히 유미의 전화기 전원이 꺼져 있었다. 영숙은 불길한 생각이 들기 시작했다. 자신이 방정을 떨고 있다고 생각하고 불길한 생각을 잊으려고 텔레비전을 틀었다. 오늘 따라 수미와 남편도 모두 밖에 나가고 집에는 혼자다. 남편은 대학 친구들과 등산 모임에 갔고, 수미는 졸업 시험과 변호사 시험 준비로 도서관에 갔다. 영숙은 좋아하는 연속극을 틀어놓았지만 눈에 들어오지 않았다. 더 이상은 참을 수가 없었다. 그녀는 텔레비전을 끄고 남편에게 전화를 걸었다.

"당신 지금 어디야?"

"응, 지금 집으로 가고 있는데. 왜?"

"유미가 점심 먹고 나갔는데 아직 연락이 안 되네. 계속 휴대폰 전원이 꺼져 있는데 무슨 일이 생긴 게 아닌지 걱정이 되어서⋯."

"오늘 보이스피싱 피해자 모임에 갔잖아. 아마도 회의를 하거나 해서 전화를 못 받는 것 아닐까? 너무 걱정하지 마. 수미는?"

"수미는 아침 일찍 도서관에 간다고 나가서 아직 안 왔어."

"유미가 친구들하고 영화 보거나 배터리가 방전된 거 아닐까? 이제 8시이니 조금만 더 기다려봐. 나도 1시간이면 집에 도착할 거야."

"알았어요. 당신 알다시피 유미는 보조배터리를 늘 가지고 다니잖아. 그리고 유미가 전화를 이렇게 안 받은 적은 한 번도 없었어. 좀 이상한 생각이 자꾸만 드네. 당신 빨리 집으로 와요."

"알았어. 그럼 택시 타고 바로 갈게."

영숙은 남편과 전화를 끊고 나니 불길한 생각이 꼬리에 꼬리를 물었다. 마치 버티던 댐이 무너지고 한꺼번에 물이 넘쳐나듯 꾹꾹 참아 두었던 불길한 생각들이 한꺼번에 몰려오는 것 같았다.

그녀는 유미에게 또 전화를 했다. 여전히 유미의 휴대폰은 전원이 꺼져 있다는 기계음만 반복되었다. 그녀는 더는 참을 수 없다는 생각에 큰딸 수미에게도 전화했다.

"수미야, 지금 공부하니? 유미가 점심 먹고 나가서 아직까지 연락이 안 돼. 엄마는 걱정이다."

"엄마, 걱정 마세요. 오늘 보이스피싱 피해자 모임에 간다고 한 날이잖아? 유미가 보통 똑똑한 애가 아니잖아요?"

수미는 엄마에게 위안을 하면서도 자신도 불길한 생각이 들었다.

"엄마, 내가 지금 집으로 갈게요."

9시가 되자 남편과 수미가 집에 도착했다.

영숙은 저녁 식사도 못하고 눈이 벌겋게 충혈되어 있었다.

"엄마, 유미 학교 친구 전화번호 알아요?"

"아니, 몰라. 1학년 때 친구 전화번호는 몇 개 있는데 3학년 친구 전화번호는 없는데."

가족 3명 중 유미 친구의 전화번호를 아는 사람은 아무도 없었다.

유미는 늦둥이고 너무 똑부러져서 아무도 그녀의 친구에 관심을 두지 않았다.

"조금 더 기다려봅시다. 괜히 여기저기 전화하면 오히려 유미한테 나쁠 수 있으니." 진호가 차분한 목소리로 말했다. 그렇게 2시간이 지났다. 벽시계는 11시를 훌쩍 지나 12시로 향하고 있었다.

영숙은 더 이상은 참을 수 없다는 듯이 경찰에 신고하자고 했다. 수미는 유미 방으로 가서 수첩 등을 뒤적거리기 시작했다.

워낙 성격이 깔끔한 유미의 방안은 조금도 흐트러짐이 없었다. 방 바닥에 머리카락 몇 개 이외에는 책상과 옷이 가지런히 정돈되어 있었다. 수미는 동생 방에서 나오면서 "엄마, 유미가 얼마 전에 새벽 1시에 집에 온 적 있었잖아요. 편의점 알바 갔다가 후임 근무자가 결근하는 바람에 두 탕을 뛴 날이요. 그날도 오늘처럼 연락이 잘 안 됐잖아요. 그러니 오늘도 1시까지만 기다려봐요"라고 말했다. 수미도 이상한 생각이 들기는 마찬가지였지만 초조해하는 엄마를 위안시키려고 태연한 체했다.

보이스피싱 범죄자를 붙잡아 피해자를 모아놓고 피해 금액을 나누어준다는 것이 지금 생각해보니 꺼림칙했다. 로스쿨 형사법 시간에 배운 보이스피싱 범죄는 노숙자 같은 제3자 명의로 된 대포 통장을 이용해서 돈을 받고 즉시 돈을 인출하는 수법이었다. 그래서 범죄자를 붙잡는다 해도 피해 회복이 어려운 범죄 유형이 바로 보이스피싱 범죄라고 배웠다. 그녀는 자신이 졸업 시험과 변호사 시험 준비를 한다는 이유로 하나밖에 없는 동생 유미에게 너무 무관심했음을 자책했다.

새벽 1시가 되었지만 유미에게 연락이 오지 않았고, 그녀의 휴대폰 전원은 여전히 꺼져 있었다. "아무래도 일단 실종 신고는 해야겠어." 진호는 옷을 주섬주섬 입고는 밖으로 나서자, 영숙도 남편을 따라 나서려는 듯 급히 옷을 입었다.

부부는 집 부근에 있는 파출소로 갔다. 파출소 안은 술 취한 젊은 남녀의 싸움으로 소란스러웠다. 진호가 파출소 안으로 들어가 딸 실종 신고를 하러 왔다고 말하자, 근무자 1명이 "따님이 올 해 몇 살이지요?"라고 물었다. 영숙은 "올해 열아홉 살이고 고3입니다"라고 대답하자, 담당 경찰관은 약간 긴장을 누그러트리듯 이름과 연락처 그리고 실종 사유 등을 적으라고 서식을 건네주었다. 실종 신고서는 실종자 인적 사항과 실종 경위 등을 6하 원칙으로 작성하도록 되어 있었다.

"실종 신고는 내일 아침에 본서에 접수될 겁니다. 그리고 만약 내일 오전까지 따님이 귀가하시면 저희한테 연락 주셔야 합니다"라고 말하면서 명함을 한 장 진호에게 건넸다.

옆에 있던 영숙이 나섰다. "방금 쓴 실종 신고서를 저희한테 주세요. 저희가 지금 경찰서에 가서 직접 접수할게요." 그녀는 실종 신고서를 빼앗듯이 받아들고 파출소를 나왔다.

진호는 아무 말도 못하고 그녀를 따라 나왔다.

영숙의 이런 모습은 처음이었다. 경찰서 옆에만 가도 가슴이 뛴다는 그녀였지만 오늘만큼은 달랐다. 딸에 대한 모성애라는 것이 이렇구나 싶었다.

진호와 영숙은 파출소를 나와 택시를 타고 경찰서로 갔다. 여성청소년과 당직 직원에게 실종 신고서를 접수하자, 직원은 만약 필요하면 강력과와 공조해서 빠른 시일 내에 해결하도록 노력하겠다고 그녀를 안심시켰다. 그제야 약간 마음이 놓였는지 영숙은 집으로 돌아왔다. 집에 오자 수미는 유미의 방에서 찾아낸 것들을 세심하게 보고 있었다.

"엄마, 유미가 이렇게 살아왔는지 진짜 몰랐어요." 수미는 눈물을 글썽였다.

"유미가 보이스피싱을 당한 4월 22일까지 9,250만원의 돈을 모았나 봐요. 그 날짜에 9250이라는 숫자가 적혀 있잖아요."

수미는 유미가 작성한 탁상용 달력에 적힌 메모를 영숙에게 보여주었다. 그 달력에는 큰 글씨로 '억모프'라고 적혀 있었다. 유미가 말한 1억 원 모으기 프로젝트다. 달력에는 매주 금요일에 해당하는 날짜에 파란색 볼펜으로 쓴 숫자가 적혀 있었고, 토요일과 일요일에는 빨간색 볼펜으로 숫자가 적혀 있었다. 그런데 4월 22에만 파란색 볼펜으로 "9250" 숫자와 빨간색 볼펜으로 "50"이라고 적혀 있었다. 그리고 4월23일 토요일에는 파란색 볼펜으로 "50 엄마"라고 적혀 있었다. 그리고 5월 7일 토요일에는 파란색 볼펜으로 "50?"이라고 적혀 있었다. 아마도 보이스피싱 피해를 당한 날과 엄마로부터 돈을 받은 날, 그리고 피해 보상을 받으러 간다는 것을 의미하는 것 같았다. 그 달력에는 숫자 이외에는 다른 표시는 거의 없었다. 다만 가족 3명의 생일 날짜에만 생일이라고 적혀 있었다. 유미는 월요일부터 금요일까지는 돈을 지출하지 않고 토요일과 일요일에만 돈을 쓰는 듯했다.

"엄마, 마트나 물건을 살 때는 주말, 특히 일요일 오후가 저렴하게 살 수 있어."

유미는 구입해야 할 물건이 있으면 마트에 가서 사오겠다고 심부름을 자청했다.

진호는 큰딸 수미의 말을 듣고서 막내딸 유미가 억척스럽게 돈을 모아온 사실을 알고는 유미의 대견함보다는 자신의 무능함을 한탄하듯 크게 한숨을 내쉬었다.

어느덧 새벽 3시가 넘었다. 영숙은 다시 유미에게 전화를 했지만 여전히 전원을 꺼둔 상태라는 메시지만 들렸다.

"자, 모두 자야지. 내일부터 유미를 찾으려면 잠을 자둬야지. 나랑 같이 공부하던 친구나 후배 중에 경찰관이 있으니 내일부터 내가 알아볼게."

그 말이 끝나자마자 영숙은 남편에게 버럭 화를 냈다.

"당신이 친구나 후배한테 알아본다고? 그런 주변머리가 있었더라면 지금쯤 장관도 했겠다." 진호는 아내의 빈정거림에도 한마디 대꾸하지 않았다. 오늘 그녀는 평소 모습과는 달랐다. 살짝만 건들어도 터질 것 같은 폭탄 같았다.

며칠이 지나도 유미와 경찰서에서는 아무런 연락이 없었다.

영숙은 유미 담임선생님을 만났다. 유미가 실종되었다는 사실을 담임선생님에게도 알리지 않고 집안일로 며칠 학교를 못 간다고 말했었지만 이제는 유미가 행방불명된 과정을 선생님에게 사실대로 알렸다. 유미를 찾는 데 시간이 더 걸릴 것 같다는 생각에 장기 결석을 더 이상 숨길 수가 없었기 때문이다.

"유미 어머니, 아직은 친구들도 모르는 것 같아요. 여고는 소문이 워낙 빨라요."

"지금은 대학 입시로 다들 정신이 없어서 다른 학생 일에는 통 관심이 없어요. 그나저나 유미가 걱정이네요. 혹시 집안에 무슨 일이 있으셨나요?"

"아니요. 지난번에 보이스피싱 당한 일 이외에는 없어요. 저희 집이 경제적으로 넉넉하지는 못해도 큰 문제는 없어요."

영숙은 학교를 나와 버스 정류장으로 걸어 나오면서 유미와 같은 교복을 입은 여학생들을 보자 눈시울이 붉어졌다.

유미가 행방불명된 지 딱 10일이 지났다. 수미는 유미가 행방불명된 이후 공부도 중단하고 여기저기 수소문을 했다. 로스쿨 선배 중에 경찰관이나 변호사로 근무하는 로스쿨 선배를 만나러 다녔다.

"엄마, 내가 며칠 동안 선배인 경찰관이나 검사, 변호사 등을 만났는데요. 보이스피싱 피해자 모임이라고 하면서 돈을 돌려준다고 말한 것이 이해가 안 된대요. 그런 일은 있을 수 없대요. 만약 돈을 되돌려준다면 국가기관에서 할 일이지 단체나 모임에게 이런 일을 할 수 없대요." 그동안 동생에게 무관심했던 일을 크게 후회하는 눈치였다.

영숙은 대학 시절 활달한 성격으로 학보사 기자를 했다. 그녀는 대

학 시절 같은 대학 법학과 동갑내기인 남편을 만났다. 영숙은 집안의
반대를 무릅쓰고 대학을 졸업하자마자 그와 결혼했다. 돌이켜보면
만약 그때 집에서 진호와의 결혼을 그렇게 강하게 반대하지 않았더
라면 그녀는 진호와 결혼까지 할 생각은 없었다. 우유부단한 진호와
영숙의 성격 차이가 컸지만, 집안의 반대가 오히려 진호를 보호하겠
다는 마음에 그와 결혼을 재촉했던 것이다.

결혼 후 그녀는 남편이 고시 공부에 전념하도록 학원에서 국어 강
의와 과외를 했다. 남편은 고시에 합격하지 못하고 뒤늦게 대학원에
진학했다. 큰딸 수미를 낳았고 그녀는 사실상 살림을 책임지는 가장
역할을 했다. 대학을 졸업한 후 그녀가 어떤 모임에도 나가지 않았던
이유다. 영숙은 얼마 전에 고교 동창인 양초희가 탐정 회사에 근무한
다는 말이 문득 떠올랐다. 그녀와 양초희는 특별했다. 고등학교 3년
동안 같은 반이었고 2년 내내 옆자리에 앉았던 단짝이었다. 만약 한
사람이 남자였자면 무조건 결혼 상대라고 입버릇처럼 말했을 정도로
친했다.

탐정은 〈형사 콜롬보〉처럼 수수께끼같이 복잡하게 꼬인 문제를
명쾌하게 풀어내는 그런 존재가 아닌가? 탐정 일이 양초희에게 가장
잘 어울리는 직업이라고 영숙은 생각했다.

양초희는 고등학교 시절에 복잡한 문제가 생기면 뭐든 척척 해결
해내는 해결사였다. 고등학교 2학생 때였다. 같은 반 한 여학생의 나
체 사진이 학교에 돌아다닌 적이 있었다. 누군가 고의로 그 여학생의
얼굴 사진과 여배우 나체 사진을 합성한 사진을 만들어 유포시킨 사

건이었다. 그 사건으로 학교는 발칵 뒤집혔다. 경찰에 수사 의뢰를 해야 하느냐, 참아야 하느냐 여부가 뜨거운 논쟁거리가 되었다. 그때 초희가 진범을 찾아내서 공개 사과하게 한 일화는 지금까지 동창들 사이에 무용담으로 회자되고 있다.

초희는 컬러 복사기가 있는 문방구를 다 뒤져서 그 합성 사진을 만든 남학생을 수소문 끝에 찾아냈다. 당시만 해도 정교한 컬러 프린터와 복사기가 드문 때였고 비용도 무척 비쌌다. 그녀는 당시 1만 원권 지폐를 컬러 복사기로 위조해서 사용한 사건에서 착안해 학교 부근에 있는 컬러복사기가 있는 문구점 등을 탐문해서 진범을 찾았다고 했다. 영숙은 초희에게 전화했다.

"초희야, 잘 지내지?"

"오호, 이게 누구야? 자기가 나한테 전화를 다 하네. 살아 있으면 언젠가 만난다더니."

"그래, 미안해. 내가 통 연락을 못했다. 초희야, 나 큰 문제가 생겨서 너한테 전화했어."

"그래? 무슨 일인데?"

"너 탐정 회사에 근무한다면서."

"응, 얼마 전부터 바세보 탐정 회사에서 근무해."

"초희야, 시간 좀 내주라. 응?"

"영숙이가 부르면 당장이라도 시간을 내야지. 우리 자기인데."

"시간과 장소만 알려줘. 지금이라도 바로 달려갈게."

"혹시 너 나쁜 일이 생겼구나?"

영숙이 아무런 대답을 하지 않았지만 조용히 흐느끼는 소리와 한숨 소리가 들렸다.

"그럼 바로 강남역으로 나와. 문자로 시간과 장소를 알려줄게."

"알았어. 바로 나갈게."

2시간 후에 영숙은 초희가 알려준 강남역 부근 카페에서 그녀를 만났다.

초희는 영숙에 대하여 궁금한 점이 많았지만 오늘은 다른 이야기는 하지 않고 그녀의 문제에 집중했다.

영숙의 이야기를 듣던 초희는 놀라움과 아쉬움이 있었지만 영숙이 한 말을 꼼꼼하게 메모했다.

"영숙아, 오늘 너한테 들은 내용을 정리해서 우리 회사에서 맡아서 처리해주도록 탐정님께 보고하고 내일 오후에 다시 연락 줄게."

"영숙아, 너 나 알지? 너무 걱정하지 마. 내가 꼭 유미를 찾아줄게."

초희는 영숙을 안심시켰지만 한편으로는 마음이 무거워졌다.

고3 여학생이 갑자기 실종된 지 14일이 지났다. 영숙과 헤어지고 사무실로 걸어오면서 딸에게 전화했다. "미진아! 엄마가 오늘은 일찍 집에 들어갈 테니 너도 좀 일찍 들어와?" 그녀는 결혼한 지 5년도 채 못 돼서 이혼했다. 그녀는 보험회사에 근무하면서 억척스럽게 1남 1녀를 혼자서 다 키웠다. 아들은 대학교 2학년을 마치고 군 복무 중이고 딸은 고등학교 2학년이었다. 초희는 사무실에 오자마자 영숙으로부터 들었던 유미 실종 사건을 차분하게 정리했다.

"긴급 회의를 요청합니다. 고3 여학생이 이상한 보이스피싱 사건으로 실종되었고 실종 14일이 지났음. 가출이나 자살할 이유는 전혀 없는 학생임. 저녁 7시까지 사무실로 오시면 오늘 저녁은 제가 쏘겠습니다."

"교수님, 제가 방금 단톡에 올린 사건을 보셨지요? 가출 학생이 제 여고 동창이면서 '절친'의 막내딸입니다. 친구를 만나 들어보았더니 사건이 참 묘해요. 꼭 도와주셔야 해요." 양초희는 공지에 올리자마자 바로 영호에게 전화했다.

"예, 6시 30분까지 사무실로 갈게요."

"교수님, 감사합니다."

30분이 지나자 직원들이 다 사무실로 모였다. 양초희는 사건 내용을 정리한 문서를 먼저 배포했다. 말로 설명하는 것보다는 문서로 이해하는 것이 더 쉽기 때문이다. 강철만이 말문을 열었다.

"가출 학생이 공부보다는 돈 모으는 데 관심이 많았다는 점이 특이하네요. 그것도 고교 졸업할 때까지 1억 원을 모은다?"

"혹시 1억 원을 채우기 위해 유흥업소에 취업한 것은 아닐까요?"

아무도 그의 말에는 대꾸를 하지 않자 그는 멋쩍은 표정을 지었다.

"일단 경찰서에 실종 신고가 접수되어 있으니 경찰과 공조하는 것이 좋은 듯합니다."

문영민이 말하자 강천만이 고개를 끄떡였다.

"실종 다음 날 새벽에 실종 신고를 했는데 그동안 경찰이 아무 일도 안 하고 있다고 하는데 뭘 공조한다는 거지요?"

양초희가 쏘아붙이듯한 투로 말하자 문영민과 강철만은 아무 말도 못하고 서로를 바라볼 뿐이다.

영호가 나섰다. "실종된 사람을 찾는 일은 탐정 업무 중 가장 중요한 분야 가운데 하나입니다. 경찰이 실종 사건에 집중한다는 것이 현실적으로 쉽지 않고요. 실종 가족의 마음이 얼마나 힘들겠어요? 우리가 이 일에 집중해봅시다."

문영민은 양초희가 정리한 글을 몇 번이나 읽고는 "보이스피싱 피해자들에게 피해금을 되돌려준다고 한 게 진짜 보이스피싱인 것 같습니다. 그런데 여고생을 유인한 것 같은데, 여고생을 유인한 목적이 무엇일까요? 그게 이 사건의 핵심인 것 같습니다."

"문프로님이 명쾌하게 핵심을 잘 요약했습니다. 저도 유미 양을 유인한 목적이 궁금해요." 영호가 말했다.

더 이상 논의가 진전되지 않자 양초희가 나섰다.

"오늘은 제가 저녁을 사겠습니다. 일단 저녁 식사를 하면서 좋은 의견 부탁드려요."

#2

실종과 함정

완전범죄는 존재할 수 없다. 피해자가 흔적을 남겨두었기 때문이다.
그 흔적을 찾아 실체를 밝혀주는 일이 수사다.
_명탐정 S

모두 사무실 부근에 있는 동태찌개 식당에 모였다. 한자리에 모여 저녁 식사를 하기는 참 오랜만이다. 여고생 실종 사건의 단서를 찾으려는 듯 각자 조용히 식사를 했다. 식사를 마치자 양초희가 먼저 말을 꺼냈다.

"가출할 이유가 없는 여고생이 보이스피싱 피해금을 받으러 갔다가 그 이후에 실종되었다. 그리고 15일이 지나도록 아무런 연락이 없다. 누구로부터 원한을 살 만한 일이 없는 평범한 가정이다. 이런 일이 지금 우리 사회에서 가능할까요?"

양초희의 말에 모두 아무런 대답을 하지 못했다. 강철만이 정적을 깨는 말을 시작했다. "그 학생이 다른 학생하고 다른 점은 고등학교 졸업 전에 1억원을 모으겠다는 목표를 세우고, 실천하는 일이 아닐까요? 저는 그 점에서 출발해야 한다고 생각합니다." 아무도 그의 추론에 이의는 달지 못하면서도 그런 추론만으로는 부족하다는 표정이었다.

"실종 당시에 유미가 돈을 얼마를 모았나요?" 문영민이 물었다.

"정확한 금액은 모르지만 그녀가 적어둔 다이어리에는 9,250만 원을 모은 것 같아요. 수미가 찾아낸 유미의 다이어리에는 '9250'이라는 숫자가 적혀 있었다고 합니다." 모두가 놀라는 눈치였다.

"유미가 어떻게 그렇게 큰돈을 모았을까요?"

문영민이 다시 물었다.

"유미가 집안에 필요한 물품을 인터넷이나 주말 늦은 시간대에 마트에서 싸게 구입하는 방법으로 돈을 절약했다고 하더군요. 절약하고 남은 돈을 유미가 저축을 했다고 합니다." 초희는 영숙으로부터 들었던 이야기를 전했다.

"그러면 유미가 고등학교를 졸업할 때까지 유미가 목표한 1억 원 가운데 750만 원이 부족한 상태여서 그 돈을 벌려고 했을 수는 있겠네요?"라고 하면서 강철만의 추론에 힘을 더했다.

"만약 유미 학생의 입장에서 단기간에 돈을 벌려고 했다면 현실적으로 무엇을 할 수 있을까요? 저는 유흥업소라고 생각합니다."

강철만은 처음부터 유미가 돈을 벌려고 유흥업소에 취직했을 거라는 주장을 굽히지 않았다.

"혹시 유미 부모가 술을 좋아하시나요? 유미가 술을 마신 적이 있는지 좀 확인해보세요? 일단 가능성이 있는 것은 다 체크해봅시다. 지금으로서는 지푸라기라도 붙잡아야 할 때인 것 같습니다. 딸이 집을 나가서 아무런 연락이 없는 지금 부모와 가족의 심정은 어떻겠어요?" 영호가 나섰다.

"그냥 기다릴 수만은 없는데 그렇다고 딱히 뭘 해야 할지 생각나지도 않네요."

양초희는 한숨만 쉬고 있었다.

한동안 침묵이 흘렀다. 누구도 이 상황에서 무슨 말을 해야 할지 모르는 듯했다. "그럼 일단 이렇게 합시다. 양초희 프로는 유미 부모를 통해 술을 마시는지 알아보고요. 강철만 프로는 유흥업소 인력 공급업자를 중심으로 알아보고요. 문영민 프로는 혹시 교통사고로 인해 병원에 입원할 가능성이 있는지도 한번 알아보시죠."

그렇게 영호의 정리로 그날 식사를 겸한 회의는 마쳤다. 초희는 식당을 나오면서 친구인 영숙에게 전화를 했다.

"방금 유미 일로 모두 회의를 했다. 탐정님이 다른 일보다 유미 찾는 일에 집중을 하라고 하셨어. 곧 유미를 찾을 거야. 너무 걱정하지 마. 응?"

"그래, 고맙다."

"혹시 유미가 술이나 담배를 하니?"

"왜? 유미는 술이나 담배를 전혀 못해. 애 아빠도 대학교 때 담배를 피우다가 결혼하면서 끊었고 술도 잘 못해. 나는 네가 알다시피 평생 맥주 한 병도 못 마실 정도이고, 수미도 술과 담배는 전혀 안 해."

"그렇구나."

"왜? 유미가 술집에 취직했나 해서?"

"아니, 일단 모든 가능성을 다 조사하는 거야."

"유미는 술 마시는 사람을 아주 싫어할 정도로 그쪽하고는 거리가 멀어."

"알겠어."

"영숙아! 혹시 유미랑 비슷한 시기에 실종된 학생이 또 있니?"

"난 몰라. 있어도 쉬쉬할 테지. 강남이라는 곳이 20년을 살아도 옆집에 누가 사는지 몰라. 아니, 몰라야 하는 곳이야."

"이 동네는 상대방을 알려고 하면 다치는 그런 동네야. 차갑지?"

"알았어. 혹시 경찰서에서는 무슨 연락 왔니?"

"아직 아무런 연락이 없어. 내가 가끔 경찰서에 전화를 하면 담당자는 아직 아무것도 들어온 게 없다고만 하고 기다리라고만 한다."

"예전에 어린 여자아이가 유괴돼서 전 국민이 찾아주기 운동하던 것은 모두 골동품이 되어 오래전에 박물관으로 갔다. 세상살이가 겉보기에는 좋아지는 것 같지만 속으로는 더 나빠져 가고 있다는 생각이 든다."

"영숙아, 힘내! 마음 단단히 먹고. 유미가 보통 애가 아니니 곧 좋은 소식 있을 거야."

초희는 영숙을 위로의 말만 할 수 있을 뿐 달리 그녀를 도와줄 방안이 떠오르지 않아 답답했다.

그동안 진행 상황을 서로 공유하고 새로운 방안을 논의하기 위한 회의가 시작되었다. "강남의 주요 유흥업소 탐문과 정보망을 통해 확인해보았더니 요즘은 여직원을 납치해서 고용하는 경우는 거의 없다고 합니다. 대부분 술 마시는 것을 좋아하거나 명품백 등을 구입하기 위해 스스로 찾아온다고 합니다. 예전같이 장사도 잘되지 않아 스스로 찾아오는 여성들도 다 일하지 못한다고 합니다. 여고생이 납치되어 술집에 근무하는 사례는 거의 없다고 하더군요." 강철만은 유미가 돈을 벌기 위해 유흥업소에 갔을 가능성은 거의 없다고 확신했다.

"교통사고 가능성에 대하여 확인해본 결과 지금은 교통사고를 당해서 병원에 오면 바로 경찰서에 신고하기 때문에 경찰에서 연락이 오지 않았다면 교통사고를 당해서 병원에 입원할 가능성은 아주 희박합니다." 문영민이 말했다.

"자, 이제부터 서로 엉뚱한 방안을 서로 제안해보도록 합시다. 아주 엉뚱할수록 좋아요. 이제부터는 상대방의 제안에 비판은 금물입니다." 영호가 뜻밖의 제안을 했다. 틀에 박혀 있고 경직되어 있으면 그 경직의 틀을 깨주어야 다양한 대안이 나온다는 것을 역량지도 교수인 영호는 잘 알고 있었다. 마치 대학 시절 선후배 사이에 격식을 파괴하고 반말을 허용하는 '야자 타임' 놀이와 비슷한 논리다. 이런 상황에서 후배가 선배에게 하고 싶은 말을 다 하는 과정에서 후배의 속내를 드러내게 되는 것이다.

"유에프오(UFO)를 타고 외계로 날아갔는지 확인해봅시다. 이렇게 흔적도 없이 감쪽같이 사라질 수 있을까요?" 강철만이 말하자 한바탕 웃었다.

"전 마음 한구석에는 사고나 납치로 사망했을 수도 있다고 생각합니다. 실아서 숨 쉰다면 이렇게 흔적이 전혀 없을까요? 사고로 다쳐서 병원으로 이송되면 가족에게 연락이 되지만 사망하면 아무도 모르잖아요." 문영민이 조심스럽게 말했다.

두 사람의 말을 듣고 있던 양초희가 강하게 항의했다. "아무리 자유롭게 말하는 시간이라고 하지만 그건 너무 합니다." 문영민을 쏘아보면서 말하던 양초희의 눈가에는 눈물이 고여 있었다.

"자, 지금은 상대방의 말에 반박하지 맙시다. 다 유미를 찾아내야 한다는 생각에서 시작한 거니까요." 영호가 중간에 나서 말했다.

"예, 죄송해요. 저도 모르게 문프로님 말에 흥분했네요."

눈물을 닦아내면서 초희가 말했다. "교수님, 문득 이런 생각이 들었어요. 지난번에 우리 회사에 입사 지원했던 지원자 연락처와 이메일을 보관하고 있으세요?"

"예, 있기는 합니다만 왜요?"

"이렇게 해결책을 찾지 못할 때는 그분들을 우리 회사 명예 탐정으로 지명해서 공개적인 자리에게 그분들에게 다양한 의견과 좋은 아이디어를 얻으면 어떨까 해서요?"

"그거 정말 좋은 생각이네요. 지금까지 왜 그런 생각을 못했지요?" 문영민이 반색하면서 맞장구를 쳤다.

"그분들은 우리 회사에서 선발하는 일종의 인턴 직원 같은 개념이네요. 그리고 이분들로부터 사건 제보도 받을 수 있으니 일거양득입니다."

"무슨 말이지요? 일거양득?"

"예, 사건 해결에 좋은 아이디어도 구하지만 이분들 주위에 사건이 있으면 이분들이 우리 회사로 안내할 수 있다는 말이지요."

그동안 사건의 실마리를 전혀 찾아내지 못하다가 바늘구멍만 한 틈이 보이는 것 같았다.

"구체적으로 어떻게 하면 좋을까요? 영호도 양초희의 제안이 마음에 들었지만 구체적인 대안이 떠오르지 않았다.

"제 생각으로는 이분들에게 바세보 명예 탐정 위촉장을 수여하는 행사를 갖고요. 자연스럽게 이유미 사건을 해결할 좋은 아이디어를 구하는 게 어떨까요? 제가 이분들과의 연락 체계를 맡을게요."

"오늘은 양프로님의 날입니다. 무슨 말을 해도 모두 바윗돌에 새겨둘 만한 명언입니다."

강철만은 사건을 해결할 실마리를 찾은 듯 고무된 분위기였다.

"우리 회사에 지원했던 사람들 연락처를 양프로님에게 드릴 테니 연락해보세요. 장소는 제가 알아볼게요.

가능하면 빠르게 진행합시다. 지금은 시간을 낭비할 여유가 없어요. 유미와 가족을 생각하면요.

문프로님이 위촉장 문안을 작성해주시고요. 강프로님이 위촉장 제작을 좀 해주세요." 영호는 직원들에게 임무를 분담하고 딱 이틀 만에 위촉장 수여식을 준비했다.

5월 14일 토요일 오후 4시부터 5시까지 구청 대강당을 빌려서 그곳에서 명예 탐정 위촉장 수여식을 했다.

양초희는 지원자 200여 명에게 전부 문자와 이메일로 연락했다. 이날 참석이 어려운 사람은 추후에 사무실에 방문하여 면접을 거쳐 명예 탐정으로 위촉할 예정이다. 위촉장 수여식이 시작되었다.

"안녕하세요? 바세보 탐정 양초희입니다. 명영호 탐정님께서 안내 말씀을 하시겠습니다."

"안녕하세요. 명영호입니다. 오늘은 첫걸음이지만 앞으로는 언제든 개별적으로 회사에 연락 주세요. 물론 직접 오셔도 되지만 단체 톡이나 회사 홈페이지로 소통하시면 됩니다. 여기 계신 양초희 팀장님이 담당자입니다.

오늘 여러분이 탐정으로서의 촉이 있는지 알아보는 퀴즈를 하나 내겠습니다. 한 여고 3학년 학생이 보이스피싱으로 피해를 입었는데 보이스피싱 범죄자가 수사기관에 검거되면서 피해자들에게 피해금을 되돌려준다는 연락을 받고 나가서 20여 일 동안 연락이 안 되는 상태입니다. 여러분이 탐정이라면 그 학생을 찾을 수 있는 어떤 방안이 있을까요?"

"누구든 자유롭게 말씀해주세요." 양초희가 말했다.

잠시 후 한 젊은 남자가 손을 들었다. "제가 보기엔 보이스피싱 피해금을 주겠다고 한 것 자체가 신종 보이스피싱이네요."

"예?"

"그 자체가 신종 보이스피싱이라고요. 보이스피싱 범죄는 끊임없이 진화하지요. 보이스피싱 범죄는 한마디로 사람의 정상적인 판단력을 마비시킨 패닉 상태에서 벌이는 일종의 불안 심리 이용 범죄거든요. 평상심을 갖고 있는 상태에서는 보이스피싱 피해를 당하지 않습니다. 하지만 사람은 누구나 감정의 계곡이 있어요. 감정이 골짜기에 있을 때는 올바른 판단을 할 수 없지요. 그래서 누구나 보이스피싱을 당할 수 있는 겁니다."

그는 보이스피싱 범죄의 특성을 정확하고 명쾌하게 설명했다.

"예, 참 명쾌한 진단입니다. 그렇다면 우리 입장에서는 어떻게 해야 할까요?"

명호가 그에게 재빨리 물었다.

"보이스피싱 범죄는 피해자가 한 명이 아니라 여러 명이 있을 테니 일단 피해자를 찾아야 한다고 생각합니다. 그 피해자들의 공통점을 알면 보이스피싱 범죄자들의 범행 수법이 알 수 있겠지요?" 그의 설명은 아주 간결하고 명쾌하게 요점과 대안을 제시한 셈이다.

그 이외에도 유흥업소 주변 전단지 부착, 방송사 실종 광고, 현상금을 거는 방안, 유흥업소 탐문 등 방안이 다양하게 제시되면서 명예탐정 위촉식 행사를 무사히 치렀다.

양초희가 행사에서 논의되었던 내용을 설명했다.

"토요일 위촉식에서 보이스피싱에 관하여 신종 보이스피싱이라고 말한 남자는 김영식이라는 분인데 소설가라고 합니다. 아직까지 큰 성공은 거두지 못했지만 2권의 소설을 출간했고요. 모두 궁금하신 거 같아서 설명합니다."

영호는 소설을 써본 사람만이 인생의 양지와 음지를 다 맛볼 수 있다는 말이 문득 떠올랐다.

"김영식이 말한 대로 유미와 같은 피해자를 더 찾아서 공통점을 찾아보면 범죄 동기와 목적이 드러난다는 말은 맞는 것 같습니다." 양초희가 토요일 행사에서 김영식이 했던 말을 다시 언급했다.

"교수님, 이렇게 하면 어떨까요? 우리도 똑같은 방식으로 이상한 보이스피싱을 하는 겁니다. 유미네같이 피해를 입은 사람들도 참석할 거 아닙니까? 아울러 범죄를 저질렀던 사람들도 관심을 보일 겁니다. 한마디로 '눈에는 눈, 이에는 이'입니다." 문영민이 제안했다.

"아하! 그런 방법도 있었네요." 문영민의 제안에 영호도 공감했다.

"정말로 미처 생각하지 못했던 좋은 아이디어입니다. 범죄자가 범죄 현장에 관심을 갖는 것은 당연하지요. 유미 가족같이 피해를 입은 가족들도 그 자리에 나타날 가능성이 큽니다. 이번 행사에 오해의 소지가 있을 수 있으니 사전에 경찰서에 신고하고 유미네 가족이 참석하게 하는 것이 좋을 듯싶네요."

양초희도 손뼉을 치면서 찬성했다. "너무도 좋은 방안입니다. 유미네 가족한테는 제가 연락할게요."

"그래요. 유미 가족이 경찰서에 행사를 신고하도록 해주세요. 그래야 나중에 말썽이 없어요."

유미가 당했던 방식으로 '이상한 보이스피싱'을 재연하여 피해자를 찾고 범인을 유인하기로 했다.

이 프로젝트 홍보와 추진은 양초희가 담당하기로 했다. 그녀는 페이스북 친구가 5,000명이 넘어서 추천 대기 중인 사람만 몇 백 명이다. 게다가 트위터, 인스타그램 등 소셜미디어의 고수다. 그녀는 자신의 네트워크을 총동원해서 홍보했고 관할 경찰서 담당 형사도 사복 차림으로 참석하도록 초청했다.

2022년 5월 21일 토요일 오후 6시부터 9시까지 행사를 할 작은 카페를 물색했다. '이상한 보이스피싱 피해자 모임'으로 콘셉트를 정하고 보이스피싱 예방과 공동 대응 방안을 찾는 모임으로 홍보했다. 이날 참석하는 사람들은 누구도 믿지 않으려는 속성이 있기 때문에 간단한 팸플릿과 설문지를 준비하여 행사 당일 참석한 사람들에게 설문지를 받기로 했다. 추후에 은밀하게 접촉할 수 있도록 하고 주변에 전파시킬 수 있도록 하기 위해서였다. 행사 날이 공교롭게도 유미가 보이스피싱을 당한 지 딱 한 달째 되는 날이다.

"교수님, 제가 사람 모으는 것은 자신이 있는데요. 사람을 모으려면 뭔가 반짝이는 이벤트가 필요해요. 한꺼번에 참석하지 않고 분산적으로 오기 때문에 시간을 정해놓고 뭔가 이벤트를 해야 사람을 한꺼번에 모을 수가 있어요." 행사를 주도적으로 준비하는 양초희는 걱정스러운 표정이 역력했다.

"양프로님의 말이 맞습니다. 제가 보기엔 전문가의 세미나 또는 강의가 좋을 듯싶은데요?" 문영민도 뭔가 사람을 모으는 이벤트가 필요하다는 점에 공감했다.

"탐정님이 교수님이셨으니 강의를 하시면 되잖아요?" 강철만이 명영호의 강의를 제안했다. 그러자 양초희와 문영민도 강철만의 제안에 적극 찬성했다.

"그러면 제가 그날 30분 정도 강의를 준비할게요."

"교수님, 강의 제목은 무엇으로 할까요?"

영호는 잠시 생각했다. 사람을 모으려면 강의 제목이 자극적이고 흥미로운 뉘앙스를 줘야 한다. 또한 영호는 이 강의를 들었던 사람이 누구인지 알 수 있도록 은밀한 함정을 파놓고 싶었다. 마치 페인트칠을 한 사람은 어딘가에 페인트가 묻게 되는 그런 흔적이 필요했다.

"강의 제목은 '보이스피싱 범죄! 이렇게 하면 완벽하게 피할 수 있다'로 하세요."

"교수님, 강의 제목이 너무 좋아요. 뭔가 알 듯 모를 듯하면서 궁금증을 유발하는 제목입니다." 양초희는 그동안 고민을 확 날려버린 듯 밝은 목소리로 말했다.

"탐정님은 교수 출신이시라 뭔가 다르시네요. 그런데 강의 내용은 무엇인가요?" 강철만은 영호의 강의 내용을 무척 궁금해했다.

"강의 내용은 일급 비밀입니다. 그날 들어보세요. 솔직히 지금은 저도 몰라요. 지금부터 준비해야지요." 모두 한바탕 웃었다.

5월 21일 토요일 오후 5시. 보이스피싱 2차 피해자 모임 장소인 위더스 카페에는 "보이스피싱 범죄! 이렇게 하면 완벽하게 피할 수 있다. -보이스피싱 범죄 2차 피해자 모임"이라는 플래카드를 걸었다. 6시쯤 되자 유미 가족도 한쪽 자리에 앉았다. 직원들은 각자 맡은 역할을 차분하게 수행했다. 양초희는 사회를 보고 문영민은 설문 조사를 하기로 했다. 강철만은 주차 안내를 하겠다고 했다. 영호는 30분 동안 강의를 하기로 했다.

양초희는 참석 인원을 확보하기 위해 바세보 명예 탐정들에게도 연락을 해서 10여 명이 참석했다. 이 행사를 제안했던 바세보 명예 탐정 김영식도 눈에 띄었다.

얼핏 보기에는 삼삼오오 모여서 조용히 커피를 마시고 있었지만 서로를 경계하는 긴장감이 흘렀다. 7시가 되자 양초희가 마이크를 잡고 모임의 취지와 목적 등을 설명하면서 행사가 시작되었다.

"오늘은 범죄학 박사이신 명영호 교수님을 모시고 '보이스피싱 범죄! 이렇게 하면 완벽하게 피할 수 있다'라는 제목으로 강연을 듣도록 하겠습니다. 교수님을 모시겠습니다."

여러분 안녕하세요?

사람은 누구나 놀라거나 당황하면 평상심을 잃게 됩니다. 그러면 판단력이 흐려지고 자신이 평소 생각과는 달리 엉뚱하게 믿는 경향이 강합니다. 그래서 누구나 보이스피싱 범죄의 피해자가 될 수 있는 것입니다.

심리학적으로 사람이 궁박한 상황 또는 크게 놀라서 당황하게 되면 정상적인 심리 상태가 아닌 혼돈의 상태가 됩니다. 이런 상황은 사람의 정상적인 판단력을 마비시키게 됩니다. 이런 상태에서 보이스피싱을 피해자가 될 수 있는 겁니다. 보이스피싱 범죄는 자신을 드러내지 않으면서 불특정인을 대상으로 무차별적인 전화 등으로 상대방을 속이려는 속성을 갖고 있습니다. 범죄학 박사인 저도 보이스피싱을 당할 뻔했습니다. 오늘은 저의 실제 사례를 통해 보이스피싱 범죄가 얼마나 무서운 범죄인지 소개하고

자 합니다. 아울러 이런 보이스피싱 범죄를 피할 수 있는 노하우에 대하여 생각해보는 시간을 갖고자 합니다.

2017년경 영호의 아들이 고등학교를 졸업하고 3개월간 북경으로 어학연수를 간 적이 있었다. 서울에 있는 유학원을 통해 북경에 있는 대학교 부설 기관의 기숙사에서 생활하면서 중국어를 배우는 프로그램이었다. 아들이 중국으로 출국한 후 잘 도착했다는 연락을 기다리고 있을 때 발신번호가 국제전화번호로 된 전화 한 통이 걸려왔다.

"승민이 아버지시지요? 여기는 북경입니다."

"예, 누구신데요?"

"좀 조용한 곳으로 가서 혼자 전화를 받으시지요? 승민이가 중국에 오자마자 잘못을 저질러서 문제가 생겼어요."

영호는 당시 연구실에 혼자 있었는데 조용한 곳으로 가서 전화를 받으라는 말이 좀 어색했다. "잠시만요. 이제 조용한 곳으로 옮겼어요. 말씀하시지요?"

상대방 말투는 중국 조선족인 듯했다.

"승민이한테 무슨 일이 있어요?"

"예, 승민이가 중국법으로 큰일을 저질렀어요."

"예? 무슨 일인데요?"

"중국법을 위반했어요. 빨리 해결해야 합니다."

"어떻게 해야 하지요?"

"급히 돈이 좀 필요합니다. 지금 저희가 알려준 은행 계좌로 돈을 보내주면 저희가 그 일을 처리해줄 수 있습니다. 시간이 늦으면 승민이는 중국에서 재판을 받을 수도 있습니다."

"그래요?"

"승민이 좀 바꿔주세요. 그래야 제가 믿을 수 있잖아요?"

"예, 당연히 바꿔줄게요." 잠시 후 그는 누군가에서 중국말로 지시하는 소리가 들렸다.

"여보세요." 겁에 질린 듯한 젊은 남자의 목소리였다.

"여보세요. 너 승민이냐? 무슨 잘못을 했니?"

"아빠, 잘못했어요. 죄송해요." 그는 울먹이는 목소리로 대답했다.

"너가 승민이니?"

"아빠 왜 그래요?" 옆에서 누군가가 그를 때리는 것 같았고 그 젊은 남자는 누군가에게 맞고 신음 소리와 울음소리가 들렸다."

순간적으로 영호는 그 젊은 남자가 자신의 아들 승민이가 틀림없다고 믿었다. 순간 머리가 하얗게 된다는 것이 이런 것이구나 하는 생각과 아들의 미래를 생각해서라도 어떻게든지 일을 잘 해결해야겠다는 생각뿐이었다.

다시 처음에 전화한 남자가 전화기를 받아 말했다. "이젠 확인하셨지요? 은행 계좌번호를 불러드릴 테니 적어보세요."

영호는 마지막으로 젊은 남자가 자신의 아들인지 여부를 한 번 더 확인하고 싶었다.

"잠깐만요. 아들 한 번만 다시 바꿔주세요? 통화하고 나서 바로 송금할게요."

그러자 그 남자는 다시 젊은 남자를 바꿔주었다.

"승민아, 너 정신 똑바로 차려야 한다. 호랑이에게 물려가도 정신만 차리면 살아날 길이 있는 거다. 알았지?"

"넌 정말 승민이 맞지?"

"예, 아빠, 왜 그래요?" 그는 울먹이면서 대답했다.

영호는 순간 승민이가 틀림없다고 확신했다. 한 가지 걸리는 것은 승민이가 영호에게 깍듯하게 높임말을 쓰지 않는데 그가 영호에게 계속하여 높임말을 쓰는 것이 마음에 걸렸다. 하지만 특별한 상태에서는 그럴 수 있다고 생각했다.

영호는 마지막으로 그에게 물었어요.

"승민아! 너 아빠 주민등록번호 뒷자리 7자리 말해봐."

"아빠, 왜 그래요?" 그는 영호의 주민등록번호 뒷자리 번호를 바로 대답하지 못하는 것이 아닌가?

순간 영호는 그 젊은 남자가 자신의 아들이 아님을 확신했다. 왜냐하면 그의 아들 승민이는 외아들로 초등학교 때부터 인터넷 게임 성인 인증이나 아이템 구입, 물품 구입 시에 늘 영호 명의를 사용해서 영호의 주민등록번호 뒷자리를 모를 리가 없었다. 승민이는 자기 주민등록번호는 기억하지 못해도 영호의 주민등록번호는 확실하게 기억할 거라 생각했기 때문이다.

처음 전화한 남자에게 전화기가 전달되었는지 그가 영호에게 빠르게 말했다.

"한국 돈 1,000만 원을 우리은행 234…"라고 돈 액수와 계좌번호를 영호에게 불러주었다. "그 애는 내 아들이 아니니 당신들이 그 애를 죽이던지 살리던지 맘대로 해라." 영호는 그 남자에게 그 말을 하고는 전화를 끊었다.

영호는 그 젊은 남자가 자신의 아들이 아니라고 확신했지만 약간의 불안감도 있었다. 다시 중국에 간 아들에게 전화를 수차례 했지만 여전히 전화를 받지 않는다는 기계음만 들렸다. 그는 급히 아내에게 전화를 했다. 그러자 아내는 계속해서 통화 중이다. 잠시 후 다시 전화를 했지만 역시 통화 중이다.

10분 정도 지나자 아내가 놀란 말투로 영호에게 전화를 걸어왔다.

"승민 아빠, 방금 중국이라고 하면서 전화가 왔는데 승민이가 중국에서 교통사고를 당해서 지금 병원에 있대요. 우선 빨리 돈을 보내줘야 수술을 할 수 있다는데 어떻게 해?" 아내는 겁에 질린 목소리로 울먹이면서 중국에서 걸려온 전화 내용을 영호에게 설명했다.

"당신, 승민이랑 통화했어?"

"그 사람들이 승민이를 바꿔준다고 했는데 내가 가슴이 떨려서 그냥 전화를 끊고 바로 당신한테 전화한 거야."

"승민이 전화가 전혀 안 돼요. 어떻게 해?" 그녀는 영호에게 말하고는 쓰러질 것 같았다.

"여보, 안심해. 나도 방금 중국에서 그런 똑같은 전화를 받았어. 그놈들이 당신한테도 전화했네. 보이스피싱이야!"

"그래요?" 아내는 안도하면서도 여전히 불안해하였다.

내가 보기엔 보이스피싱 조직이 나한테 먼저 전화를 하고 실패하자 바로 당신한테 전화를 한 것 같아. 걱정 말아요. 내가 보기엔 보이스피싱 소식이 확실해."

그리고 그날 저녁에 아들 승민이가 전화를 해서 그제야 통화가 되었다. 중국은 입국 심사가 오래 걸리고 기숙사에 들어오자 로밍이 가능해서 지금에야 전화를 할 수 있게 됐다는 것이다.

북경 공항에 도착해서 기숙사까지 오는 데 7시간이 걸렸는데 그 시간 동안에는 전화가 불통인 셈이었다. 보이스피싱 조직은 전화가 안 된다는 점을 악용해 가족에게 보이스피싱을 시도했던 것이었다.

실제 보이스피싱 전화를 받아보니 정상적인 상황에서는 말도 안 된다고 무시할 수 있지만 패닉 상태에서는 누구나 피해를 당할 수밖에 없는 것이다. 그들은 상대방이 전화 통화를 못하는 시간대를 알고 그 시간대에 교통사고, 싸움, 납치 등 급박한 상황이 벌어진 것처럼 속이고는 울먹이면서 말하거나 울음소리를 들려줘서 상대방이 믿도록 하는 수법을 쓴 것이다. 누군가에게 억압을 당하거나 울음소리를 들으면 공황상태가 되어 걱정하는 대로 믿게 되고 판단력이 흐려진다는 점을 이용하는 것이다.

보이스피싱 수법은 날로 교묘해지고 있습니다. 적발이 쉽지 않다는 범죄 특성상 이러한 범죄는 계속 진화된 모습으로 극성을 부릴 것입니다. 가족 간 소통이 부족한 요즘 같은 때에는 보이스피싱 범죄 피해 사례는 더 증가할 것으로 예상됩니다. 예방책으로는 가족만이 아는 비밀번호를 하나 정도 공유하는 것이 중요하다고 생각합니다. 저도 아들이 제 주민등록번호를 알고 있다는 점을 착안하지 못했다면 보이스피싱 피해를 당할 수밖에 없었을 겁니다. 여러분도 가족끼리 사랑과 관심의 번호를 하나 정도 꼭 공유하였으면 합니다. 이것이 보이스피싱 피해를 피할 수 있는 방법입니다.

감사합니다.

양초희는 보이스피싱 피해를 입었거나 경험이 있으면 서로 연락을 해서 공동 대처할 것을 제안하였다. 참석자들은 서로를 믿지 못하는 듯 눈치만 볼 뿐 누구도 선뜻 나서지 않았다.

9시쯤 행사를 마치고 영호는 직원들과 부근에 있는 식당으로 자리를 옮겼다. 저녁을 제대로 못 먹었기 때문이기도 하지만 이날 행사를 정리하기 위해서였다.

"행사 시작하고 지금까지 총 10명으로부터 연락이 왔어요. 주로 개별 상담을 원한다는 내용이네요. 어떻게 할까요?" 양초희가 먼저 말문을 열었다.

"즉시 연락을 안 하면 이상하게 생각할 테니 양프로님은 그분들에게 바로 전화를 해서 내일부터라도 상담 일정을 잡으시지요. 가능한 한 2시간 정도 간격으로 일정을 잡으세요." 영호는 10명으로부터 연락이 왔다는 사실에 호기심과 기대감이 생겼다.

"장소는 회사 부근의 미네르바 카페로 하시지요. 양프로님이 먼저 상담을 하고 단서가 될 만하면 문프로님이 사무실로 모시고 오시는 것으로 하면 어떨까요?"

"맞습니다. 상담을 하는 사람이 누구인지 모르는 상태에서 우리 사무실을 노출시킬 필요는 없으니까요." 강철만이 말했다.

"그럼 양프로님은 차분하게 일정을 잡으세요."

양초희는 메모지를 들고 밖으로 나갔다가 1시간쯤 지난 후에 식당으로 돌아왔다.

"총 10명이 전화가 왔는데 제가 통화한 것은 7건입니다. 3건은 연락이 안 되네요. 7건 중 4건은 교수님 말씀대로 내일 오전부터 일정을 잡았습니다. 3건은 월요일 오전에 가능하다고 합니다. 연락이 안된 3건은 제가 계속 연락을 해보겠습니다." 양초희가 1시간 만에 10명에게 전화를 하여 7건의 예약을 잡았다는 사실에 모두 놀라는 눈치였다.

상담 결과 7건 중 유미와 비슷한 전화를 받고 나가서 행방불명된 경우가 3건이었다. 큰 성과다. 한 건은 김성식이라는 재수생이 취직이 되었다는 연락을 받고 나가서 행방불명이 되었다. 고교 2학년 박효선과 고교 3학년인 김미정은 유미가 실종될 즈음에 집을 나가서 아직까지 연락이 전혀 안 되는 상태였다.

박효선과 김미정의 가족은 그들의 실종 이유도 알지 못하는 것 같았다. 나머지 3건은 연락이 전혀 안 되었다.

"그동안 모두 고생 많으셨어요. 유미가 실종된 때와 비슷한 시기에 실종 사건 3건을 확인한 것은 큰 수확이네요. 앞으로는 어떻게 하면 좋을까요?"

영호의 질문에 아무도 대답하지 못했다.

"교수님, 우선 네 가족을 한자리에 모아놓고 심층 면담을 통해 공통점을 찾아보면 어떨까요? 박효선과 김미정은 부모가 이혼 상태여서 연락이 안 되고 박효선은 언니, 김미정은 오빠가 있어서 그분들을 통해 실종 경위 등을 찾아보는 것이 좋을 듯싶습니다." 양초희가 제안했다.

"아주 좋은 의견입니다. 우선 4명의 실종자가 같은 보이스피싱 범죄자를 통해 실종되었을 가능성도 있으니까요. 만약 그렇다면 가해자들의 특성과 범행 수법의 윤곽을 알아낼 수 있을 것 같습니다." 문영민도 거들었다.

"두 분의 말씀에 다 일리가 있습니다. 자, 그럼 실종자 가족을 대상으로 심층 면담을 해봅시다. 양초희 프로가 일정을 잡아보세요. 그날은 전 직원이 참석해서 궁금한 점을 직접 확인하도록 합시다."

며칠 후 바세보 탐정 사무실에는 실종자 4명의 가족이 한자리에 모였다.

양초희가 모인 이유를 간단하게 설명했다. 실종자 가족들에게는 위안과 희망을 주면서 동시에 실종 사건의 단서를 찾아내야 한다는 것이 미팅의 목표다. 양초희가 먼저 말을 꺼냈다.

"그동안 얼마나 마음고생이 크셨어요 유미양이 실종된 지 한 달이 넘었고 저희가 이 사건을 맡아 진행한 지도 20일이 지났습니다. 솔직히 유미양 실종에 관한 단서를 전혀 찾지 못하고 있어요. 죄송합니다. 그런데 유미양과 비슷한 시기에 실종된 사람이 3명이나 더 있다는 사실을 얼마 전에 알게 되어 지금 이 자리를 준비하게 되었습니다."

"우선 김성식군, 박효선양과 김미정양 가족이 먼저 숨김없이 말씀해주세요. 모두 같은 배를 탄 심정으로 허심탄회하게 이야기를 해봅시다. 먼저 김성식군 가족부터 말씀해주실래요?"

"성식이 아버지입니다. 성식이는 작년 대학 입시에 실패한 후 재수하고 있어요. 형이 한 명 있고 나이 차이가 8년입니다. 형은 명문 대학교를 졸업하고 대기업에 근무하고 있어요. 성식이는 어릴 적부터 형을 라이벌로 생각했어요. 늘 형보다 잘하려고 경쟁적이었어요. 가족이 보기엔 경쟁심이 좀 지나치다 싶었지만 워낙 나이 차이가 나서 다 받아주는 편이었지요. 성식이가 지난해 대학 입시에 실패하고 취직을 하겠다고 했는데, 설득해서, 재수를 하기로 했어요."

"그럼 성식이는 대학 진학보다는 취직을 하려고 했나요?" 양초희가 물었다.

"예, 성식이는 부모 말에 순종하는 편이라 재수를 시작했는데 얼마 전부터 취직을 하고 싶다고 여기저기 이력서를 넣었더라고요. 그러다가 4월 중순경 금융 회사에 취직을 했다고 하면서 좋아했어요."

"어떤 회사에 취직이 되었다고 하던가요?" 문영민이 물었다.

"외국계 회사라고만 했지 회사 이름은 밝히지 않더군요. 그러다가 5월 초순경 토요일에 회사 사람을 만나러 나가서 연락이 끊어진 거예요. 그게 전부예요."

"혹시 성식군이 보이스피싱 피해를 당했다고 말하지 않던가요?" 문영민이 물었다." 보이스피싱인지 모르는데 하루는 성식이가 누군가 자기 신상을 다 알고 있다고 말했어요."

"성식군은 실종 이후 어떤 조치를 취했나요?" 강철만이 물었다.

"분당경찰서에 실종 신고를 했고요. 아직 아무런 연락이 없어요."

"성식군이 전에도 이렇게 장기간 집을 나간 적이 있었나요?

"아니요. 전혀 그런 적이 없었어요. 이번이 처음입니다. 그래서 더 걱정이 커요."

"박효선양 언니지요? 효선양 실종 경위에 대하여 설명해주세요?"

"저는 효선이 언니 박효진입니다. 부모님은 15년 전에 이혼했고요, 할머니가 저희 자매를 키우셨어요. 아빠는 5년 전에 암으로 돌아가셨고 할머니도 작년에 돌아가셔서 지금은 저와 효선이 둘이 살아요." 가족 이야기를 말하면서 그녀는 눈물을 글썽거렸다.

"효선이는 실업계 고등학교를 다니고 있었는데 얼마 전부터 저한테 고등학교를 졸업해도 취직이 어렵다는 말을 자주 했어요. 언니같이 중소기업에는 안 가겠다는 말을 입버릇처럼 했어요."

"혹시 효선이 친구들한테 수소문을 해보았나요?"

"예, 효선이 아는 친구들에게도 다 전화하고 만나도 보았는데 다들 효선이가 집을 나간 이유를 모른다고 해요."

"김미정양 오빠는 미정양 실종에 관하여 말씀해주실래요?"

"저는 김진호입니다. 지난해 군 복무를 마치고 편의점 알바를 하면서 공무원 시험 준비를 하고 있습니다. 저희 부모님도 2년 전에 이혼했고, 그 후로는 저와 미정이 둘이 살고 있습니다. 아버지는 지방에서 건축 일을 하는데 연락이 잘 안 되고 엄마는 재혼을 해서 연락이 끊긴

상태입니다. 미정이는 돈을 벌어서 네일 숍을 하는 게 꿈이었어요. 정말로 악착같이 돈을 모으는 중이었어요."

"가정사를 솔직하게 이야기해주셔서 감사해요. 실종된 지 1달이 되었는데 효선이와 미정이는 실종 신고를 했나요?" 영호가 물었다.

"아니요. 하지 않았습니다."

"저희도 하지 않았어요."

"실종 신고를 하지 않은 이유가 있나요?"

"집 나간 지 5일 정도 되었을 때 미정이한테 문자가 왔는데 절대로 실종 신고는 하지 말아달라고 해서요." 김진호가 대답했다.

"아아! 우리도 그랬는데…." 박효진이 놀라면서 말했다.

"효선이가 집이 안 들어온 지 1주일 정도 되었을 때 방금 말한 내용의 국제전화번호로 된 문자가 왔어요. 실종 신고를 하면 불리하다고도 했어요. 그래서 실종 신고를 안 했어요."

"그 전화번호로 전화를 해보았나요?" 영호가 박효진에게 물었다.

"전화를 했지만 메시지를 남기라는 기계음이 나와서 연락이 안 되었어요."

"지금까지 실종 신고를 하지 않으셨으니 일단 신고는 하지 말고 기다려보시지요." 영호는 실종된 지 1개월이 지나 실종 신고해도 별 의미가 없다는 것을 너무나 잘 알고 있었고 상대방을 자극할 필요가 없다고 판단했다.

"실종된 4명이 모두 일찍부터 돈을 버는 데 관심이 많았다는 공통점이 있네요."

"반려동물을 키우거나 좋아했나요?" 양초희가 물었다.

"고등학교 입학 선물로 유미에게 강아지 한 마리를 사주었어요. 토이푸들 종으로 태어난 지 2달도 채 안 되었죠. 유미는 강아지 이름도 댕이라고 직접 지을 정도로 댕이를 좋아했어요. 유미가 돈을 쓰는 것도 댕이한테 쓰는 게 거의 다였을 정도예요." 김영숙이 말했다.

"성식이도 강아지를 너무 좋아해요. 5년 전에 유기견 머니를 분양받아 키우는데 처음에는 반대했지만 개를 키우면서 성식이가 많이 밝아졌지요. 머니를 병원에 데리고 가는 일을 도맡아서 할 정도로 성격이 적극적으로 변했어요."

"효선이는 스카라는 고양이 한 마리를 키우는데 고양이 네일을 관리해줄 정도로 스카를 좋아했어요."

"미정이도 레인이라는 몰티즈를 키웠는데 작년에 죽었어요. 그리고 나서는 개를 키우지 않아요. 미정이도 레인을 얼마나 좋아했는지 지금도 휴대폰이나 방에 있는 사진이 거의가 다 레인 사진뿐입니다."

"그럼 실종자 모두가 반려동물을 좋아한다는 공통점이 있네요."

"실종 신고 담당 경찰관으로부터 연락을 받았나요?"

"아니요, 열심히 찾고 있다고만 하는 문자가 가끔 올 뿐입니다."

"이제부터는 여러분이 바세보를 믿어주셔야 합니다. 그리고 서로 협력해야 합니다. 여러분이 저희에게 알려주는 아주 작은 정보가 실종 사건을 해결하는 결정적인 단서가 될 수 있습니다. 언제든지 저와 직원들에게 알려주세요. 분명한 것은 실종 사건은 시간이 지날수록 해결이 더욱더 어려워진다는 점입니다. 바세보에서 이 사건을 반드시 해결해내고야 말겠습니다. 누구나 증거를 남기지 않는 완전범죄를 꿈꾸지만 분명한 것은 세상에는 흔적을 하나도 남기지 않는 완전범죄는 없습니다. 그들이 남긴 증거와 단서를 찾기 힘들 뿐입니다."

영호는 서로 긴밀하게 협조할 것을 당부하면서 미팅을 마쳤다. 실종자 가족이 떠나자 양초희는 실종자 가족 미팅 결과 확인된 내용을 요약했다.

"오늘까지 확인한 내용은 여고생 3명, 재수생 남자 1명이 비슷한 시기에 실종되었다. 4명의 특징은 공부보다는 돈 버는 일에 관심이 많다. 모두 반려동물을 키운다는 점이 공통점입니다." 양초희의 말을 듣고 문영민도 답답한 심정을 드러냈다.

"더 답답한 일은 한 달이 지났지만 실종자들에 대한 어떤 단서도 찾지 못하고 있다는 점입니다."

영호는 직원들이 사건을 정리하면서 푸념하는 소리를 잠자코 듣고만 있었다.

"양프로님, 행사 때 연락이 왔다는 10명 중 7명은 연락이 되었고 3명은 연락이 되지 않았다고 했지요? 그 이후 3명과 연락을 해보셨나요?"

"저도 간간이 3명에게 전화도 하고 문자와 카톡을 해보았는데 통 연락이 안 되네요." 양초희가 대답했다.

"그럼 연락처와 양프로님이 그들과 접촉한 내역을 모두 제게 주세요." 영호는 3명에 대하여 직접 확인해볼 생각이었다. 그날 세미나에 참석했던 사람이 양초희에게 전화를 했다면 뭔가 이유가 있었을 거라고 생각했기 때문이다.

"자, 오늘 업무는 이것으로 마치고 좀 쉬세요. 주말 동안 모두 고생하셨어요."

문영민과 양초희는 짐을 챙겨 퇴근하였고 강철만은 머뭇거리다가 영호에게 종이 한 장을 불쑥 내밀었다.

"교수님, 지난번 행사 때 주차 관리하면서 참석자가 타고 온 차량과 오토바이를 정리한 것입니다."

그가 내민 종이에는 차종, 차량 번호, 주차장 출입 시간과 운전자의 연락처가 빼곡하게 적혀 있었다. "강프로님! 정말 고생하셨어요. 그런데 운전자 연락처는 어떻게 파악했어요?"

"차량 전면에 운전자 연락처가 대부분 적혀 있어요. 만약 연락처가 없는 경우에는 차량을 빼달라고 할 경우를 대비해서 제가 연락처를 챙겨두었지요." 영호는 강철만의 끈기와 세심함에 감탄했다. 차량은 5대와 오토바이가 1대였다.

영호는 모처럼 집에서 저녁을 먹고 화장실 청소를 하기 시작했다. 화장실 청소는 영호의 몫이다. 지난 토요일과 일요일에는 행사로 화장실이 좀 지저분했고 아내의 잔소리가 시작되기 전에 스스로 시작했다. 처음에는 참 하기 싫었지만 피할 수 없으면 즐기자고 생각을 하니 지금은 괜찮다.

화장실 청소를 하는 동안에는 다른 잡념이 사라지고 집중이 잘 되었다. 청소로 더럽던 화장실이 깨끗해지면 기분이 무엇과도 비교할수 없을 정도로 좋았다.

샤워를 하면서 문득 양초희로부터 받은 전화번호 3개와 강철만으로부터 받은 전화번호가 생각났다. 급하게 사워를 마치고 나와 전화번호를 확인해보았다.

"아하! 이럴 수가…." 영호는 깜짝 놀랐다. 양초희가 연락이 되지 않는다고 알려준 전화번호 3개중 1개와 산타페 차량을 타고 온 사람의 휴대폰 전화번호가 일치했다.

영호는 직감적으로 이 차량 이용자의 전화번호가 단서가 될 수 있다는 생각이 들었다. 그것이 바로 수사관의 촉이다. 이유나 근거로 설명할 수 없는 감각이다.

영호는 양초희로부터 받은 전화번호 3개에 문자메시지를 보내고 한참을 기다려도 아무런 연락이 없었다.

3개의 전화번호를 영호의 휴대폰에 저장했다. 전화번호를 저장한 이유는 전화번호를 공유할 경우에 카카오톡으로 서로 연결될 수 있기 때문이다. 카카오톡으로 서로 연결되면 프로필이나 배경사진 등 휴대전화 이용자 정보를 알 수 있기 때문이다.

전화번호 2개는 카카오톡으로 공유되었고 1개는 공유되지 않았다. 놀랍게도 카카오톡으로 공유되지 않은 휴대전화번호와 산타페 차량 이용자의 전화번호가 일치하는 게 아닌가? 영호의 예상대로 공유된 2개의 휴대폰 사용자는 프로필 사진 여러 장이 게시되어 있었고 둘 다 40대 후반의 여성으로 보였다.

"혹시 실종된 가족이 있으시면 바로 연락 주세요. 보이스피싱 피해자 모임"이라고 카카오톡에 글을 올렸다.

"연락 잘못했습니다. 전화와 문자를 자꾸 하시면 경찰에 신고합니다"라는 카톡으로 답이 왔다. 또 다른 사람은 "없습니다"라고 간단하게 답장이 왔다. 영호는 순간 이 두 전화번호 이용자는 실종 사건과는 연관이 없는 듯했다. 산타페 차량번호와 운전자 휴대전화번호를 파악한다면 그날 행사에 참석한 사람이 누구인지 정체가 드러날 것이다. 현장에 다시 나타나던지 관심을 갖는 것이 범인의 심리이기 때문이다.

수사관이었다면 사실 조회를 통해 차량 소유자와 휴대전화 가입자를 파악할 수 있지만 탐정은 불가능하다. 영호는 탐정 업무를 하면서 법을 어기는 일은 절대 하지 않겠다고 다짐했다. 문지방은 처음 넘기가 어렵지 한 번 넘게 되면 두 번, 세 번째는 쉽게 문지방을 넘어 다닐 수 있음을 잘 알고 있다. 법 절차를 위반해 얻은 증거는 진실 발견에 도움이 되지 않을 뿐만 아니라 결국 독이 된다는 것을 잘 알기 때문이다.

아침 전체 회의다. 1달 가까이 진행한 사건이 실마리도 찾지 못한 탓인지 회의 분위기가 무거웠다.

"유미양 실종 사건과 관련하여 지금까지 확인된 단서를 정리해보았어요. 강프로님이 그날 주차 관리하면서 행사에 참석한 사람들이 타고 온 차량과 운전자 연락처를 미리 파악해두었어요."

영호의 말이 끝나자마다 양초희가 말했다.

"역시 강프로님은 탐정의 뜨거운 피가 흘러요."

영호의 설명이 이어졌다.

"행사 당일 양프로님에게 전화했던 10명의 전화번호와 강프로님이 파악한 차량 운전자 연락처를 대조해보니 딱 한 사람이 일치했어요. 그런데 양프로에게 전화한 10명 중 7명은 연락이 되었고, 연락이 되지 않은 사람이 3명이었죠. 그런데 그날 산타페 차량을 타고 온 사람의 번호와 양프로님한테 전화한 10명 중 연락이 전혀 안 된 사람의 번호가 딱 일치해요. 결론적으로 같은 사람이라는 것이죠. 이 사람이 비밀의 키를 쥐고 있다는 생각이 들어요." 영호의 설명이 끝나자 모두가 놀라는 눈치였다.

"모두 열심히 일했는데 저만 혼자 멍 때리고 있었네요. 오늘부터 분발하겠습니다." 허심탄회하게 속내를 드러내는 문영민의 말은 개인보다는 조직을 우선시하는 것 같아서 좋았다.

"그럼 앞으로 어떻게 해야 할까요?" 양초희가 다급한 목소리로 물었다. 누구에게 어떤 대답을 듣기 위한 질문이 아니라 유미를 찾는 결정적인 단서를 찾지 못하는 데서 오는 갑갑한 속내를 드러낸 것임을 모두 알고 있었다.

문영민이 그동안 진행된 사항을 정리했다.

"그동안 명교수님이 참 많은 것을 파악하셨군요. 지금까지 파악한 단서의 퍼즐 조각 가운데 핵심은 이렇습니다. 양프로님에게 전화한 10명 중 유일하게 연락이 안 되고 있는 사람이 그날 산타페를 타고 행사장을 방문한 사람이고 그의 차량번호와 휴대폰 전화번호를 알고 있는 정도네요."

"꼭 확신이 있는 것은 아니지만 웬지 그 사람이 이 사건 해결의 실마리가 될 것 같다는 생각이 들어요. 우리가 진행한 행사를 살펴보기 위해 온 일종의 스파이 같다는 생각도 듭니다."

"그럼 지금으로서는 산타페를 타고 온 사람이 누구인지? 그가 행사에 온 목적이 무엇인지? 그의 소재를 파악하는 것이 관건이네요?" 강철만이 더 구체적으로 설명했다.

"강프로님, 그날 산타페 차량을 타고 온 사람에 대한 특이 사항이 없었나요?" 문영민이 재빠르게 물었다.

강철만은 생각을 해보았지만 특이 사항이 기억나지 않는다고 말했다.

"강프로님, 혹시 행사한 날 우리 가운데 차량을 주차장에 주차한 사람이 있었나요?" 양초희가 물었다.

"왜요? 그날 교수님하고 저하고 차를 주차했는데…. 세미나 마치고 같이 차를 타고 식사하러 갔잖아요? 그런데 왜요?" 강철만은 양초희가 묻는 이유가 궁금했다.

"그럼 교수님과 강프로님 차량에 블랙박스 설치되어 있지요? 회의 마치고 한번 블랙박스 영상을 확인해봅시다."

순간 영호는 양초희가 무엇을 하려는 것인지 알 것 같았다.

"아하! 그럴 수 있겠네요. 회의 마치고 바로 제 차량 블랙박스부터 확인해봅시다."

회의를 급하게 마무리하고는 모두 빌딩 지하 주차장으로 갔다. 양초희는 영호의 차량 운전석에 앉아서 차량에 설치된 블랙박스를 작동시켜 행사 당일 블랙박스 영상을 확인했다. 산타페 차량이 들어오는 장면과 차에서 내리는 운전수의 모습이 고스란히 영상에 남아 있었다. 그는 30대 후반으로 보이는 건장한 남자로 오토바이를 타고 온 남자와 대화를 나누는 모습도 찍혀 있었다.

행사 당일 영호가 좀 일찍 도착해서 주차장 입구 쪽에 주차를 했기에 그날 주차장 출입 차량이나 출입한 사람이 블랙박스에 그대로 녹화되어 있었다. 영상을 돌려 확인하면서 양초희는 필요한 영상을 휴대폰으로 재빠르게 촬영했다.

"양프로님은 정말 대단해요. 어떻게 그런 기발한 생각을 했어요?" 영호는 궁금해서 물었다.

"제가 보험회사에 근무한 경험이 있잖아요. 보험회사에 근무하면 교통사고나 차량 파손, 차량 도난 등 사고 접수가 되면 제일 먼저 확인하는 것이 바로 차량에 부착된 블랙박스예요."

양초희는 보험회사 근무 경험을 살려 알기 쉽게 설명하였다.

세미나 당일 산타페 차량을 타고 온 남자와 오토바이를 타고 온 남자는 서로 아는 사이로 보이고 차량 운전자의 휴대폰 전화번호를 알고 있는 것이 단서의 전부다.

비밀이 조금씩 모습을 드러내는 것 같지만 여전히 진전은 없었다.

"이제부터는 경찰관의 힘을 빌려야 할 것 같습니다. 유미양 어머니와 이 사실을 공유하여 담당 경찰관을 통해서 그들의 인적 사항과 주소지 등을 확인해보는 게 어떨까요?" 양초희가 말했다. 강철만과 문영민은 양초희 말에 동의했다.

"좋은 의견입니다만 전 좀 더 신중을 기해야 한다고 봅니다. 이유는 경찰이 우리가 요구한 사항을 그대로 해준다는 보장도 없고요. 설령 그 남자의 인적 사항과 주소지를 파악한다고 해도 유미양과 다른 실종자를 찾는 데 결정적인 역할을 하기 어려워요. 그렇다면 너무 위험이 커요. 사건을 해결할 기회는 딱 한 번뿐입니다. 그 한 번의 기회에 성공시키지 못하면 두 번째 기회는 오지 않을 수도 있습니다. 그래서 전 경찰의 협조를 받는 것은 시기상조라고 생각합니다." 명영호의 설명에 모두 아쉬워하면서도 수긍하는 눈치였다.

수사관 시절 경험을 보면 수사를 성공할 수 있는 기회는 딱 1번이다. 그 기회를 놓치게 되면 다시 똑같은 기회를 잡는다는 것이 정말 어렵다는 사실을 영호는 너무나 잘 알고 있었다. 잡으려다 놓친 사냥감을 다시 쫓는 것이 힘들듯이 사냥감을 잡을 최적의 기회를 잘 포착해야 하는 것이다. 특히 이번 사건과 같이 한 번의 실수로 사건 전체를 그르칠 수 있으니 신중을 기해야만 한다. 따라서 최선의 방안을 선택하기보다는 최악의 방안을 피하는 편이 더 나을 것 같았다. 왜냐하면 그 선택에 따라서 4명, 아니 더 많은 학생의 안전이 결정되기 때문이다.

제비

제비가 봄소식을 전해주지만
한 마리 제비가 봄을 가져다주지는 못한다.
＿명탐정S

늦은 밤에 양초희로부터 급하게 전화가 왔다.

"교수님, 유미한테 편지가 왔대요. 방금 유미 엄마한테 전화가 와서 바로 전화드립니다." 양초희는 실종되었던 유미로부터 편지가 왔다는 소식은 마치 유미양이 집으로 돌아온 것같이 기뻐했다.

"내용은요?"

"정확히는 모르겠는데 홍콩에서 왔고요. 유미가 쓴 것은 확실하다고 하네요. 정확한 내용은 말하지 않아서 모르고요."

"일단 내일 아침에 유미양 가족에게 그 편지를 가지고 사무실로 오시라고 해주시지요. 그리고 다른 프로님들께도 내용을 알려서 내일 오전에 사무실에서 만납시다."

영호는 유미로부터 편지가 왔다는 소식에 마치 자신의 딸이 돌아온 듯이 기뻤다.

편지가 홍콩으로부터 왔다는 소식에 영호는 이런저런 생각으로 밤새 뒤척였다.

다음 날 직원들이 모두 일찍 출근해서 유미 가족이 오기를 기다리고 있었다.

30분 정도 지나자 유미 가족이 모두 사무실로 들어왔다.

표정이 한결 밝아진 모습이다. 그런데 유독 수미의 표정은 더 어두웠다.

"유미한테 편지가 왔다고요?"

"예, 유미가 보낸 것이 맞아요. 잘 지내고 있고 머지않아 집으로 갈 수 있으니깐 걱정하지 말라네요. 여기 유미가 보낸 편지예요." 김영숙은 조심스럽게 편지를 영호에게 건넸다.

편지를 건네받은 영호는 편지를 읽기 시작했다. 발신인은 이유미이고 발신지는 홍콩으로 되어 있는 국제우편이었다.

엄마, 아빠 그리고 언니 걱정 많이 하셨지요?

미안해요. 제가 급하게 오느라 충분히 이야기를 못해서요.

저는 잘 있어요. 걱정하지 마세요. 정말로요.

이곳에서 저는 저의 꿈을 이루려고 정말 열심히 일하고 있어요.

건강하게 잘 지내고 있답니다.

그리고 5월 6일이 아빠 생신이셨는데 선물도 못해드려서 죄송해요.

7월 1일 엄마 생신 미리 축하드릴게요. 언니도 잘 지내고.

그리고 제가 갑자기 인사도 못하고 오는 바람에 혹시나 저에 대하여 경찰서에 실종 신고나 출국 금지 요청은 하지 말아주세요. 저를 믿고 그렇게 해주시는 것이 저를 위한 일이에요.

꼭 부탁드려요.

그리고 제 방 책상 서랍 안에 제 주민등록증이 있는지 확인해주세요. 서랍 자물쇠 비번은 우측으로 7463을 맞추고 다시 좌측으로 6880을 맞추면 열려요. 꼭 다음에 또 편지 쓸게요.

그때까지 모두 안녕히 계세요.

막내딸 유미가

편지는 홍콩 시내 모습을 배경으로 한 편지지 1장에 볼펜으로 써 있었다. 주소는 홍콩 침사추이고 발신일은 2022년 6월 15일로 되어 있었다. 영호는 편지를 몇 번이고 읽어보고는 그 편지를 다른 프로들에게 읽어보도록 했다.

"가족이 보기에 이 편지가 어땠어요?"

이진호가 먼저 말했다. "제 생일과 집사람 생일을 정확하게 적은 것으로 볼 때 유미가 쓴 것이 확실해요. 이 편지에 쓴 생일은 음력 생일을 양력으로 환산한 날이거든요. 집사람도 주민등록에는 음력으로 되어 있어서 유미가 아니고는 집사람 생일을 정확하게 알 수는 없거든요"

"맞아요. 이 편지는 유미가 쓴 것이 확실해요. 그런데 홍콩까지 간 것이 정말 이상해요" 영숙도 이 편지가 유미가 쓴 것임을 확신하면서 딸이 살아 있다는 사실에 감사했다. 그러나 수미의 생각은 부모와는 달랐다. "저도 이 편지를 받고 엄마, 아빠의 생신을 정확하게 적은 것을 보고 유미가 쓴 것이라고 생각했어요. 필체도 유미 글씨체가 맞고요. 그런데 좀 이상한 것이 몇 가지 있어요."

"뭐가 이상하죠?" 영호가 재빠르게 물었다.

"우선 발신지가 홍콩이라는 점, 유미가 처음부터 끝까지 존댓말로 편지를 썼다는 점, 강아지 댕이에 대해서는 한마디도 언급하지 않은 점, 무엇보다도 유미방 책상 서랍에는 번호 자물쇠가 없는데 자물쇠 비밀번호를 알려준 게 정말 이상해요."

수미의 말을 듣고 영숙도 거들었다. "맞아, 유미는 부모한테도 존댓말을 하지 않는데. 그리고 우리보다 댕이 걱정을 더 했을 텐데…. 댕이 이야기가 한마디도 없었네. 댕이가 신부전증이 있어서 유미가 매월 한 번씩 병원에 데리고 갔는데 2달이 다 되는데도 댕이 이야기를 하지 않은 것은 좀 이상해요." 모두가 수미의 날카로운 분석에 놀라는 눈치였다.

"수미씨, 유미 책상 서랍에는 자물쇠가 없었나요?"

"예, 제가 유미가 실종되는 날 유미방과 책상을 다 뒤져봤거든요. 유미가 막내이고 누가 자기 방에 들어왔다 간 것을 알면 난리를 쳐서 아무도 유미방에는 들어가지 않아요. 책상 서랍에는 잠금장치도 없어요."

"교수님, 지금 생각해보니 자물쇠를 여는 방법도 우측으로 7463을 맞추고, 다시 좌측으로 6880을 맞추라는 말도 이해가 가지 않네요. 번호 키는 그런 방식으로 되어 있지 않거든요. 보통은 4개 숫자만 맞추면 바로 열리게 되어 있어요. 제가 소방서에 근무해봐서 잘 알아요." 강철만은 자신의 경험에 비추어 4자리 숫자 자물쇠 여는 방법이 잘못되었음을 지적했다.

"그럼 이 편지는 유미양만이 알고 있는 부모님 생일을 정확히 아는 것으로 볼 때 그녀가 쓴 것은 맞지만 존댓말을 쓴다는 점이나 댕이 이야기가 없는 것으로 볼 때 부자연스럽다. 그리고 책상 서랍에 자물쇠도 없는데 여는 방법을 구체적으로 적어둔 점이 이해가 가지 않는다 정도로 정리가 되겠네요." 문영민은 유미 편지와 수미의 말을 듣고 나서 정리를 했다.

"수미양, 혹시 유미양 책상 서랍에 주민등록증은 있던가요?" 영호가 물었다.

"예, 서랍 안에 유미 주민등록증이 있더라고요."

"유미양에게 여권이 있나요?"

"예, 수미가 로스쿨 입학하고 유미가 고등학교 입학한 3년 전에 가족 모두 처음으로 태국에 여행한 적이 있는데 그때 만든 여권을 가지고 있을 겁니다."

"혹시 담당 경찰관에게 편지 온 사실을 알려줬지요?"

"오늘 아침에 알려줬어요. 편지가 와서 다행이라고 하더군요."

"일단 경찰관에게 유미양 출입국 사실을 좀 확인해달라고 하세요.

편지가 홍콩에서 왔으나 출입국 조회를 해봐야지요."

"알겠습니다. 제가 오늘 중으로 확인해볼게요" 수미가 대답했다.

"다른 3명의 실종자 가족에게도 연락해서 혹시 편지가 왔는지는 확인해보겠습니다." 양초희가 말했다.

영호는 유미가 쓴 것으로 보이는 편지를 복사하고 편지를 가족에게 돌려주었다.

며칠 후 양초희로부터 급하게 연락이 왔다.

"교수님, 성식이한테도 편지가 왔어요. 편지 발신지가 마카오로 되어 있다고 하네요. 내용은 유미 편지와 비슷해요. 걱정하지 말라. 나는 잘 있다. 실종 신고를 하지 마라, 이런 내용이라고 합니다."

"그래요, 성식이네 가족도 편지를 가지고 사무실로 오시라고 하시죠. 그리고 다른 실종자들도 편지가 오는지 계속 확인해보시고요"

"성식이네 가족에게는 내일 아침에 편지를 가지고 사무실로 나오시라고 말했습니다."

"잘했네요. 그럼 내일 아침에 사무실에서 만나요."

명영호는 양초희와 전화를 끊고 나서 이런저런 생각에 잠겼다.

다음 날 8시 30분쯤 사무실에 나가니 성식이 가족이 이미 사무실에 와 있었다.

"성식이 가족이 일찍 나오고 싶다고 하셔서 저도 일찍 나왔어요."

양초희는 일찍 사무실에 나와서 성식이 가족과 대화를 나누고 있었다.

"안녕하세요? 성식이 아버지입니다. 성식이 편지를 받고 나서 밤새 잠을 이룰 수 없어서 이렇게 일찍 사무실에 나왔습니다." 성식이 아버지는 마치 자신이 사무실에 일찍 도착해서 미안해했다.

"아닙니다. 너무 감사하죠. 제게도 미리 말씀해주셨으면 좀 더 일찍 나올 걸 그랬네요."

성식이 아버지는 영호에게 편지를 건넸다. 편지 발신은 마카오로 되어 있었다. 그리고 편지는 한 장 정도로 유미가 보낸 편지 내용 비슷했다.

엄마, 아빠 그리고 형, 걱정 많이 했지?
내가 연락도 못하고 급하게 오는 바람에 걱정하게 해서 미안해.
좀 멀리 떨어져 있지만 걱정하지 마. 나는 잘 있으니깐.
난 이곳에서 열심히 일하고 있어.
내 꿈을 이루기 위한 시간을 잘 보내고 있어.
그리고 학원 사물함에 있는 책과 방석 등 물건을 다 집으로 가져다줘.
사물함 번호는 322번이고, 비번은 우리집 현관문 비번과 같아.
형아!
그동안 내가 형을 무시한 것 같아서 미안해.
앞으로는 좋은 동생이 될게.
참, 그리고 내가 갑자기 없어졌다고 경찰서에 실종 신고나 출국 금지 같은 거 하지 말아줘.
난 정말로 잘 있으니깐.

다음에 또 연락할게.

아빠, 엄마, 형아, 건강하게 잘 있어.

아들 성식

　

영호는 성식이가 보낸 편지를 읽어보니 유미한테 보낸 편지와 아주 비슷하다고 생각했다. 유미와 성식이 편지에는 가족의 생일이나 현관문 비밀번호 등 가족만 아는 번호를 적어 유미와 성식이가 직접 편지를 썼다는 점을 암시했다. 효선이와 미선이 때와는 달리 바세보에서 한 행사 이후에 가족만 아는 번호를 이용한 것으로 보아 이들이 명호의 강의를 들었을 것임을 직감적으로 알 수 있었다. 명영호가 놓아둔 함정에 걸려든 셈이다.

"이 편지가 성식이가 보낸 것이 맞나요?" 영호가 물었다.

"예, 이 편지는 성식이가 보낸 것이 맞아요. 이 편지를 받고 제가 바로 성식이가 다니던 학원에 가 보니 사물함 번호도 맞고, 사물함에 있는 번호 키 비밀번호도 우리집 현관 비밀번호를 눌렀더니 열렸고, 그 안에는 성식이 책과 방석이 있었어요. 학원에서는 사물함을 비우지 않으면 학원에 등록된 것으로 간주되어 학원비를 계속 납부해야 한다는군요. 그래서 아마 성식이가 사물함을 비워달라고 한 것으로 보입니다." 성식이 형이 차분하게 설명했다.

"아하, 그렇군요. 성식이가 참 꼼꼼하네요." 양초희가 말했다.

"그럼요. 성식이는 낭비라는 것을 몰라요. 오죽하면 통닭을 시켜먹을 때 뼈에 붙은 살점을 다 발라먹을 정도예요. 누군가 살점이 붙어 있는 뼈를 남기면 아깝다고 자기가 깨끗하게 발라먹을 정도였어요."

"그럼 이 편지가 성식이가 직접 쓴 편지는 확실하군요?" 영호가 되물었다.

"예, 저희가 보기엔 확실해요. 필체도 성식이 필체고요. 더군다나 학원 사물함 번호와 비밀번호가 일치하잖아요?" 성식이 형이 자신 있게 대답했다.

"편지를 보니 아직 살아 있다는 것은 안심이 되는데 어떻게 마카오까지 갔을까요? 거기서 무슨 일을 하기에 전화 한 번 없냐고요?" 성식이 엄마는 편지를 받고 안심이 되면서도 한편으로는 더 불안해했다.

"혹시 성식이가 머니라는 개를 키운다고 지난번에 말했는데. 편지에는 머니에 대한 언급은 전혀 없네요?" 문영민이 물었다.

그러자 가족은 약간 놀라는 표정으로 서로의 얼굴을 쳐다보고는 다시 편지를 읽어보았다. "그러네. 그러고 보니 좀 이상하네요. 유기견 센터에서 머니를 분양받아 키우면서 머니가 직전 주인한테 학대를 당했는지 좀 큰소리만 치면 소변을 찔끔찔끔 싸고는 겁에 질려 자기 집으로 들어가서 나오지 않거든요. 그래서 처음에는 성식이가 머니를 안고 잤고, 집에서 큰소리를 못 내게 해서 전화도 큰소리로 못했어요. 그래서 가끔 병원에 데리고 가서 심리 상담을 받기도 했거든요. 성식이가 유일하게 돈을 아낌없이 쓴 것이 머니였어요. 그래서 이름도 머니라고 지었어요." 성식이 아빠가 대답했다.

"성식군에게 여권이 있나요?" 강철만이 물었다.

"예, 여권이 있어요. 작년에 제가 회사에서 해외 연수를 가야 해서 여권을 만들라고 할 때 성식이도 같이 만들어달라고 해서 저와 함께 만들었어요." 성식이 형이 대답했다.

"제가 사업하다가 사기를 당해서 애들 한 번도 해외 구경을 못 시켜주었네요. 지금은 택배 일을 하고 있어요. 이럴 줄 알았으면 가족끼리 해외여행이라고 한번 갈 걸 그랬어요." 성식이 아빠는 한 번도 가족과 해외여행을 가지 못한 것을 자책했다. "성식이가 언제 출국했는지를 한번 확인해보시고 저희에게 알려주세요. 연락은 우리 양초희 프로님에게 하시면 돼요." 영호는 성식이가 보냈다는 편지를 복사한 후 미팅을 마쳤다.

"양프로님, 여고생 실종 사건 진행 상황에 대해 정리해주시겠어요?" 영호가 말했다.

"고3 여학생 이유미 양이 갑자가 실종이 된 것이 보이스피싱 피해와 관련이 있는 것 같습니다. 그리고 우리가 준비한 행사를 통해 유미양 실종 시점에 학생 3명이 더 실종된 사실을 알게 되었고요. 며칠 전 4명의 실종자 중 2명으로부터 집으로 편지가 왔고요. 편지 발신지는 홍콩과 마카오이고요. 이 정도가 우리가 파악한 내용입니다."

양초희는 이 번 사건을 시작한 직원답게 사건 진행 과정을 잘 파악하고 있었다.

"양프로님이 정리한 내용에 관해 더 할 말이 있나요?"

"저는 아무래도 행사 당일 방문한 산타페 운전자와 오토바이 운전자가 마음에 걸려요. 전화도 안 받고 아무래도 행사를 알기 위해 온 스파이가 분명한 것 같아요. 그 사람들이 타고 왔던 차량 번호와 휴대폰 전화번호를 조회해보면 어떨까요?" 강철만은 적법절차를 지나치게 강조하는 영호에게 약간의 불만이 있는 듯했다.

"지난번에 말씀드린 대로 탐정 입장에서 법을 어겨가면서 개인정보를 확인할 수는 없어요. 그리고 당시 운전자의 인적 사항과 주소지를 파악한다고 해도 크게 달라질 게 없어요. 추정만 있지 그 사람들이 이 사건과 관련이 있다는 증거는 없잖아요. 증거가 명백하면 바로 경찰에 수사 의뢰를 해야지요" 영호가 말하자 강철만도 수긍하는 듯했다. "예, 잘 알겠습니다. 교수님!"

"더 중요한 이유는요. 범죄 수사라는 게 용의자와 수사관의 심리 싸움입니다. 이 싸움은 한판으로 끝난다고 보면 돼요. 기회는 딱 한 번 뿐이지요. 지다가 역전시킬 기회가 적은 싸움입니다. 그래서 상대방이 실수를 범하기를 기다리는 게 아주 중요해요. 결정적인 한 방을 날리기 위해서요. 우리 업무도 마찬가지예요." 영호가 설명했다.

"교수님, 검찰 수사관 출신이지요?" 갑자기 양초희가 물었다. 모두 영호의 얼굴을 쳐다보았다. 순간 영호는 방금 자신이 말실수를 했음을 깨달았다.

"저요? 아닌데요? 전 역량지도 교수 출신입니다." 영호는 얼굴이 붉어지는 것을 느끼면서 둘러댔다. "제가 아는 검찰 직원이 교수님을 아는 것 같던데요? 검찰에서 명수사관으로 이름을 날린 분이라고요." 양초희는 명영호가 왜 검찰 출신이라는 점을 숨기는지 궁금해하면서 되물었다. 영호는 당황스러웠다. "아하, 제가 학교에 있을 때에도 그런 말을 몇 번 들었어요. 검찰청 수사관님 중에 저랑 이름이 비슷한 사람이 있더군요. 명영효라던가? 성씨가 희귀성이다 보니 기자가 저를 수사관으로 알고 몇 번 전화도 온 적 있었어요. 전 그분을 한 번도 만난 적도 없어요. 이젠 되셨어요, 양프로님?" 그러자 한바탕 해프닝으로 지나갔다. 영호는 등에서 식은땀이 흘러내리는 것을 느낄 수 있었다.

"전 편지 2통의 형식이나 내용이 유사한 것으로 보아 아마도 실종자 2명은 같은 이유로 가출을 한 것 같아요. 편지 2통의 발신지가 홍콩과 마카오라는 게 좀 이상해요. 고등학생들이 해외에서 뭘 하는지? 만약 정말 해외 근무자를 뽑으려고 했다면 공개 채용을 할 수 있을 텐데요. '실종 신고를 걱정하면서 평범한 고3과 재수생을 데리고 일할까요?'라는 의구심이 들어요. 그리고 실종자가 누구라는 점을 편지에서 구체적으로 암시해서 가족을 믿게 만드는 것도 좀 이상하고요. 반려견을 좋아하는데 전혀 언급이 없거나 유미양은 편지에 부모에게 깍듯한 표현을 쓴 것으로 보아 누군가의 감시하에 편지를 썼다는 느낌이 들고요. 편지를 쓰게 한 목적이 실종 신고를 하지 말거나 취소하라는 것 같았어요."

문영민이 그동안 파악한 내용을 말하는 것을 듣고 모두 놀라는 눈치였다. 영호도 놀랐다. 그의 추론하는 능력은 수사관 이상이었다.

"저도 문프로의 추론에 찬성해요. 해외에 체류하는지 여부는 가족이 오늘이라도 출입국 사실 조회를 하면 가능하니깐 기다려보기로 하고요. 편지 내용에 평소 아꼈던 반려견에 대한 언급이 전혀 없는 점은 누군가의 감시를 받으면서 편지를 썼다는 느낌이 들어요. 그런데 유미가 누군가에게 책상 서랍 비밀번호 8자리를 통해 뭔가를 알려주는 메시지 같아요. 자물쇠가 없는데 있는 것처럼 속여 8자리 숫자를 암시해서 자신의 상태를 전달하려고 하는 메시지 같은데 그 메시지를 알 수가 없으니 참 답답하네요." 영호는 자신이 파악한 내용을 설명했다.

학생 4명이 실종된 지 2달이 다 되어가는데 결정적인 단서는 여전히 오리무중이었다. 며칠 후 유미와 성식이에 대한 출입국 조회를 한 결과 두 사람은 출입국한 사실이 없었다. 그렇다면 왜 굳이 편지를 보내면서 유미는 홍콩에서, 성식이는 마카오에서 발신한 것일까? 작은 조각들이 조금씩 발견되지만 조각으로 끝날 뿐 맞추기 어려운 퍼즐 같았다. 마치 짝이 다른 퍼즐 조각만 모을 뿐 아무리 해도 짜맞추기가 되지 않아 답답하고 무기력하게 만들었다.

수미는 변호사 시험을 앞두고 있었지만 공부는 거의 손을 놓고 동생을 찾는 데 온 힘을 쏟고 있었다. 그녀는 유미가 해외로 출국한 출입국 사실이 없음에도 유미의 편지 발신지인 홍콩으로 가보기로 했다. 유미가 정식으로 출국하지 않고 밀항으로 홍콩에 갔을 수도 있다는 생각을 지울 수 없다는 것이다. 수미는 가족과 상의한 끝에 혼자서 홍콩에 갔다. 홍콩에 가서 유미가 쓴 편지에 찍힌 소인을 보고 침사추이 우체국으로 찾아가 발신지를 확인하기로 했다. 침사추이는 주룽반도 남쪽의 빅토리아만을 끼고 있는 홍콩 최대 번화가 중 한 곳이다. 어렵게 우체국을 찾아갔지만 그 편지는 침사추이에 있는 편의점에 접수되어 그곳에서 우체국을 거쳐 발송된 것으로 되어 있었다. 홍콩에서는 등기우편이나 소포는 발신자 인적 사항이나 연락처를 기록하지만 일반 우편의 경우에는 편의점에서 접수되면 가까운 우체국으로 보내져 그곳에서 일괄 발송한다는 것이다. 유미에게 보낸 편지는 일반 우편으로 발신자 인적 사항 등은 전혀 알 수 없었다. 3일 동안 홍콩을 다녀온 수미는 그나마 눈으로 확인하니 덜 답답해했다.

영호는 소화도 잘 안 되고 속이 답답했다. 마치 손에 잡힐 듯하면서도 실체가 보이지 않는 유령을 쫓는 것 같았다.

영호는 유미 편지에 쓰여 있는 "서랍 자물쇠 비번은 우측으로 7463을 맞추고 다시 좌측으로 6880을 맞추면 열려요"라는 내용 다음에 '꼭'이라는 글자를 눈여겨보았다. 유미가 누군가에게 자신이 하고 싶은 말을 가장 단순하게 남긴 흔적일 수 있다고 생각했다. 그럼에도 '7463, 6880'이라는 숫자의 의미는 유미의 가족은 물론 누구도 알 도리가 없었다.

또 한 주가 지나고 월요일 아침 전체 회의가 시작되었다.

"고교생 실종 사건은 이제 중단하고 경찰에게 맡기면 어떨까요? 더 이상 진행하기도 어렵고, 일단 편지를 볼 때 처음에 우려한 것처럼 심각한 상황은 아닌 듯하고요. 유미 언니 수미가 홍콩에도 다녀왔는데 편지의 실제 발신지가 홍콩임이 확인되었고요."

강철만이 말하자마자 양초희가 쏘아붙이듯이 대답했다. "강프로님은 자식 키우는 부모로서 어떻게 그렇게 말씀하실 수가 있어요? 우리가 파악한 실종된 학생만 해도 4명이고, 또 얼마나 더 많은 학생이 실종되었는지 모르는 중요한 사건입니다. 그리고 아시다시피 실종 사건에 대하여는 경찰도 이렇다 할 활동을 하지 못하는 거 아시잖아요. 지금 우리가 여기서 포기하면 실종 학생은 누가 찾겠어요?" 양초희는 눈물까지 글썽거렸다.

"아하, 죄송합니다. 저도 모르는 것은 아니지만 다들 너무 힘들어해서 그랬어요. 제가 잘못했습니다. 양프로님!" 강철만은 자신이 뱉은 말을 주워 담으려고 무진 애를 썼다.

"자, 두 분 이야기 잘 들었습니다. 양프로님 말대로 이 사건은 중도에 포기할 수 없습니다. 바보처럼 세상이 알아주지 않는 보물을 찾아주는 회사가 바로 바세보 탐정 회사의 운영 방침입니다." 영호의 말에 모두 공감했다.

"그런데 저는 '7463, 6880'이라는 숫자가 유미가 우리에게 던져준 절규인데 그 암호를 풀 방법이 떠오르지 않네요. 누구든 이 번호에 대하여 의견 좀 주세요."

영호의 생각에 공감을 하지만 누구도 그 비밀번호의 의미를 명쾌하게 풀지 못했다. "저도 그 8자리 숫자의 비밀을 풀려고 주말에 끙끙거렸지만 전혀 감이 안 와요. 홍콩 시내 전화번호가 8자리여서 주말에 다각도로 확인하고 전화도 직접 해보았지만 전화번호는 아닌 듯해요. 아무리 봐도 홍콩이나 마카오는 트릭 같아요. 왜냐하면 학생들이 무슨 특기가 있는 것도 아닌데 해외까지 데리고 가서 일할 것 같지는 않거든요. 더욱이 실종 신고를 하지 말라는 것은 해외가 아니라 국내에 있다는 뜻입니다." 문영민도 숫자의 비밀과 우편 발신지가 해외인 점에 대하여 자신의 생각을 드러냈다.

며칠이 지난 후 밤 12시가 훨씬 지나서 문영민으로부터 전화가 왔다. "교수님, 밤늦게 전화 드려서 죄송합니다. 8자리 숫자의 비밀을 드디어 풀었어요!"

　　"그래요, 숫자의 비밀이 뭔가요?"

　　"유미가 가평에 있어요. 가평이요!" 문영민은 평소와 달리 흥분된 목소리로 말했다.

　　"예? 유미가 가평에 있다고요? 좀 천천히 말해봐요." 영호는 문영민이 무슨 말을 하는지 전혀 알지 못하여 답답했지만 흥분한 그를 진정시킬 필요가 있었다. 문영민은 침착한 편이라서 여간해서는 흥분하지 않았다. 그런데 지금은 전혀 달랐다. 마치 다른 사람하고 통화를 하는 것 같았다.

　　"예, 며칠 동안 8자리 숫자에 대하여 생각을 했는데요. 홍콩에서 온 편지를 유심히 보면서 유미와 성식이는 물론 실종된 학생들이 모두 국내에 있을 거라고 확신했어요.

　　그리고 실종된 4명 모두 돈을 버는 일에 일찍 눈을 떴다는 점에 착안해서 '내가 만약 이 학생 4명을 데리고 돈 버는 일을 한다면 무슨 일을 할 수 있을까?'라고 생각해보았지요. 결국 전화 또는 컴퓨터를 이용할 거라고 생각했어요. 그래서 휴대전화가 아닌 집이나 사무실에서 사용하는 전화기를 유심히 보니 전화번호 숫자에 영어 알파벳이 적혀 있더라고요. 그래서 유미가 알려주는 비밀번호 숫자를 영어로 적용시켜보니 '7(PQRS), 4(GHI), 6(MNO), 3(DEF), 6(MNO), 8(TUV), 8(TUV)'더군요.

영어는 자음과 모음이 합쳐서 하나의 음절을 이루고 여러 음절이 단어를 이루는 것이 원칙입니다. 그래서 유미가 알려준 8자리 숫자에 해당하는 알파벳을 순차적으로 조합해 보았어요."

"아하, 그랬더니요?" 영호는 숨이 넘어갈 것같이 목이 말랐다.

"영어는 모음과 모음이 연이어서 오는 경우는 드물거든요. 그래서 조합을 해보았어요. 숫자 74336880을 영어로 적용해보니 'PQRS +I+MN+DEF+MN+U+TV'으로 되고요. 알파벳을 조합해보니 뒷자리 3자리는 'NUT'이고요. 앞의 4자리는 'PINE'이 되어 'PINE NUT'이 되더군요."

"아하! 'PINE NUT'이 잣이지요. 잣이 유명한 곳이 가평이다." 영호는 문영민의 말뜻을 이제야 이해할 것 같았다. 1960년부터 전화번호를 쉽게 기억하기 위해 미국에서 처음 사용하였고 지금도 널리 사용된다고 한다. 미국에서 집수리 회사 전화번호를 찾기 위해 'Plumber'에 해당하는 전화기 자판 알파벳을 누르면 1-800-758-6237로 전화가 연결되는 방식이다.

PINE NUT, 잣, 가평!

문영민의 말대로 유미가 알려준 '7463, 6880'이라는 숫자를 문영민의 추론대로 해석을 하면 잣으로 유명한 가평이라는 결론이 그럴듯했다.

유미는 통제와 감시 속에서 자신이 가평에 있다고 알려준 것일까? 문득 유미가 영어 공부를 열심히 해서 영어는 아주 잘했다는 유미 엄마의 말이 떠올랐다. 영호는 문영민의 추론에 감탄했다. 그의 예리한

센스와 논리적 추론은 정말 대단하다. 당장이라도 문프로를 만나고 싶었다.

"유미가 가평에 있다고 해도 가평이 넓은 곳인데 어떻게 유미가 있는 곳을 찾을 수 있을까요?" 영호는 무리한 질문인 줄 알면서도 그에게 물었다.

그러자 문영민은 머뭇거리지 않고 바로 대답했다.

"제가 보기엔 전화와 컴퓨터를 많이 이용할 것이기 때문에 전력이나 인터넷을 많이 사용하는 곳을 중심으로 찾아보면 범위가 좁혀질 것 같습니다."

그는 마치 다 알고 있는 듯 대답했다.

"문프로님, 대단합니다. 그 숫자를 머리와 가슴속에 얼마나 간절하게 오랜 시간 품었으면 그런 추론을 발견할 수 있겠어요. 감사합니다." 영호는 문영민과 전화를 끊고 나서 밤새 잠을 이룰 수 없었다.

#4

바늘구멍

> 문제에는 답이 숨어 있다.
> 열정과 갈구하는 사람에게만 그 답이 보일 뿐이다.
> _명탐정 S

유미가 가평에 있다는 암호를 푼 문영민이 가장 먼저 출근했다. 다른 직원들도 오늘 따라 일찍 출근하여 8시쯤 자연스럽게 회의가 시작되었다.

"문프로님의 번뜩이는 아이디어는 알아줘야 합니다. 정말 대단해요." 유미가 알려준 숫자가 그녀가 가평을 있음을 암시한다는 것으로 해석한 문영민을 모두 칭찬했다.

"과찬이십니다. 문득 그런 생각이 들어서 나름 생각한 것이고요. 아직 유미를 찾은 것은 아니니깐 속단은 하지 말아야지요." 문영민은 다소 무덤덤하게 말했다.

"문프로님! 유미는 가평 어디쯤에 있을까요?" 영호는 그가 알지 못할 것이라는 사실을 알면서도 단도직입적으로 물었다. 그만큼 영호의 마음이 답답했다.

"저도 모르지만 일단 실종 학생들이 전화나 인터넷을 이용하고 있다고 봐요. 유미가 알려준 8자리 숫자가 가평을 암시한다는 저의 논리도 결국은 전화기 자판을 전제로 추론한 것이거든요. 제가 보기엔 가평에서 학생들이 실종된 시점 즈음에 전기와 인터넷 사용이 급격하게 증가한 곳을 중심으로 찾아보면 어떨까 싶네요?"문영민은 나름의 논리로 유미가 있을 만한 곳의 범위를 좁혔다.

"아하, 저도 문프로님의 의견에 찬성합니다."영호도 거들었다.

"교수님, 실종자 가족에게 가평 이야기를 해줘도 될까요? 노심초사하는 가족들에게 위안과 희망을 줄 수 있을 것 같아서요."양초희가 제안했다.

"아직은 아니지요? 실종자 가족들이 가평 여기저기를 수소문하고 돌아다니면 금세 소문이 나고 용의자들이 도망칠 겁니다. 아직은 시기상조라고 생각합니다."강철만은 단호하게 반대했다.

"수미가 혼자서 홍콩에도 갈 정도로 실종자 가족들이 노심초사하는 마음은 잘 압니다만 지금 가평 어느 곳에 유미가 있는지도 모르는 상태에서 가평을 알려줬다가 자칫 소문이 나면 다 도망칠 염려가 있습니다. 아직은 모른 척하는 편이 더 좋을 듯해요. 그 대신 우리가 속도를 더 냅시다."영호도 강철만의 의견에 찬성했다. 그 말을 들은 양초희도 시기상조라는 의견에 수긍했다.

"그럼 가평에서 최근에 전기와 인터넷을 유난히 많이 사용하는 곳을 찾아봅시다. 좋은 의견 부탁합니다." 문영민이 구체적인 방법에 대한 의견을 구했다.

"그건 제가 알아보겠습니다. 마침 가평소방서장이 저랑 소방서 입직 동기인데 소방서에서는 연 2회 화재 발생 점검을 이유로 특정 건물이나 주택에 대하여 전력 사용량을 점검하는 경우가 있거든요.

그 친구를 통하면 가평에서 눈에 띄게 전력을 많이 사용하는 건물이나 주택을 찾을 수 있을 겁니다." 강철만의 말이 끝나기도 전에 문영민이 말했다.

"그거 아주 좋은 방법인 것 같습니다. 무엇보다도 상대방이 의심하지 않는 방법으로 확인하는 것이 중요합니다."

며칠 후 강철만이 가평군에서 최근 급격하게 전기와 인터넷을 많이 사용한 건물과 주택을 파악했다. 가평소방서에서 한전을 통해 3곳의 건물과 주택을 의심 건물로 선정했다. 2곳은 명지산 계곡 부근에 있는 펜션이었다. 주변의 다른 펜션보다 전기와 인터넷을 2배 이상 사용한 것으로 나타났다. 다른 한 곳은 북한강변 2차선 국도에서 언덕으로 200미터 정도 떨어진 주택 4동이었다. 특히 올 초부터 전기와 인터넷을 사용하기 시작하였다.

우선 명지산 계곡에 있는 펜션 2곳을 먼저 확인해보기로 했다. 3곳 모두 유미와 실종 학생들이 있을 가능성을 배제할 수 없기 때문에 신중하게 접근해야만 한다. 강철만의 제안대로 소방서에서 화재 예방 차원에서 방문, 점검하는 방식으로 확인하기로 했다. 이때 강철만은 소방서 직원과 함께 동행하기로 했다. 마침 가평소방서에서는 올

초에 특이한 건물과 주택에 대한 2회 소방 점검 계획이 예정되어 있었다. 영호는 소방서에 근무했던 강철만이 얼마나 큰 역할을 하는지 감사할 뿐이다. 강철만이 소방서 직원들과 함께 명지산 계곡에 있는 펜션 두 곳을 점검하기로 했다.

펜션은 지상 4층짜리 1동과 3층짜리 1개동이었다. 얼핏 보기에는 다른 시점에 다른 방식으로 지어진 펜션이지만 상호는 똑같다. 평일 낮 시간이라 그런지 모두 문이 굳게 닫혀 있었고 건물 주위를 감시하는 폐쇄회로 카메라가 설치되어 있었다. 손님이 전혀 없는 평일보다는 토요일 오후에 다시 오기로 하고 철수했다. 기회는 단 한 번뿐이기 때문이다.

토요일 오후 2시경 강철만과 소방서 직원 2명이 먼저 현장 확인을 하기로 하고 명영호와 나머지 직원은 부근에서 대기했다가 지원하기로 했다. 강철만이 소방서 직원 2명과 함께 3층짜리 펜션 안으로 들어갔다. 30분 정도가 지났을 때였다.

강철만이 급하게 영호에게 문자를 보내왔다. 내부는 큰 방으로 된 펜션 구조가 아니라 여관과 같이 작은 방으로 나누어져 있고 일일 숙박을 주로 하는 것 같다는 것이다. 그러고는 남자 지배인이 4층짜리 펜션은 절대 보여줄 수 없다고 버티고 있다는 것이다. 3층짜리 펜션은 특이 사항이 없는데 문이 굳게 닫혀 있는 4층짜리 펜션은 주인의 승락 없이는 절대로 내부에 출입할 수 없다고 하면서 강철만과 실랑이를 벌이고 있는 것 같았다. 잠시 후 차량이 한 대가 3층 펜션 쪽으로 갔다.

잠시 후 강철만은 전보다 더 다급한 목소리로 들릴 듯 말 듯한 작은 소리로 전화를 했다. "탐정님! 제가 지금 잠시 화장실에 와서 전화하는데요. 4층짜리 펜션 내부에 뭔가 숨긴 것 같은 냄새가 나요. 방금 젊은 친구들 2명이 합류해서 4층 펜션은 내부를 절대 들어갈 수 없다고 버티고 있어요. 빨리 경찰서에 연락해서 경찰관 입회하에 4층 펜션 내부를 확인해야 할 것 같아요. 빨리요!" 강철만은 자신의 말만 하고는 전화를 끊었다. 영호는 고민이 되었다. 내부 상황을 전혀 알지 못하는 상태에서 경찰서에 신고하는 것은 위험 부담이 크기 때문이다. 영호는 내부 상황을 더 자세히 확인하기 위해 강철만에게 전화를 하고 문자를 보냈지만 아무런 답변이 없었다. 너무 답답했다. 영호는 재빨리 가평경찰서에 전화를 했다.

"여고생 실종 사건을 추적하는 탐정입니다. 가평 한 펜션에 실종자가 숨어 있을 개연성이 많은데 직원이 내부 확인을 거부하고 있습니다. 협조를 부탁드립니다."

"실종자 인적 사항을 먼저 알려주세요. 무턱대고 경찰이 현장 출동할 수 없습니다."

"이유미 2004년 7월 7일생이고요. 서울 수서경찰서에 실종 신고가 되어 있습니다. 확인해보시고 신속하게 현장 출동 바랍니다."

"예, 확인해보고 바로 전화로 알려드리겠습니다."

잠시 후 가평경찰서에서 전화가 왔다. "경찰서에는 인력이 부족하니 관할 지구대에서 5분 이내로 출동할 것입니다."

"지금 전화하신 분 성함 좀 알려주세요?"

"제 이름은 알아서 뭐하시려구요? 가평경찰서 형사계 김경사입니다." 그는 명호가 이름을 알려달라는 말에 불쾌하다는 듯이 전화를 끊었다.

잠시 후 3분 후에 순찰차가 보였다. 명호도 순찰차를 따라서 펜션으로 다가갔다.

양초희는 약간 겁이 나는지 얼굴이 붉게 상기되어 있었다. 이런 경험이 처음이라 지나치게 긴장한 것 같았다. 경찰관이 3층 펜션에 도착해서 영호 일행과 함께 내부로 들어갔다. 영호와 경찰관을 본 강철만은 구세주를 만난 것 같이 반겼다.

경찰관이 펜션 지배인에게 다가갔다. "여고생 실종자 사건과 관련하여 신고가 접수되어 현장 확인 차 나왔습니다. 4층 펜션 내부 좀 볼 수 있을까요?"

경찰관 3명의 신분증을 확인한 40대 초반의 건장한 지배인은 어디엔가 전화를 했다. "사장님, 방금 경찰관 세 분이 왔습니다. 펜션 내부를 보여달라고 합니다." 지배인은 사장에게 전화하면서 깍듯하게 예를 갖추고 전화를 경찰관에게 전해주었다.

경찰관이 지배인이 건네주는 전화를 받아 들고 통화를 했다. "다른 건 모르고요. 선생님이 4층 펜션 주인이신가요? 여고생 실종 사건과 관련하여 탐정과 가족이 4층 내부를 확인해달라고 경찰서 신고를 해서 출동한 겁니다. 펜션 내부를 보여주세요."

그러면서 통화를 하던 경찰관은 다시 전화기를 지배인에게 되돌려주었다.

"예, 형님! 사진은 절대 찍지 못하게 하고 입회하에 보여주라고 그 말씀이시지요? 형님도 곧 오신다고요. 예, 잘 알겠습니다요. 형님."

통화를 마친 후 지배인은 젊은 남자 2명에게 "형님이 4층 펜션 내부를 보여주라고 한다. 누구도 사진은 절대 찍지 못하게 해라. 알았지?"라고 말했다.

"예, 알았습니다. 형님!" 건장한 젊은 남자 두 명이 우렁차게 대답했다.

남자 두 명은 경찰관과 강철만, 소방관에게 4층 펜션으로 안내했다. 4층 펜션 내부는 3층 펜션과 마찬가지로 내부는 호텔이나 모텔 형식으로 되어 있었다. 펜션 내부는 깔끔하게 단장이 되었고 내부에는 투숙객은 전혀 없었다. 지하 1층에서 지상 4층까지 확인했으나 최근에 공사를 한 흔적이 있을 뿐 내부에 사람은 없었다.

경찰관은 영호에게 말했다. "자, 내부 다 확인하셨지요?" 그러면서 그는 현장 확인서에 서명을 해달라고 했다. 영호가 서명하고 펜션에서 나오려는데 50대 초반의 덩치가 큰 남자가 도착했다.

"제가 이 펜션 주인인데요. 무슨 일입니까?"

영호는 그에게 말했다. "사장님, 내부를 보여달라고 할 때 보여주시지 안 보여줘서 경찰서에 신고까지 하게 되었네요." 그러자 사장은 지배인을 힐끗 쳐다보았다.

"제가 이 펜션 두 동을 인수해서 내부 수리를 하고 있는데 인테리어 업자가 아주 나쁜 놈이에요. 자재도 나쁜 것만 쓰고 공사비를 너무 많이 청구하고 공기도 너무 늦고 해서 저랑 재판 중에 있어요. 그런데 그 업자가 내부 사진을 찍으려고 해서 제가 재배인에게 아무도 펜션 내부에는 얼씬도 하지 못하게 했지요."

결국 서로 멋쩍은 표정을 지으며 모두 철수했다. 소방서 직원은 주인이 펜션 2동을 인수해서 전면 개보수를 하는 공사로 일시적으로 전력 사용이 급격히 증가했다고 했다. 펜션을 모텔 구조로 개조하여 객실마다 인터넷을 설치하여 인터넷 선로가 급격히 증가했다고 설명했다.

너무 허탈했다. 강철만은 자신이 판단을 잘못해 호들갑만 떨어서 미안해했다. 영호는 수사관 시절 경험이 없는 직원들은 현장에서 지나치게 긴장한 탓에 일을 크게 만드는 것을 너무 잘 알고 있다. 경험이 많은 수사관은 현장 단속을 하면서 상대방을 안심시키면서 정보를 충분히 확인한 후에 단속을 하는 반면 초보 수사관은 긴장한 탓에 필요 이상으로 강하게 대하여 역효과를 내는 경우가 많았다. 경륜이 곧 계급인 것이다.

이제 나머지 한 곳을 확인해야 한다. 만약 이곳에서도 단서를 찾지 못한다면 실종 학생 추적은 다시 원점으로 되돌아갈 수밖에 없을 것이다. 영호는 그런 일은 상상조차 하기 싫었다. 가능한 한 나머지 한 곳에 대하여는 파악할 수 있는 정보를 미리 모두 확인하기로 했다. 우선 대법원 인터넷등기소를 통해 건물 등기부등본을 열람해보았으나 해당 지번에는 등기된 건축물이 발견되지 않았다. 가평군청 민원실에서 건축 대장을 확인하였더니 2018년 6월에 2층짜리 슬래브형 단독주택 4채에 대한 건축 신고는 되어 있었으나 준공검사와 사용검사는 받은 흔적은 없었다. 본격적인 현장 방문을 하기 전에 영호는 양초희와 둘이서 사전 탐문을 해보기로 했다. 부부나 애인으로 보이는 둘을 누구도 의심하지 않을 것이기 때문이다. 둘은 오전 11시쯤 언덕 위 건물 입구에 있는 2층 건물 붕어찜 식당으로 들어갔다. 영호는 민물 붕어찜을 좋아하지만 양초희는 처음 먹어보는 음식이다. 식당 안으로 들어가자 손님은 한 명도 없었다. 붕어찜 2인분을 주문해놓고 영호는 화장실을 오가면서 식당 내부를 둘러보았다. 식당에는 음식점 영업신고서와 사업자등록증과 몇 장의 사진이 걸려 있었다.

연예인 사진 몇 장과 "2019년도 가평경찰서 경찰발전위원회 위촉식"이라는 글자가 적혀 있는 사진이 눈에 띄었다. 40대 정도로 보이는 남자가 경찰서장으로부터 위촉장을 받는 사진과 경찰서장과 단둘이 찍은 사진이었다. 30여 분이 지나자 붕어찜이 나왔다. 시래기를 넣은 붕어찜은 맛이 없었다. 붕어도 냉동 붕어이고 짜고 맛이 없었다. 붕어찜을 처음 먹는 양초희는 잔가시 때문인지 붕어찜을 몇 점 먹고는 다른 반찬만 먹었다. 영호가 보기엔 붕어찜을 전문으로 하는 식당은 아닌 듯했다.

둘은 천천히 식사를 하는 동안 단 한 명의 손님도 들어오지 않았다. 식사를 마치고 계산을 하면서 영호가 여주인에게 "남자 사장님이 경찰서에 좋은 일을 많이 하시네요?"라고 물었더니 그녀는 영수증을 주면서 "아하, 남편이 아니라 조카예요"라고 통명스럽게 대답했다. 식당을 나와 둘은 2층에 있는 카페로 올라갔다. 카페는 문이 굳게 닫혀 있었고 커튼을 안에 쳐서 내부는 전혀 보이지 않았다. 영호는 다시 붕어찜 가게로 돌아와서 "사장님, 2층 카페가 문이 닫혔네요. 영업을 하지 않나요?"라고 물었다. 그러자 그녀는 "오후에나 문을 열려나 봐요. 조카 부부가 하는데 바빠요"라고 대답했다. 더 이상 그곳에 머무를 수 없어 차를 타고 떠났다. 이제는 소방서 직원과 함께 이곳 건축물에 대한 전력 사용과 인터넷 사용을 확인하는 방법밖에는 없었다.

이번에는 강철만 외에 문영민도 소방서 직원과 함께 동행할 수 있도록 했다. 펜션 2곳과는 달리 문영민은 유미 편지에서 가평의 비밀을 푼 당사자이고, 그는 관찰력이 뛰어나기 때문이다. 또한 소방서 직원에게 가능한 한 현장 방문 시간을 오후 해 질 무렵으로 해달라고 부탁했다. 오전에는 카페 문을 열지 않을 가능성이 있고 건물 실내등이 켜지면 내부에 사람이 거주하는지 쉽게 확인할 수 있기 때문이다. 현장 방문하는 동안 영호는 양초희와 함께 가평군청 부근에 있는 카페에서 대기하기로 했다. 혹시 무슨 일이 생기면 즉각적으로 지원하기 위함이다.

2시간쯤 지나자 강철만이 영호가 머물고 있는 카페로 돌아왔다.

"고생 많으셨어요. 어땠어요? 뭐가 좀 나왔어요?" 영호는 강철만의 반응을 세심하게 살폈다.

"예, 북한강이 보이는 국도 길가에 붕어찜 식당과 레스토랑을 운영하는 사람을 만나 전력 사용량이 급증한 이유를 확인했는데 우리가 잘못 짚은 것 같아요." 강철만이 실망스럽다는 표정을 지었다.

"그래요? 무슨 말씀인지 좀 자세히 설명해보세요." 영호가 강철만에게 빠르게 되물었다.

"산 중턱에 단독주택이 4채가 있는데요. 그곳에는 사람은 살지 않고 아래쪽 길가에 있는 카페 사장이 그곳에서 가상화폐 채굴 사업을 시작했다고 하네요. 그래서 인터넷과 전력을 많이 사용한 것이라고 합니다." 강철만은 언덕 위에 위치한 4채의 주택이 전기와 인터넷을 최근 많이 사용한 이유를 자세히 설명했다.

"그런데 문프로님은 왜 같이 안 오셨어요?" 영호는 문영민이 보이지 않자 강철만에게 물었다.

"아하, 문프로님이 밤눈이 아주 어두운가봐요. 내려오다가 개울에 넘어져서 옷이 물과 흙으로 범벅이 되었어요. 그래서 옷을 좀 갈아입고 오겠다면서 가평시장 부근에서 먼저 차에서 내렸어요. 부근에 있으니 연락하면 곧 올 거예요?" 문영민이 넘어진 장면을 떠올렸는지 강철만은 웃음을 참으면서 말했다.

"그래요? 문프로가 다치지는 않았어요?" 영호는 걱정스러운 표정으로 되물었다.

"그런 정도는 전혀 아닙니다. 물이 약간 있는 개울 근처에서 발을 헛딛어 개울에 빠지면서 넘어진 것입니다. 신발과 바지에 흙이 많이 묻고, 물에 젖어서 차안에서도 거의 서서 왔거든요."

"다치지 않았다니 다행이네요. 강프로님 혹시 사진 찍은 거 있나요?" 영호가 되물었다.

"탐정님, 조용한 곳으로 장소를 옮기시지요. 제가 장소에 도착하면서부터 몰래 동영상을 촬영했으니 영상을 먼저 보시지요." 강철만은 자신이 찍은 영상을 영호와 양초희에게 보여주고 싶어 했다. 영호는 자신이 타고 온 승용차 안에서 강철만이 찍어 온 동영상을 보기 시작했다.

강철만과 문영민은 소방대원 옷을 입고 소방서 직원과 함께 현장을 방문하고 있다. 북한강변 왕복 2차선 도로가에 있는 2층짜리 건물 안으로 들어갔다. 1층은 '북한강 붕어찜'이라는 식당 간판이 보이고, 2층은 'Riverside Caffe'라는 이름의 카페였다. 카페 안은 어느 자리에서도 북한강을 내다볼 수 있도록 3면이 통유리로 되어 있었다. 손님은 아무도 없었다. 콧수염과 구레나루 수염을 키운 40대 초반으로 보이는 통통한 남자가 카페에 혼자 있었다.

소방서 직원은 그 남자에게 전력과 인터넷을 급격히 많이 사용하는 것을 확인하러 왔다면서 신분증을 제시했다. 그 남자는 신분증을 자세히 살피더니 자신의 휴대폰으로 사진을 찍어 두었다. 남자는 자신이 카페 주인이고, 아래층 식당은 자기 이모 부부가 운영한다고 했다. 카페 건물 뒤편 산중턱에 있는 주택 4채는 사람이 살지 않고 그가 금년 초부터 그곳에서 비트코인 같은 가상화폐 채굴 사업을 시작했다는 것이다. 그러면서 그는 사업자등록증을 보여주었다. 강철만이 사업자등록증을 보니 사업자는 김영호로 되어 있고, 일반음식점과 통신판매업으로 등록되어 있었다. 그는 가상화폐를 채굴하면 그것을 판매하는 사업으로 통신판매업 등록을 하였다고 친절하게 설명했다.

카페 안에서는 언덕 위에 있는 집이 전혀 보이지 않았다. 집은 언덕 뒤편에 있어서 언덕까지 올라가야만 주택이 보인다는 것이다. 강철만이 현장을 확인해야 한다고 말하자 카페 주인 남자는 왜 그렇게 사람 말을 믿지 못하느냐는 투로 퉁명스럽게 말했다. 그러면서 내부에는 컴퓨터 장비가 작동하기 때문에 사람이 출입하면 급격한 기온 변화와 먼지 유입 등으로 오작동을 일으킬 수 있어서 아무나 출입이 어렵다고 말했다.

"사장님 말씀은 알겠습니다만 그래도 오늘 기왕 여기까지 출장을 나왔으니 확인하고 점검 결과 확인서를 받아두면 담당자가 바뀌어도 재차 현장 확인을 하러 나올 필요가 없으니 오늘 확인을 하시지요?" 문영민이 말했다. 그러자 김영호는 어딘가에 전화를 하더니 상대방이 전화를 받지 않는지 3번을 연거푸 전화를 걸었다가 끊기를 반복했다. 그러더니 "그렇다면 오늘 제가 집 근처까지만 안내하겠다"고 동의했다.

그는 카페 문을 닫고 주택 4채가 있는 언덕 쪽으로 걸어갔다. 진입로 입구는 철망으로 된 문으로 되어 있어 안이 들여다보였다. 철문에는 접근을 금지하고 사유지임을 알리는 안내문이 붙어 있었다. 카페 주인은 문을 열고 안으로 들어갔다. 어느덧 석양이 지고 어둑어둑해졌다. 안으로 들어가자 산타페 차량 한 대가 진입로 중앙에 주차되어 있고 큰 개 2마리가 입구를 지키고 있었다. 개 한 마리가 달려들듯 다가오다가 목줄에 걸리는지 일어서서 짖어대는데 성인 키만 한 큰 개였다.

개 2마리가 짖는 소리가 어찌나 큰지 온 산에 쩌렁쩌렁 울려댔다. 개는 목줄을 철재 와이어에 묶어두었지만 진입로 좌우로 길게 늘어진 와이어까지는 오갈 수 있게끔 철제 로프와 연결되어 있어서 개 주인 안내 없이는 아무도 얼씬 못할 정도였다. 소방서 직원과 강철만, 문영민은 카페 주인의 안내에 따라 야산 같은 언덕배기를 천천히 걸어 올라갔다. 10여 분을 걸어 올라가자 슬래브로 똑같이 지어진 단독 주택 4채가 한눈에 들어왔다. 도심에 있는 주택처럼 60평 정도 크기의 1층 주택이 나란히 자리하고 있어 마치 1층짜리 연립주택 같았다. 위까지 올라오는 동안 앞이 보이지 않을 정도로 어두워졌다. 어둠 속에 집안은 조용했고 밖으로 약한 빛이 나올 뿐 안에는 사람이 살 것 같지 않았다.

"자, 보셨지요? 저기 보이는 집 4채 안에는 컴퓨터와 냉각 장치와 먼지를 걸러내는 공기정화 장치만 있어요. 이제 됐지요?" 카페 주인은 집 앞 10미터까지만 안내했다.

소방서 직원은 강철만에게 "주임님, 급격한 온도차와 먼지가 유입되면 컴퓨터 같은 전자 장치에 에러가 생긴다고 하니 여기까지만 봅시다"라고 말했다. 소방서 직원은 카페 주인의 말을 상기한 듯 집안까지 들어가서 확인하는 것은 부담스러워 하는 것 같았다. 그가 보기에도 집안에는 사람이 살고 있지 않다고 판단한 듯했다. 그럼에도 무리해서 안으로 들어갔다가는 민원이 발생할 수 있다는 부담을 느끼는 것 같았다.

강철만과 문영민도 건물 내부를 보자고 할 명분이 없는지 뭔가 노트에 적는 시늉을 하고는 발길을 돌렸다. 내려오는 길은 잡풀이 무성한 흙길이지만 4륜 차량은 다닐 수 있을 정도로 넓었다. 강철만과 문영민은 미처 랜턴을 준비하지 못했다. 강철만은 소방관 옆에 딱 붙어서 그가 비추는 대로 빠르게 따라 내려갔다. 문영민은 약간 뒤쳐져서 휴대폰 플래시를 켜고 앞을 밝히면서 천천히 뒤따라 내려갔다. 그는 밤눈이 어두운 듯 앞서가는 사람들을 따라가지 못했다. 문영민은 한참을 내려가던 중 도랑 쪽으로 넘어졌다. 강철만은 문영민이 넘어지는 것을 보고는 내려왔던 길을 다시 쫓아 올라가서 넘어진 문영민을 부축했다. 문영민은 도랑에 넘어져서 신발과 바지에 진흙과 물이 잔뜩 묻었다. 그는 옷을 털지도 않고 빠르게 강철만을 따라서 내려왔다. 다시 입구 쪽으로 내려오자 개 2마리가 더 세차게 짖어대기 시작했다. 카페 주인의 안내에 따라 문밖으로 나오자 그는 자물쇠를 채워 문을 닫았다. 카페 주인과 인사를 나누고 헤어졌다. 강철만과 문영민은 승합차로 된 소방서 차량을 타고 가평군청 방면으로 향했다. 문영민은 차 시트에 흙이 묻을까 봐 차안에서도 쪼그린 채로 서서 왔다. 가평시장 부근에 내린 문영민은 옷을 갈아입는다고 말하고는 어디론가 갔다.

잠시 후 문영민으로부터 전화가 왔다. 가평시장 부근에 있으니 픽업을 해달라는 것이다. 영호는 팀원들과 함께 문영민이 알려준 장소로 찾아갔다. 문영민은 체육복 바지를 입고 슬리퍼를 신고 서 있었다. 투명한 비닐봉지에 흙이 묻은 바지와 신발을 그대로 담아서 손에 쥐고 있었다.

"약간 고약한 냄새가 나도 이해 좀 해주세요. 옷이 너무 지저분해서 급히 슬리퍼와 체육복 바지를 사는 바람에 늦었어요." 영민은 차를 타면서 자신이 늦게 온 이유와 옷을 갈아입은 이유를 설명했다. "다치지 않은 것만으로도 다행입니다. 어서 오세요." 영호는 문영민을 반갑게 맞이했다.

서울로 돌아오는 차안에서는 아무도 말을 꺼내지 않아 분위기는 무거웠다. 북한강 물길 따라 서울로 가는 옛길은 밤에도 아름다웠다. 운전을 하면서도 영호의 머릿속에는 온통 강철만이 찍은 동영상 모습을 떠올렸다. 편도 1차선으로 된 국도를 지날 때에는 조수석에 탄 양초희가 영호의 운전에 불안함을 느꼈는지 "교수님, 가다가 잠시 커피 한잔하고 가시죠? 그냥 지나치기엔 너무 아름다운 밤입니다"라고 말했다.

양초희가 왜 그런 말을 했는지 영호는 알 것 같았다. 반대편에서 오는 차량과 몇 번이나 부딪칠 뻔 한 적이 있어 잠시 쉬었다가 가야 한다고 판단한 것 같았다. 영호는 양수리를 지나 팔당댐 부근에서 잠시 쉬어가기로 했다. 서울로 가기 전에 직원들과 오늘 방문한 가평에 대하여 마무리를 짓는 일이 필요하다고 느꼈기 때문이다. 팔당댐 부근에 이르자 슬슬 차량 정체가 시작되었다. 길가에서 카페 안내판을 보고 안쪽으로 들어갔다. 벽은 황토와 돌로 되어 있고 지붕은 나무 조각과 깨진 항아리 조각으로 만든 운치 있는 카페였다. 차에서 내렸더니 강바람 탓인지 약간 쌀쌀하게 느껴졌다. 카페 안으로 들어가자 실내는 약간 어두웠지만 소파와 탁자는 현대식으로 잘 꾸며져 있었다. 마침 6명 정도가 앉을 수 있는 작은 방이 비어 있어 그곳에 자리를 잡았다. 한적한 곳으로 오늘 일을 논의하기 적합한 장소였다. "문프로는 저녁도 못먹었지요? 시장할 테니 식사도 시키세요. 다른 분들도 드시고 싶은 것 마음껏 시키세요. 제가 오늘은 다 쏘겠습니다." 영호가 말하자 강철만이 큰소리로 "예, 대장님! 분부대로 하겠습니다"라고 말하자 모두 한바탕 웃었다. "전 오늘 와인을 한 병 마시겠습니다. 이런 장소에 와서 그냥 갈 수 없잖아요. 모처럼 운전도 하지 않으니 와인 한 잔 때리겠습니다." 강철만이 씩씩하게 말하자 양초희도 맞장구를 쳤다. "오호, 강프로님은 나빠요? 어떻게 제 마음을 송두리째 훔치시나요?"

"자, 오늘은 무조건입니다. 오늘은 마음껏 드세요. 서울까지 운전은 제가 합니다." 영호는 직원들이 원하는 대로 빠짐없이 주문했다. 유미 실종 사건을 진행하면서 받은 스트레스를 벗어던지고 터놓고 말하는 직원들의 목소리를 듣고 싶었다. 주문을 받는 카페 주인의 반가운 표정이 그대로 묻어났다. "사장님, 우리 잠시 할 이야기가 있으니 주문한 식사와 와인을 한꺼번에 내주세요." 영호의 말에 여주인은 40분 후에 음식과 술을 주겠다고 했다.

술을 마시기 전에 집중적으로 유미 사건에 대하여 간단한 회의를 하고 싶었다. "자, 우선 오늘 가평 언덕 위에 있는 4채의 집을 방문하면서 강프로님이 몰래 촬영한 동영상을 먼저 봅시다. 나는 잠시 차 안에서 보았지만 문프로는 못 보았으나 다시 한 번 집중해서 같이 봅시다." 그러자 강철만은 주머니에서 스마트폰을 꺼내 세워놓고 동영상을 틀기 시작했다. "강프로님! 언제 오늘 일정을 쥐도 새도 모르게 촬영을 다 했어요?" 문영민은 자기도 강철만과 동행했지만 전혀 눈치 채지 못할 정도로 은밀하게 동영상을 촬영한 강철만을 놀랍다는 표정으로 쳐다보았다. 그러자 강철만은 자신의 윗도리 주머니에 난 구멍을 보여주면서 "휴대폰을 이 주머니 안에 넣어 이 구멍으로 현장을 다 본 겁니다"라고 말했다. "이 머리로 어떻게 그렇게 기발한 생각을 했을까요?" 양초희는 강철만의 머리를 쓰다듬는 시늉을 했다. "프로 님들, 우리가 처음 바세보에 입사할 때 탐정님께서 하신 말씀 기억 안 나요? 바세보 탐정의 뜻이 '바늘구멍으로 세상을 보는 탐정'이잖아 요. 거기서 아이디어를 얻었지요." 그러자 모두 박수를 쳤다.

강철만은 휴대폰을 주머니 안에 넣고 휴대폰 카메라를 통해 밖을 촬영할 수 있도록 휴대폰을 고정시키는 박스를 만들었다. 그 박스 겉에는 담뱃갑을 붙여서 마치 담배를 주머니 안에 넣는 것처럼 위장을 했다. "사실 펜션 2곳에서 이상한 점을 발견하지 못하여 오늘 방문하는 곳에서는 뭔가 찾아야 한다는 생각에 며칠 동안 실습을 거쳐 오늘 완벽하게 전 과정 동영상 촬영에 성공한 겁니다. 휴대폰이 조금만 흔들려도 카메라 렌즈가 옷에 가려져서 쉽지 않았어요."

강철만이 휴대폰으로 촬영한 영상은 완벽했다. 카메라를 가슴에 붙이고 동영상을 찍은 셈이다. 그는 동영상을 빨리 돌렸다가 뒤로 되돌리기도 하고 확대하는 등 능숙하게 영상을 보여주었다. 영상을 보던 문영민이 입구에 큰 개 두 마리가 나오자 영상을 잠시 멈추어달라고 했다. "저기 입구에서 짖어대는 개가 어떤 종류인지 아세요?"

"한 마리는 시베리언 허스키고요. 다른 한 마리는 도베르만 핀셔예요. 다들 영리하고 사납기로 이름난 사냥개들입니다." 양초희는 한눈에 개의 종류를 알아보았다. "이 개들은 털이 잘 빠지는 종류인가요?"

문영민이 되물었다.

"도베르만 핀셔는 보시다시피 떨이 짧아서 잘 안 빠지고요. 시베리안 허스키는 털이 많이 빠지기는 하지만 털이 겉은 두껍고 억세고요. 안은 솜털처럼 부드러운 이중 털로 되어 있어요." 양초희가 대답했다. "와우, 양프로님은 개에 대하여 어떻게 그렇게 잘 아세요? 난 아까 개 옆으로 걸어가는데 털이 짧은 도베르만인가 그놈은 정말 무섭던데요? 오줌 쌀 뻔했어요."

"도베르만 핀셔는 독일 개로 세퍼트와 함께 용맹스럽고 영리한 개로 유명해요. 특히 도베르만 핀셔는 제2차 세계대전 때 롬멜 장군이 사막에서 기갑부대 전투에 활용한 것으로도 유명하죠." 양초희가 개에 관하여 신나게 설명했다.

"아니, 양프로는 개가 죽어서 환생한 분이신가? 개에 대하여 모르는 게 없네요." 강철만은 농담을 던지고는 다시 영상을 돌렸다.

다시 영상에 집중했다. 입구 중앙에 주차된 산타페 차량이 나타나자 영호가 말했다. "강프로님 이 부분도 좀 천천히 영상을 좀 돌려주세요." 그러자 강철만은 영상을 천천히 돌렸다. 잠시 후 영호가 급하게 말했다. "잠깐만요. 이 차량 번호판을 좀 보이게 해봐요." 영호는 영상을 확대해서 자신의 휴대폰으로 그 장면의 사진을 찍었다. "차량번호가 41오 2997입니다, 탐정님." 강철만이 말을 했지만 영호는 그의 말에 들은 척도 하지 않고 휴대폰에서 자료를 찾고 있었다.

잠시 후 "아, 바로 이거다. 이 차량이 지난번 행사 때 양프로에게 연락을 해놓고 연락이 안 된 사람이 타고 온 그 산타페 차량이 맞네요."

그러자 강철만은 놀라는 표정으로 "아하, 그래요? 그러면 이게 뭔가 그림이 그려지네요"라고 말했다.

영호는 지난 번 행사 때 강철만이 방문 차량 주차 관리를 하면서 적어준 차량번호를 보여 주었다. 영호는 중요한 자료는 휴대폰에 메모해두거나 사진을 찍어서 관리하는 습관이 있다. 그러자 분위기가 한순간에 확 바뀌었다.

"사실 제가 오늘 언덕 위에 있는 4채의 집을 확인하고 내려오면서 넘어진 것은 일부러 넘어진 것이었어요." 문영민이 차분한 목소리로 말했다. "어, 그래요? 왜 넘어진 거예요?" 강철만이 궁금해했다. 문영민이 대답을 하려고 하자 주문한 음식과 와인이 동시에 나왔다. 문영민은 대답을 하려다가 여주인이 주문한 음식을 탁자에 놓은 바람에 말을 하지 못하고 기다리고 있었다. 문영민이 주문한 스파게티는 김이 모락모락 나고 프랑스제 와인 한 병과 와인 잔 4개와 치즈와 치킨이 나왔다. 하지만 누구도 음식에는 관심이 전혀 없는 듯 문영민의 얼굴만 바라보고 있었다. "사실 저는 카페 남자 주인의 행동이 하도 수상해서 언덕에 있는 집 4채를 다 확인하고 싶었는데 같이 갔던 소방관이 확인까지 하기는 부담스러워하는 거 같아서 내려오는 길을 일부러 천천히 내려왔어요." 그러자 강철만은 자신의 질문에 대답하지 않는 문영민을 향해 불만 섞인 목소리로 "그런데 왜 일부러 넘어졌어요?"라고 다그쳤다. "내려오면서 개울가를 보니 물이 흐른 흔적이 있었는데 자세히 보니 비누 거품 같은 게 있기에 순간 누군가 비눗물을 사용했다는 생각이 들었어요. 그래서 기계만 돌아간다는 카페 주인의 말과 다르다는 것을 알고 일부러 넘어져서 바지와 신발에 묻은 거품 성분을 확보하려고 한 거지요."

문영민의 말에 다들 놀랐다. 특히 밤눈이 어둡다고 말한 강철만은 미안함에 더 놀라는 눈치였다. "그래서 그 흙과 물기를 보존하려고 소방차 안에서도 서 있었고 가평 시내에 도착하자마자 차에서 내려서 옷을 갈아입었구나." 강철만이 말했다.

영호는 가평시장 부근에서 문영민을 만났을 때 흙 묻은 옷과 신발을 깨끗한 비닐봉지에 담아 손에 쥐고 있었던 이유를 이제야 알 것 같았다. "그 옷과 신발에 묻은 물기와 흙은 잘 보관되어 있으니 감정을 해보면 사람이 사용한 비눗물인지 알 수 있고, 만약 사람이 사용한 것이 맞다면 그 언덕 위에 있는 집 4채에는 사람이 살고 있는 증거입니다." 문영민은 명쾌하게 앞으로 해야 할 일까지 다 설명했다.

영호는 오늘 정말 행복했다. 직원들의 열정과 번뜩이는 센스에 놀라웠다. "자, 식사가 다 식었네요. 문프로님은 어서 식사를 하시고요. 우리는 와인 한 잔합시다." 그제야 비로소 음식이 탁자 위에 배달된 듯 음식에 눈이 갔다. 영호는 자신이 어렵게 교수직을 버리고 탐정 회사를 차린 이후 오늘 만큼 행복한 적은 없었다. 마음껏 와인을 함께 마시고 싶었지만 오늘은 참기로 했다. 리더란 구성원 모두가 같은 방향을 쳐다 볼 때 혼자서 다른 방향도 주시해야 함을 너무도 잘 알고 있기 때문이다. 그래서 리더는 늘 외롭고 고독한 것이다. 그걸 견뎌내는 과정을 통해 형성되는 습관이 바로 리더십인 셈이다.

문영민은 9시가 되도록 저녁을 먹지 못해 배가 무척이나 고팠는지

식은 스파게티를 순식간에 다 먹었다. 양초희가 잠시 차 한 잔 마시고 가자고 말한 것이 고맙게 느껴졌다.

포도주 한 병을 금세 다 비웠다. 영호가 와인 한 병을 더 시켰다. 오늘 밤은 직원들이 마음껏 마시도록 해주고 싶었다.

식사를 마치고 뒤늦게 와인을 마시기 시작한 문영민도 와인 마니아였다. 연거푸 와인을 몇 모금을 마시고는 와인에 대한 이야기를 했다. 모두 그가 와인에 대하여 그렇게 해박한지 놀라는 표정이었다.

영호는 와인을 한 잔 받아들고는 마시는 척만 할 뿐 실제로는 한 모금도 마시지 않았다. 그도 와인을 좋아하지만 오늘은 참아야 한다고 생각했다.

"문프로님, 개울에 넘어진 옷과 신발에 묻은 물과 흙을 감정하면 무엇이 나올 수 있을까요?" 영호가 식사 전에 하던 말에 이어서 되물었다.

"유미 사건과 관련하여 가장 풀리지 않는 의문이 실종된 4명의 학생들의 공통점이 반려견이나 고양이를 좋아하는데 편지에는 그런 말이 한마디도 언급되지 않았다는 점과 실종 신고한 것을 취소하라고 한 것이거든요. 가족에게 편지를 보낸 목적이 '잘 있으니 걱정하지 마라. 그리고 실종 신고 풀어라'거든요.

실종된 유미와 성식이가 쓴 편지에서는 가장 큰 의문은 반려견에 대한 이야기를 전혀 언급하지 않은 것인데 이것은 숨기려고 했다고 본 거죠. 그래서 도랑 흙에서 반려견과 고양이 털이 나오는지 확인하려고 한 겁니다."

모두 한 번 더 그의 치밀함에 놀라는 표정이었다. 영호도 편지에 개와 고양이에 대한 언급이 없다는 점은 의문이었지만 더 이상 생각을 확장할 수 없었다.

"자, 이 대목에서 한 잔합시다." 강철만이 벌떡 일어나서는 "제가 건배사로 '바세보' 하면 여러분은 '만세'라고 하세요. 강철만이 "바세보!"라고 하자 모두 "만세!"라고 하면서 와인을 마셨다.

"개와 고양이는 목욕을 시키면 눈에 보이지 않는 털도 많이 나와요. 그러니 아마 문프로님의 옷에 털이 많이 묻어 있을 거예요. 털을 보면 개의 종류와 크기도 다 알 수 있어요." 양초희의 말에 모두 한 번 더 놀라는 눈치였다.

"아니, 대체 문프로님과 양프로님은 그동안 무슨 일들을 하셨기에 모르는 게 없어요? 대단해요. 정말로요." 강철만은 약간 혀가 꼬부라진 소리로 문영민과 양초희를 보고 엄지손가락을 치켜세웠다.

문영민은 개울에서 넘어졌을 때 입고 신은 바지와 양말, 신발을 비닐봉지에 넣고 밀폐시켰다. 가능한 한 진흙과 물기를 그대로 보존하기 위해서였다. 양초희가 화장품 회사에 다니는 사람을 물색해서 감정을 의뢰했다. 화장품을 만드는 연구소 실험실에서 문영민이 가져온 옷과 신발에 묻어 있는 물기와 진흙을 분석했다.

이틀이 지나자 검사 결과서가 나왔다. 문영민이 본 대로 물기에서는 비누와 샴푸와 린스 성분이 검출되었다. 그것도 48시간 이내에 사용한 것으로 판명되었다. 그리고 신발에 묻은 진흙에서는 강아지 털과 고양이 털이 다수 발견되었다. 놀랍게도 약 10여 종의 강아지 털과 더불어 고양이 털도 3종이나 발견되었다. 그 털에는 도베르만 핀셔와 시베리안허스키 털은 하나도 발견되지 않았다. 그렇다면 언덕 위에 있는 집에서 비누와 샴푸, 린스를 48시간 이내에 사용하였고, 반려견 10여 종, 고양이 3종을 키운다는 사실이 입증된 것이다. 문영민이 일부러 넘어져 가져온 흙탕물과 진흙에서 중요한 증거가 발견된 셈이다. 이 정도의 증거면 언덕 위 집에는 사람이 거주하고 강아지와 고양이도 함께 거주한다는 점이 확인된 셈이다. 그렇다고 그냥 현장을 수색하기는 무척 부담스러웠다.

건물 구조를 살펴보기로 했다. 구청에 제출한 건축 신고서를 입수해서 건축사와 실제 건축업자를 직접 만나보는 것이 가장 확실하다. 4개동 모두 설계와 감리는 가평제일건축사사무소에서 했고 실제 건축은 서울에 있는 회사에서 한 것으로 되어 있었다.

영호는 가평군청 앞에 있는 가평제일건축사사무소 김상호 건축사를 직접 찾아갔다. 건축 신고서에는 김상호 건축사가 가평 언덕 위의 집 4채에 대한 설계와 감리를 담당했다고 기재되어 있었다. 그는 62세의 나이보다는 훨씬 젊게 보였고 일본에서 대학원을 마치고 일본 회사에 근무하다가 고향인 가평에서 건축 사무소를 운영하고 있었다. 영호가 그에게 명함을 제시하자 그는 놀라면서 경계하는 눈초리였다.

"탐정님이 무슨 일로 저를 찾아오셨나요?"

순간 영호는 짧은 시간이지만 많은 생각이 교차했다. 영호는 자신이 이곳에 온 이유를 솔직하게 말했다. "이렇게 불쑥 찾아오는 것이 실례인지 알지만 너무 급한 일이라고 김선생님의 도움을 얻고자 이렇게 왔습니다."

"무슨 일인데요?" 영호는 마치 수사관 시절 상사에게 수사의 필요성을 보고하고 그로부터 수사 승낙과 지원을 얻어내는 것처럼 유미양 실종 사건을 간결하게 설명했다.

영호의 이야기를 듣고는 김상호는 휴대폰에서 자료와 연락처를 찾더니 메모지에 썼다. "명탐정님이시군요. 갑자기 사라진 여고생 사건을 여기까지 밝힌 것을 보니 대단하십니다. 일본에서는 탐정의 활약이 가끔 뉴스에 나오고 실제 탐정을 통해 자신의 복잡한 일을 해결했다는 이야기를 들은 적이 있었어요. 우리나라도 탐정 제도가 합법화되었다니 다행이네요. 우리는 지금까지 탐정 하면 남의 집 불륜을 추적해서 결국은 이혼하게 만드는 일을 하는 것으로만 생각했는데요."

"그렇게 말씀해주시니 민망합니다. 저도 수사관으로 일할 때는 뉴스에 나오거나 윗사람들이 주목할 만한 사건에 욕심이 있었는데요. 탐정을 해보니 이번 사건은 가슴에 와서 떠나질 않네요. 시간이 지날수록 가슴이 아파서 못 견디겠어요. 저는 두 달 넘게 잠을 설치고 있어요. 갑자기 실종된 애들을 생각하면요. 저도 아들, 딸을 키우는데요." 영호는 말을 하면서 눈에 눈물이 보였다. "명탐정님 처음 만나 저에게 그렇게 중요한 내용을 다 말씀해주셔서 감사합니다. 저도 건축사로서 고객의 비밀은 지켜야 하지만 제가 아는 대로 다 협조해드릴게요. 이 문제가 신속하게 잘 해결되기를 기원합니다." 김상호도 영호의 말에 공감했는지 적극 도와주겠다고 했다. "정말 감사합니다. 전오늘 김선생님을 만나러 오면서 고민을 많이 했어요. 그런데 아무리 생각해도 이 방법밖에는 다른 방법이 떠오르지 않아서 있는 그대로 다 설명하자고 마음먹었지요. 정말 감사합니다." 영호는 그의 손을 덥석 잡았다.

솔직히 영호 입장에서는 김상호의 도움이 없이는 이 사건을 파악하기 어렵다고 판단했다. 다른 방법으로는 그 집에 유미가 있다는 사실을 알아낼 수가 없다. 다시는 현장을 방문할 수 없고 확신 없이 무조건 들어갈 수도 없는 형편이다. 영호가 수사관으로 근무할 때 자신만의 수사 원칙이 있었다. 수사 업무에는 보안 유지가 생명이다. 수사 보안이 지켜지지 않으면 수사 실패는 불 보듯 뻔하기 때문이다.

그래서 수사 업무에서는 보안을 유지하는 것이 철칙이다. 그러다 보면 등잔 밑이 어둡다는 말이 수사기관에서는 비일비재하다. 지나치게 수사 보안을 강조하다보니 가장 가까이 있는 부서와 직원들이 가장 늦게 알게 되는 경우가 있었다. 새벽에 단속을 나갈 경우에도 직원들에게 무조건 새벽에 나올 것을 알려준다. 무슨 일로 어디를 가는지에 대하여는 극도로 비밀을 유지한다. 그게 오랜 관행이었다. 궁금증과 호기심이 유난히 많았던 영호는 그런 일이 아주 싫었다. 무조건 새벽에 나오라고 하면 '왜? 무슨 사건으로? 어디로 가는지?' 다 궁금할 수 밖에 없다. 그러다가 우연히 그 내용을 알게 되면 상사로부터 들은 것은 없으니 보안에도 자신은 책임이 없으므로 수사 보안이 더 유지되지 않고 쉽게 다른 사람에게 말할 수 있다고 생각했다. 그래서 영호는 수사를 하기 전에 나름 수사 보안 원칙을 정했다. '수사 보안은 아는 사람이 많을수록 보안이 지켜지지 않을 가능성이 크다. 하지만 알아야 할 사람에게는 의문이 없을 정도로 다 알려야 보안이 지켜진다'는 원칙이나. 코끼리 사냥을 하러 갈 때 사냥에 참여하는 사람들에게는 코끼리의 모습을 정확하게 알려줘야 한다. 다리만 아는 사람, 몸통만 아는 사람, 귀만 아는 사람, 코만 아는 사람, 꼬리만 아는 사람은 코끼리를 발견하고도 코끼리인 줄 모른 법이다.

김상호의 이야기를 요약한 내용이다.

2018년 9월경 50대 중반의 남자 4명이 김상호를 찾아왔다. 그들은 사회적으로 모두 성공한 사람들이었고, 30년 이상을 부부 동반으로 만난 형제보다 더 가까운 친구들이었다. 그들의 직업은 개업 의사, 공무원, 무역회사 사장, 변호사였다. 그들은 모두 자수성가한 공통점이 있었고, 부부 동반으로 만나 부인들끼리도 아주 친하게 지냈다.

그들은 열심히 살아오면서 자녀들이 모두 대학에 입학하면 그때부터 4쌍 부부가 한적한 곳에서 함께 살기로 약속했다. 그래서 40대부터 지금까지 기금을 모았고 5년 전에 가평 땅을 구입했다. 그들이 짓기를 원하는 땅은 풍수지리를 봐도 뒤쪽은 산이고 앞쪽에는 북한강이 보이는 배산임수(背山臨水) 지형으로 누가 봐도 명당이었다. 그곳은 작은 농막이 한 채 있던 곳으로 집을 지을 수 있는 땅이었다. 그들은 이곳에 자신들이 원하는 집을 짓고 싶어 건축 설계사를 찾다가 김상호를 찾아왔다. 그들의 이야기를 듣고는 너무도 부러웠고 원하는 대로 멋진 집을 설계하여 잘 지어주고 싶었다. 그들도 집을 짓는 비용은 아낌없이 주겠노라고 해서 오랜만에 가평에 명품 주택을 짓겠다는 꿈을 갖게 되었다. 그런데 그들이 원하는 집은 좀 특이했다. 남자들 중 1명을 제외하고는 모두 서울에서 성장하였고 부인들은 모두 서울에서 성장했다. 그래서인지 가평이라는 외딴 곳에 짓는 집에서 살기가 좀 무섭다고 했다. 그들은 서울 도심의 집 구조와 똑같이 붙여서 지어달라는 것이다. 그 대신에 공동 커뮤니티를 할 만한 공간을 만들어달라는 주문이었다. 그래서 집을 2층으로 짓고 1층은 살림집이고 2층은 전체를 통으로 터서 그곳에 공동 커뮤니티 시설로 설계를 했다.

1층에 4채의 집은 각자의 공간이고, 2층은 전체를 하나의 공간으로 설계해서 공유 공간으로 만드는 구조였다. 2층에는 식당, 회의실, 바, 당구장, 탁구장, 영화를 볼 수 있는 공간까지 그야말로 종합 쇼핑몰에 있는 것은 다 넣는 구조로 설계했다. 그들은 그런 설계에 대단히 만족했다. 하지만 실제 시공을 하려고 하자 그들의 요구 사항이 바뀌기 시작했다. 2층 공간을 지하층으로 그대로 만들어달라는 것이었다. 지하 1층은 층고를 5미터 정도로 높이고, 1층 4채의 집의 일부를 통해 자연 채광이 되도록 해달라는 요구였다. 설계 변경으로 인해 드는 비용은 얼마든지 내겠다고 했다. 그런데 문제는 바로 거기서 시작되었다. 그 땅은 임야로 지하를 깊이 파려면 주변 땅을 침범해야 하고 그 과정에서 필연적으로 주변 살림을 훼손시켜야 했다. 그러면 구청에서는 건축 허가를 내주지 않고 산림 훼손에 대하여는 건축주와 감리자가 형사처벌을 받을 수 있었다. 그런 이유로 자신은 불법적인 공사는 더는 못하겠다고 했다. 그러자 그들은 자기를 찾아와서 공동 건축주 4명 중 변호사의 부인이 폐암 진단을, 사업가의 부인이 유방암 완성을 받았나는 것이다. 그런데 그들은 암의 원인이 대기오염이라고 굳게 믿고 있었다. 공동 건축주 중 한 명인 의사가 친구 부인들의 암 발병이 당시 극심했던 미세먼지와 초미세먼지가 원인이라고 했다. 당시에는 늦겨울부터 봄 내내 미세먼지와 초미세먼지가 극심해서 외부 출입을 자제할 정도로 심각했다. 그래서 공기 좋은 곳에 집을 짓고 사는 것보다는 외부 공기를 차단시키고 대신 내부를 청정 공간으로 만들어 면역력이 강한 실내 공간으로 만들어달라는 것이었다. 그러기 위해서는 외부와 공기를 차단할 필요가 있어서 지상보다는 지하가 더 적합하다는 것이다. 결국 불법 공사를 이유로 공사를 진행시키지 않자 그들은 시간이 급하다면서 서울에서 다른 건설업자를 통해 공사를 시작하게 되었다. 공사는 김상호가 설계한 2층을 그대로 지하층으로 내려 짓는 형태로 진행되었고 5개월이 지난 후 김상호에게 감리를 해달라는 것이었다. 그래서 그 집에 가보니 집은 그들이 요구한 대로 지하층을 공동 공간으로 만들고 1층도 나란히 4채를 지었다. 지하는 층고가 5미터가 넘는 구조에다 1층까지 엘리베이터도 설치할 정도였다. 1층 집 일부 지붕과 바닥을 모두 유리로 만들어서 지하층에도 햇빛이 들어올 정도로 만들었고 내부는 그들이 원하는 모든 공간을 만들 만큼 충분했다. 400평 땅에 지하 1층에 지상 60평짜리 집 4채를 지었고 지하층은 400평이 되었다. 김상호가 준공검사와 사용검사를 신청하지 않자 그들은 2019년 봄부터 그냥 다 입주해서 살았다. 부인 2명이 암 진단을 받아서 더 서두른 것 같았다. 김상호도 사실은 집사람을 암 때문에 하늘나라로 먼저 보낸 사람이라서 암에 대하여는 좀 아는데 의사가 매우 특이했다고 했다. 의사는 독일에서 공부한 내과 의사인데 항암제 치료에 대하여 유독 부정적이었다. 그는 암 환자는 암으로 죽는 게 아니라 결국 항암제 부작용으로 죽는다는 생각이 강했다. 면역 체계를 강화해서 몸이 스스로 암을 이기게 해야 한다는 논리였다. 그는 자연에 대한 애착과 자연 회귀본능으로 사람의 면역력을 강화시켜 건강을 되찾을 수 있다는 일종의 바이오필리아(biophilia)를 지향한다고 했다. 그런데 김상호가 보기엔 좀 지나치다고 생각했다. 어쨌든 입주를 한 지 6개월 만에 암 진단을 받은 2명의 부인들이 모두 세상을 떠났다. 그러면서 변호사인 남자가 김상호가 공사를 지연시키는 바람에 준공이 늦어져 자기 부인의 암 증세가 악화되었다는 이유로 김상호를 상대로 소송을 걸었다. 처음에는 부인이 죽어서 화가 나서 그런가보다 했는데 진짜로 소송을 진행시켜서 김상호에게 손해배상금 5억 원을 청구했다. 재판 과정에서 건축주가 불법 건축을 요구해서 이를 수용하지 못한 것이 인정되어 결국 김상호가 승소했다. 그는 똑똑한 사람들이 모여서 하는 일이 결론적으로는 상식을 벗어나는 경우를 경험하고 놀랐다. 지식인들의 이성을 모아서 긍정적인 효과를 내는 집단지성과 달리 엉뚱한 곳으로 흐르는 집단사고라는 것이 이렇게 무섭구나 하는 것을 실감했다. 자녀들이 다 대학 진학을 하면 부부끼리 여유로운 전원 생활을 하자는 것이 집단지성이라면, 불법적으로라도 건물을 지어달라고 하고 현대 의학인 항암 치료를 완전히 거부하는 것이 집단사고라고 생각했다.

그리고 부인 2명이 사망하자 다른 2명의 부인들은 무서워서 더는 그곳에서 살 수 없다고 하면서 4쌍의 부부 간에도 갈등이 생겨 결국 모두 떠나게 되었다. 그런데 김상호를 상대로 민사소송을 하는 바람에 가평군청에서도 어쩔 수 없이 산림 훼손과 불법 건축물임을 알게 되었고 건물 철거와 원상회복 명령을 내리게 되었다. 가평군은 워낙 지역이 넓고 불법 건축물이 많아 군청에서도 다 파악을 못하고 설령 발견된다고 해도 아주 강하게 강제집행을 하지 않았다. 그래서 2020년쯤에 마지막 살던 사람이 이사를 가고 지금은 비어 있는 것으로 알고 있다.

"아하, 그랬군요. 김선생님, 감사합니다. 그 집 지하에는 많은 사람이 장기간 생활할 수 있는 공간인가요?" 영호가 물었다. "예, 말이 지하지 지상하고 똑같아요. 공기정화장치만 있으면 공기는 자연 환기가 되도록 되어 있고요. 1층 방 하나는 지붕과 바닥을 통유리도 만들어서 자연 채광이 되도록 되어 있어요. 그러니 지하층에도 햇볕이 든다고 보시면 됩니다.

"김선생님, 그러면 하수 시설을 되어 있나요? 그곳이 상수원보호구역으로 보이던데요?" 영호가 하수 시설을 물었다. 문영민이 일부러 넘어져서 채취한 증거들이 그 집에서 나오려면 하수 시설이 완비되어 있지 않아야 가능하기 때문이다. 김상호는 영호를 바라보면서 "탐정님이 어떻게 그렇게 정확하게 아세요?" 그 집이 그게 문제였어요. 준공검사가 나지 않았기 때문에 하수 시설을 제대로 하기 어려웠지요. 그 지역은 상수원보호구역으로 규제가 정말 심해요. 기존 주택이 있는 곳이 아니면 신규 건축 허가를 내주지 않는다고 보면 됩니다. 상수원보호구역이 그린벨트구역의 규제보다 몇 배나 더 까다롭지요. 제가 주택 설계를 할 때 정화조는 친환경이면서 용량이 아주 큰 것으로 묻어서 수세식 화장실을 이용할 수 있어서 그나마 다행이지요. 그의 대답은 영호가 기다리던 바로 그 내용이었다. 영호는 문영민이 넘어진 이야기를 하자 그는 그 도랑이 그 집에서 밖으로 물이 흐를 수 있는 곳인데 비가 오지 않으면 물이 제대로 빠지지 않아서 가급적 사용을 자제했다고 했다. 김상호는 더 자세한 것을 알고 싶다면 집을 짓는 데 가장 적극적이었다가 자기를 상대로 소송을 제기했던 변호사에게 물어보라며 그의 연락처를 알려주었다. 그를 통하면 그 이후 상황에 대하여는 가장 잘 알 것이라고 귀뜸해주었다.

영호는 그로부터 연락처를 받고는 "실종된 학생들을 찾는 데 도움이 될 것 같습니다. 감사합니다"라고 인사하고 헤어졌다.

영호는 언덕 위에 4채의 집구조와 내부를 훤히 알 수 있을 것 같았다. 영호는 더 이상 다른 증거를 확인할 필요를 느끼지 못했다. 압수수색이나 현장 수사를 할 때 확실한 물증을 손에 쥐고 수사를 착수하면 확실한 결과를 얻을 수 있지만 때를 놓치거나 보안 누설로 실패하는 경우가 많다는 것을 잘 알고 있었다. 과감한 수사 착수와 수사 성공의 보장은 반비례한다는 것이 수사 책임자가 부딪치는 딜레마였다. 영호는 실종된 학생들을 생각할 때 좀 더 확실한 물증을 확보하는 것보다는 신속한 실행을 더 중요하게 생각했다. 더는 미룰 수 없었다.

5

두더지 잡이

조개의 입을 열게 하는 것은 망치가 아니라 소금물이다.
_명탐정 S

이제는 언덕 위에 있는 주택 지하층에 있는 유미와 아이들을 구출하는 일만 남았다. 영호는 직원들에게 건축사를 만난 이야기를 전했다. 당장이라도 그 집으로 찾아가자는 강철만의 주장에 문영민은 반대했다. 입구에 있는 개를 피해서 그 집으로 들어가기 어렵고 더욱이 적법하게 진행해야 함을 강조했다.

양초희가 제안했다. "교수님, 일단 유미가 그 집 지하실에 있다면 유미 가족도 그곳에 같이 가야 하지 않겠어요?" 영호는 아무런 말도 하지 않고 골똘이 뭔가 생각하는 것 같았다.

"어릴 적에 두더지를 잡아봤어요?" 영호는 느닷없이 두더지 잡이를 해보았는지 물었다.

강철만이 대답했다. "예, 탐정님 잡아봤지요."

"어떻게 그렇게 빠른 두더지를 잡아요? 두더지는 우리가 걸어가는 정도의 속도로 땅을 파고 도망치던데요." 문영민이 되물었다.

"두더지를 잡으려면 굴을 파서는 안 되고요. 짚으로 연기를 피워야 합니다. 굴속으로 연기를 집어넣으면 이놈들이 굴 밖으로 나와요. 그럼 굴 밖에다가 소쿠리나 망을 설치해두면 그 안으로 쏙 들어가고 이놈들이 연기를 마셔서 그런지 한동안 꼼짝도 안 해요." 강철만은 나지막하게 말했다.

"그래요? 두더지는 쥐하고 비슷하잖아요. 그렇게 징그러운 걸 왜 잡아요?" 양초희는 왜 두더지 잡는 이야기를 꺼냈냐는 듯한 표정으로 영호를 쳐다보았다.

이야기를 듣고 있던 영호가 말했다. "제 생각에는 유미와 실종 학생들을 지하실에 붙잡아 놓고 있는 사람들을 잡는 방법은 바로 두더지 잡기와 같은 방식으로 해야 할 것 같아요. 지하실 안으로 들어가려면 압수수색영장을 받아야 하는데 그럴 만한 증거는 없는 상태고, 경찰과 검찰에서 압수수색영장을 신청하거나 청구할 리도 없을 것 같아서요."

영호의 말을 듣고 나서야 그가 왜 두더지 잡기 이야기를 꺼냈는지 눈치를 챘다.

"어떻게 하면 좋을까요?" 문영민이 걱정스러운 표정으로 영호의 얼굴을 쳐다보았다.

"글쎄요. 저도 그게 고민입니다." 영호도 방법이 생각나지 않는지 잠시 눈을 감고 있었다. "두더지를 잡으려면 불과 연기를 피워 굴속에 있는 두더지를 밖으로 나오게 하고 밖에서 확실하게 붙잡아야 한다." 문영민이 정리하듯 말했다.

"그러면 불을 피우는 소방서와 밖에서 확실하게 잡는 경찰서 협조만 있으면 되겠네요." 강철만은 아주 간단하다는 듯이 말했다.

순간 영호는 무릎을 탁 치면서 말했다. "바로 그겁니다. 강프로님 말대로 하면 되겠네요. 소방서와 경찰서."

영호는 양초희에게 가능한 한 빠른 시간 내에 실종자 가족들을 사무실로 나오도록 연락했다. 가족들에게 그동안 과정을 설명하고 실종자 가족들을 통해 실종 사건 담당 경찰관의 협조를 받기 위함이다. 관할 가평경찰서는 붕어찜 식당과 리버사이드 카페 주인이 가평경찰서 경찰발전위원회 위원으로 활동하여 협조를 받기엔 부담스러웠기 때문이다. 강철만에게는 미리 가평소방서의 협조가 가능한지 확인하도록 부탁했다.

며칠 후 실종자 가족들이 모두 사무실로 모였다. 오랜만에 연락을 받고 실종자 가족들이 모두 참석했는데 그동안 고생이 얼굴에 그대로 묻어났다. 특히 유미의 언니인 수미는 변호사 시험 공부를 중단한 채 동생을 찾는 데 집중하고 있었다. 그녀는 영호의 설명에 꼬치꼬치 질문을 했다. 영호는 그동안 파악한 내용을 가급적 숨김없이 상세히 설명했다. 가족들에게 숨길 이유도 없고 가족의 심정을 충분히 이해했기 때문이다. 가족들은 영호의 설명을 듣고는 곧 가족을 찾을 수 있다는 희망을 감추지 못했다. 그동안 바세보 탐정의 활동에 감사의 뜻을 표시하며 흥분한 표정을 지었다.

"이제부터가 아주 중요합니다. 그동안 실종 사건을 담당했던 경찰관들과의 관계를 상세하게 말씀해주세요. 담당 경찰관들의 연락처도요. 지금으로서는 내일쯤 실종자를 찾는 작전을 실행하려고 합니다." 영호는 다소 긴장하면서도 단호한 목소리도 말했다.

가족들에게 그동안 활동 상황을 알린 이상 더는 지체할 수 없었다. 수미가 말했다. "탐정님, 제가 동생을 찾느라고 동분서주하다 보니 유미 사건을 담당하는 강력계장님이 로스쿨 선배님이라는 사실을 알게 되었어요. 그래서 선배님과 그동안 유미를 찾는 방안을 나름대로 찾았지만 그분은 유미가 홍콩에 있을 거라고 해서 저는 홍콩과 마카오에 한 번씩 더 다녀왔어요. 그런데 정말 알 수가 없더라고요." 수미의 말을 들은 양초희는 그동안 진행 상황에 대하여 유미 가족에게 중간에 알리지 않았던 것이 얼마나 다행인지 알게 되었다. 다른 가족들은 담당 경찰관이 바뀐 경우도 있고 가끔 문자나 전화만 할 뿐 별다른 소식은 없고 오히려 실종자로부터 연락이 오면 알려달라고 했을 정도였다. "유미양, 담당 경찰서 강력계장이 로스쿨 선배라고요? 저와 같이 한번 계장님을 만날 수 있어요?"라고 영호는 수미에게 물었다. 수미는 언제든지 연락만 하면 만날 수 있다고 했다. 영호는 실종자 가족들에게 오늘 밤에 영호가 유미 사건 담당 경찰관을 만나고 현장을 가는 시간을 알려주겠다고 했다. "오늘 제가 말한 내용은 누구에게도 알려주면 안 됩니다. 지금은 여기 있는 사람들 말고는 누구도 믿을 수가 없어요. 아이들의 안전한 귀가를 위해서요." 그러자 모두 잘 알겠다고 했다. "오늘 밤에 내일 오실 장소와 시간을 알려드릴게요. 내일 약속 장소로 나오시면 됩니다." 그렇게 당부하고 회의를 끝마쳤다.

회의를 마치고 수미와 가족만 사무실에 남았다. 양초희는 친구인 영숙의 손을 꼭 잡고 있었다. 영숙은 유미를 찾을 수 있다는 말에 연신 눈물을 흘리고 있었다.

"수미씨 선배인 강력계장께 전화해서 가능한 한 빠른 시간내에 저와 함께 만나자고 약속 좀 잡아주세요. 가능하면 오늘 중으로 만나고 내일쯤 유미가 있는 곳으로 가려고요."

수미 가족도 돌아갔다. "탐정님, 보안을 유지해야 할 내용을 가족들에게 그렇게 다 알려주시면 어떻게 합니까? 보안이 가장 중요하다고 하셨잖아요." 강철만은 영호에게 불만 섞인 말투로 말했다. "잘 생각해보세요. 이건 범죄 수사가 아닙니다. 우리는 수사기관도 아니고 이 사건은 범죄인지 여부도 알 수 없습니다. 우리가 하는 일은 실종된 학생들을 찾는 것입니다. 그런데 현장에서 학생들을 누가 집까지 데려다 주겠어요. 그리고 실종 학생들 가족이 없이는 우리가 현장을 덮칠 수 없어요. 그래서 가족들의 이해와 협조가 필요한 것입니다." 영호가 모처럼 자신의 주장을 강하게 설명하자 그제야 모두 수긍하는 분위기다. "듣고 보니 교수님 말씀이 맞네요. 우리는 수사를 하는 게 아니라 실종된 학생을 찾아주는 것이라는 말씀이 정확하네요." 문영민이 강철만과 영호의 대화를 명확하게 정리했다.

"강프로님은 지난번에 도움을 준 가평소방서에 협조를 구하세요. 먼저 입구에 있는 개 2마리를 제압할 수 있는 인력과 사이렌 소리를 내는 확성기와 연막탄도 몇 개 준비해달라고 해주세요." 강철만은

"119 출동 시에 개를 제압하는 인력과 장비가 있고 확성기와 연막탄을 준비하겠다"고 대답했다.

　수미로부터 전화가 왔다. 수서경찰서 강력계장과 오늘 5시에 미팅 일정을 잡았다는 것이다. 장소는 수서경찰서 민원실 내 회의실에서 만나기로 했다. 약속 장소에 직원 모두와 함께 갔다. 유미 가족도 모두 참석했다. 류순식 경감은 30대 후반의 로스쿨 출신 변호사로 경찰에 특채되어 서울지방경찰청 정보과에 근무하다 얼마 전에 수서경찰서 강력계장으로 발령받았다고 자신을 소개했다. 그는 수미를 통해 유미 실종 사건에 대하여 알고 있다고 했다. 영호는 자기와 직원들을 모두 소개했다. 영호는 그동안 유미양 실종 사건 진행 과정과 내일 실행 계획 등을 일목요연하게 정리한 문서 몇 장을 그에게 주고는 설명했다. 직원들은 영호가 어느새 문서를 준비한 것에 놀라는 눈치였다. 류순식 계장은 영호가 제시한 문서를 읽고는 "그동안 고생 많으셨어요? 탐정님은 혹시 수사관 출신이세요?"라고 묻자 영호는 "아닙니다. 저는 대학에서 학생들을 지도한 교수 출신입니다"라고 대답했다. "제가 해야 할 일을 다 준비해주셨군요. 앞으로 많이 가르쳐주세요. 아직은 많이 부족합니다"라고 말하자 영호는 무안한 표정으로 "계장님, 저희는 진짜로 초짜입니다. 앞으로 잘 부탁드려요"라고 웃으면서 대답했다.

　류계장은 겉으로는 부드럽고 온화한 듯해도 눈초리가 매섭게 느껴졌다. 그는 구체적인 실행 계획을 영호에게 물었다. "탐정님 생각은 어떠신데요? 제 동기생이 가평경찰서 정보담당관으로 근무하는데 그 친구에게 분위기를 한번 확인해볼까요? 아무래도 관할 경찰서의 지원을 받으면 좋을 듯싶어서요." 그러자 영호가 용의자가 가평경찰서 경찰발전위원임을 알려주었더니 그러면 서로 입장 난처할 수 있으니 확인하지 않는 편이 좋겠다고 대답했다. "탐정님은 디데이를 언제로 생각하고 계신가요?"라고 류팀장이 영호에게 단도직입적으로 물었다.

"제 생각에는 이 건은 범죄수사 이전에 실종 학생들을 찾는 게 급선무라고 생각합니다. 저희 입장은 그렇습니다. 계장님은 실종자를 찾음과 동시에 범죄 수사도 염두에 두시겠지만요. 그래서 내일이라도 현장을 확인하는 것이 좋을 것 같습니다. 계장님, 내일은 어떠세요?"라고 영호가 대답했다. 류순식은 다이어리를 보고는 "김팀장, 잠시 민원실 회의실로 팀원들과 같이 바로 오세요"라고 사무실로 전화를 했다. 잠시 후 진짜 형사 같은 우람한 사복 경찰관 3명이 회의실로 들어왔다. "김팀장, 내일 일정을 미루고 내일 가평부터 가야겠어요. 그쪽에 연락하고 내일은 가평으로 갑시다." 지금까지 부드럽게 말하던 류순식은 단호하고도 간결하게 직원들에게 지시했다. "예, 알겠습니다. 그런데 내일 약속한 방송기자는 어떻게 하지요?" 김팀장이라는 사람이 내일 일정을 취소하는 데 따른 문제를 조심스럽게 지적했다. "내가 전화할게요." 그는 휴대전화로 전화번호를 검색하더니 바로 전화를 걸었다. "NNN 이피디! 난데요. 내일 갑자기 급한 일이 떨어져서 내일 할 일은 다음 주에 합시다. 미안해요"라고 말하고는 한참을 상대방 이야기를 듣더니 "알았어, 알았어요. 그럼 내일 우리랑 같이 갑시다. 좋은 그림을 건질 수도 있을 수 있으니까. 내일 아침에 장소와 시간을 알려줄 테니 카메라랑 같이 와요." 그렇게 전화를 끊었다. "김팀장님, 내일 NNN 방송 이피디도 같이 갑니다. 어차피 기자가 필요할 수도 있으니까요. 이제 다들 사무실 가서 일봐요. 그리고 내일은 출동하니 마음 단단히 먹고들 와요." 그는 직원들에게 이야기할 때와 영호나 수미 가족과 이야기할 때는 완전히 다른 사람 같았다. 나이 든 직원들이 그에게 복종하는 것을 본 순간 류계장이 뛰어난 실력으로 직원들로부터 존경을 받는 사람임을 한눈에 알 수 있었다. 영호도 수사관 시절 함께 근무했던 직원들의 얼굴이 문득 떠올랐다. 영호는 수사 실력으로 이름난 직원보다는 묵묵히 팀워크를 잘 이루는 직원들과 근무할 때 좋은 성과를 냈다. 그가 정의한 '장미꽃과 안개꽃 이론'이다. 장미꽃은 늘 중심에 서야 한다. 그런데 장미에는 가시가 있다. 반면에 안개꽃은 중심을 장미꽃에게 양보하고 주변을 채운다. 어느 자리에 있어도 자기 역할을 잘 한다. 장미꽃이 바로 명성이 있는 수사관이라면 묵묵히 자신의 일을 하는 수사관이 바로 안개꽃이다. 류계장과 직원들은 바로 장미꽃과 안개꽃 같은 조화로운 팀이라는 생각이 들었다.

"명선배님, 그럼 내일 가평으로 가시지요? 방송 기자와 카메라 기자도 현장에서 합류할 겁니다. 우리 팀과 내일 다른 곳으로 나가기로 했는데 기자들은 일정을 갑자기 취소하기 애매해서요. 그리고 생각해보니 압수수색영장도 없이 현장을 가는데 괜한 적법절차 시비를 차단하는 효과도 있고요. 방송기자가 뜨면 저항을 심하게 못하거든요. 카메라를 들이대면 우선 피하려고 하고요. 영상에 찍으면 다 증거로 남거든요." 영호는 류계장의 말을 듣고 정말로 깜짝 놀랐다. 순간적인 그의 상황 판단력과 결단력에 감탄했다. "계장님이 선배라고 하니 몸 둘 바를 모르겠습니다. 저도 좋은 인연으로 간직하겠습니다." 직원들은 류계장과 영호 간의 대화가 진지해서 두 사람의 대화를 방해하지 않을까 조심하는 표정으로 가만히 듣고만 있었다.

드디어 오늘이 디데이다.

영호는 류계장에게 오전 11시 30분쯤 현장을 가자고 제안했다. 영호와 양초희가 오전에 방문했을 때에는 입구 2층에 있는 카페 주인이 가게에 없었고, 강철만과 문영민이 오후에 방문했을 때에는 그가 카페 안에 있었기 때문이다. 또한 그 시간대라면 지하실에 있는 사람들도 모두 일어나 일하거나 점심을 준비할 시간이라고 생각했다. 양초희는 실종자 가족들과 함께 이동하기로 했다. 유미 가족 차량과 성식이 아빠 차량을 이용해서 실종자 가족들은 가평 시내에서 대기했다. 그곳에서 현장까지는 차로 20분이면 충분히 도착할 수 있는 거리였다. 수서경찰서 강력팀 4명과 종편 방송국 기자와 카메라 기자, 가평소방서 119 대원 3명과 바세보 탐정 직원 3명 등 총 15명이 현장에 출동했다. 예상대로 2층 카페는 문이 굳게 닫혀 있었고 1층 붕어찜 식당은 한산했다. 차를 한쪽에 세우고 언덕으로 오르는 길에 이르자 개 2마리가 사납게 짖어대기 시작했다. 소방대원 2명이 팔뚝까지 오는 큰 장갑을 끼고 개에게 성큼성큼 다가가자 방금 전까지만 해도 큰소리로 짖어대던 개들이 갑자기 순둥이로 변했다. 2명은 마치 마술사와 같았다. 다른 직원은 절단기로 출입문 철망을 잘랐다. 그리고 문을 열고 안으로 들어갔다. 산타페 차량이 보이지 않았다. 마치 트레킹하듯이 천천히 언덕 위로 올라갔다. 문영민은 얼굴이 붉게 상기되었고 유난히 숨을 급하게 몰아쉬었다. 아마도 그는 이런 경험이 처음이다 보니 극도로 긴장하는 모습이었다. 4채의 집 앞으로 다가가서 문을 잡아당겼으나 문이 안에서 굳게 잠겨 있었다. 경찰관들은 출입문 한쪽에 기대어 내부를 들여다보려고 했으나 검은색 커튼으로 안을 들여다볼 수가 없었다. 소방대원 한 명과 강철만이 미리 준비한 연막탄과 사이렌이 달린 핸드 마이크를 가방에서 꺼냈다. 소방대원이 망치로 유리창을 깨더니 집안으로 연막탄을 몇 개 던졌다. 잠시 후 연막탄이 터지면서 연기가 내부에 퍼지고 집 밖으로도 연기가 새어 나왔다. 그때 소방대원과 강철만은 핸드 마이크의 사이렌을 울렸다. "불이야! 불이야! 산불입니다! 산불입니다! 실내에 계신 분들은 지금 즉시 밖으로 대피해주세요. 여기는 가평소방서입니다. 다시 한 번 말씀드리겠습니다. 산불이 났으나 실내에 계신 분들은 신속하게 밖으로 나오시기 바랍니다." 두세 번 반복하자 갑자기 사람이 움직이는 소리와 함께 "불이야! 불이야!" 하는 목소리와 비명이 안에서 들렸다. 잠시 후 앞치마를 두른 중년 부인들이 먼저 나오고 젊은 남녀가 손수건으로 입에 대고 나오기 시작했다. 늦게 나오는 사람들은 잠옷 차림으로 나왔다. 강력팀 경찰들은 나오는 사람들을 한쪽으로 몰아세우고 손을 머리 위에 올리도록 했다. 영호도 나오는 사람들의 숫자를 세면서 다른 곳으로 도망가지 못하도록 경찰관들을 도와주었다. 입구에서 개를 통제하던 소방대원도 어느새 합류했다. 젊은 남녀가 12명이 나왔다. 영호는 젊은 남녀에게 나가서 "이유미! 김성식! 김미정! 박효선!"이라고 실종 신고된 4명의 이름을 큰소리로 불러댔다. 그러자 한 여학생이 손을 높이 들고는 "제가 이유미인데요"라고 대답했다. 그 순간 영호는 마치 산삼을 찾은 심마니처럼 온 몸에 전율이 느껴졌다. "너가 유미구나. 반갑다." 잠시 후 터벅머리를 한 남자가 영호에게 다가와 "제가 성식인데요"라고 말했다. 영호는 둘에게 곧 부모님이 오실 거라고 말하고 김미정과 박효선도 큰소리로 불렀다. 잠시 후 여성 한 명이 "아저씨, 제가 김미정인데요"라고 말하면서 다가왔다. 실종된 4명 가운데 3명을 찾은 셈이다. 나머지 박효선을 끝내 보이지 않았다. 어느새 강력팀 젊은 형사 한 명이 그 집에서 나온 남녀의 이름과 인적 사항을 적고 스마트폰으로 얼굴 사진을 찍고 있었다. 연막탄을 터트리자마자 문영민은 바로 양초희에게 연락했다. 잠시 후 유미 가족과 실종자 가족이 언덕 위에 도착했다. 유미 가족은 유미를 보자마자 껴안고 울기 시작했다. 방송기자와 카메라 기자는 안에서 사람이 나오자마자 쏜살같이 건물 내부와 지하층으로 들어가서 내부를 촬영하기 시작했다. 잠시 후 30대 후반의 여성이 악을 쓰면서 나왔다. "당신들 뭐하는 사람들야? 압수수색영장을 보여줘요. 이게 민주국가에서 할 일이야"라고 고함을 쳤다. 잠시 후 2층 카페 주인으로 보이는 남자가 나타났다. 그는 방금까지 소리를 치다 바닥에 주저앉아 울고 있는 여자에게 다가가서 "여보, 걱정 마. 내가 이놈들을 다 처벌하도록 할 테니까"라고 말하며 그녀를 안심시켰다. 잠시 후 "책임자가 누구야? 무슨 근거로 남의 집에 쳐들어왔어? 영장을 보여달라"
고 소리를 치고는 어디론가 전화를 해서 하소연을 하는 것 같았다. 류
계장이 그에게 다가가서 경찰 신분증을 보여주자 그는 그의 신분증
을 확 낚아채듯 빼앗아 손에 움켜쥐고 돌려주지 않았다. 하지만 류계
장은 "지금 선생님이 하신 행동이 공무집행방해죄에 해당됩니다. 어
서 신분증을 돌려주세요"라고 말할 뿐 자신의 신분증을 강제로 빼앗
으려고 하지 않았다.

　잠시 후 순찰차 소리가 멀리서 들리더니 이곳으로 올라오는 입구
에 순찰차 3대가 도착했다. 순찰차에서 내린 경찰관이 우르르 언덕을
올라왔다. 잠시 후 자신을 가평경찰서에서 나왔다고 소개하면서 현
장에 있는 사람들에게 신분증 제시를 요구했다. 제복을 입은 경찰관
이 10명 정도가 현장에 도착하자 카페 주인과 그의 부인으로 보이는
여자는 기가 살아나기 시작했다. 류계장이 경찰관에게 자신의 소속
을 이야기하자 제복 입은 경찰관은 신분증 제시를 요구했다. 그러자
그는 카페 주인을 가르키면서 "이 사람이 제 신분을 보여달라고 해서
보여주니 제 신분증을 낚아채서 가져갔어요"라고 말했다. 경찰관은
카페 주인을 쳐다보니 그는 그제야 류계장의 신분증을 경찰관에게
건네줬다. 경찰관은 신분증을 보더니 류계장에게 거수 경례를 했다.
그러더니 신분증을 류계장에게 되돌려주었다. "가평경찰서에서는 무
슨 일로 이렇게 많은 분들이 오신 겁니까?"라고 묻자 그는 머뭇거리
면서 "신고가 들어와서 온 것입니다"라고 깍듯하게 대답했다. "누가
무슨 신고를 하신 건가요?" 류계장이 예의 바르지만 단호한 목소리로

물었다. 그러자 그는 머뭇거릴 뿐 명확하게 대답하지 못하고 우물쭈물하고 있었다. 그때 내부를 촬영하던 방송 기자가 카메라를 경찰관들에게 들이대자 경찰관들은 우르르 자리를 피하기 시작했다. 일부 경찰관은 산 위로 도망치기도 했다. 한순간에 경찰관들은 한 명도 보이지 않고 어디론가 사라졌다. 그제야 카페 주인은 그 자리에 풀썩 주저앉았다. 류계장은 직원에게 눈짓을 하자 그는 카페 주인 부부의 손목에 수갑을 채웠다. "두 분을 미성년자 약취와 감금죄 위반 현행범으로 체포합니다. 귀하는 변호사를 선임할 권리가 있고 묵비권을 행사할 수 있습니다"라고 말했다. 집안에는 관리인으로 보이는 젊은 남자 2명과 잠에서 깨어나지 않은 젊은 남녀가 4명이 더 있었다. 잠시 후 카페 부근에는 경찰 콤비버스 한 대가 도착했다. 류계장은 일단 이곳에서 있던 사람들은 한 명도 빠짐없이 버스에 타도록 했다. 그러고는 직원들과 함께 카페 주인을 데리고 건물 안으로 들어가 그의 입회하에 현장 확인을 했다. 영호와 강철만, 문영민도 안으로 따라 들어갔다. 건물 안은 건축사 김상호가 말한 대로 지하가 운동장만큼 넓었다. 내부는 사무실과 침실, 휴게실로 구분되고 한쪽 벽면에는 작은 선반같이 만들어 이곳에 강아지와 고양이를 키웠다. 내부에는 음악과 영화를 볼 수 있는 시설은 물론 포켓볼과 탁구장, 배드민턴장까지 있었다. 경찰은 증거가 될 만한 증거품을 확보하고 사진 촬영을 하고 있었다. 1층 한 방에는 컴퓨터가 가득차고 그곳에는 컴퓨터 수십 대가 작동하고 있었다. 지하실이지만 층고가 높고 햇볕도 들 정도로 아늑했다. 현장 확인을 마치고는 강력팀 형사 1명만을 현장에 남겨두고 모두 콤비버스를 타고 경찰서로 향했다. 이렇게 실종 사건은 일단락되는 듯했다. 영호는 현장에서 발견되지 않은 효선이 궁금했다. 분명히 이곳에 있어야 할 효선양만 없는 것이 마음에 걸렸다. 그는 효선의 언니인 효진과 함께 차를 타고 수서경찰서로 향했다. 차 안에서 영호는 효진에게 효선의 사진을 휴대폰으로 받았다.

영호는 유미가 탄 가족에게 전화를 했다. 경찰서에 들어가기 전에 잠시 만나자고 했다. 경찰서 부근에서 유미 가족을 만났다. 영호는 유미에게 효선의 사진을 보여주었다. "유미야, 이 사진에 있는 학생 본 적 있니?"

유미는 영호가 보여주는 사진을 유심히 살펴보더니 "예, 몇 번 본 적이 있어요."

"그래? 효선인데, 고등학교 2학년 학생이야. 이 학생만 여기서 못 찾았거든."

"산에서 생활할 때에는 서로 누가 누군지 몰라요. 거기서는 자신의 이름을 쓰는 게 아니라 사장님이 주는 닉네임을 썼거든요." "닉네임?" "저는 안젤라라고 불렀어요."

"그래서 얼굴은 알아도 누구인지 전혀 알 수가 없어요. 서로 자신의 이름이나 학교 등을 말하다 걸리면 벌점을 받아요."

"아하 얼굴을 보니 생각났어요. 그 아이는 고집이 좀 센 편이라서 규율을 3번 어겨서 교육받으러 갔다가 왔어요."

"교육? 무슨 교육?"

"회사에서 규율을 3번 어기면 학교라는 곳에 갔다 오는데요. 이 애가 아마도 학교에 가서 교육 중일 거예요."

"학교가 어디인지 아니?"

"몰라요. 그런데 학교에만 갔다 오면 애들이 힘이 없고 아주 온순해져요."

"그 이유가 무엇이지?"

"정확히는 모르지만 아무튼 멍해져서 와요. 한번 다녀오면 한동안은 정말 생활을 잘해요."

"이 애도 한 번 학교에 갔다 왔는데 그때 주머니에 잣을 넣어가지고 와서 제게 잣을 몰래 준 적이 있었어요. 소리를 내지 않고 입모양으로 '가평'이라고 말했어요. 맞아요. 이 아이가 맞아요. 그래서 제가 갇힌 곳이 잣이 많이 나는 가평이라고 생각한 거예요." 유미는 효선이를 뚜렷하게 기억하고 있었다.

"유미야, 그런데 그곳 생활이 어땠니?"

"딱히 생활하는 데 불편한 것은 없었어요. 그런데 24시간을 감시 당하고 사소한 것까지 다 금지해서 답답했고요. 무엇보다도 일한 만큼 돈을 준다고 하고는 처음 1달은 현금으로 주다가 1달이 지나고부터는 현금 대신 코인으로 대신 주고 점점 더 감시를 심하게 해서 견딜 수가 없었어요."

"그리고 규율을 어기면 학교라는 곳을 가는데 한 번 갔다 오면 사람이 멍해져서 와요. 무엇보다도 돈보다 엄마, 아빠가 보고 싶어서 견딜 수가 없었어요."

유미는 말을 하면서 눈물을 글썽거렸다.

"유미야 가평이라고 알려주지 않고 영어로 pine nut이라고 어떻게 생각했니?"

영호는 유미가 숫자로 가평이라고 하지 않고 영어로 한 이유가 궁금했다.

"편지를 쓰면서 감독관이 지켜보고 있고 쓴 편지가 조금만 이상해도 다시 쓰라고 했어요. 가족만이 아는 기념일이나 숫자만 한두 번만 사용하고 일절 다른 말은 쓰지 못하게 해 그가 불러주는 대로 편지를 썼어요. 그래서 가평이라고 했다가는 감독관에게 걸릴까 봐 가평을 암호로 표기하는 방법을 찾아내서 편지로 쓴 거예요. 누군가가 그 암호를 풀기만을 고대했어요. 한편으로는 가족이 그 암호를 알아내지 못하면 어떻게 하지 걱정을 많이 했는데 알아내서 정말 감사해요." 유미는 그동안 마음고생한 것이 생각났는지 어느새 눈에 눈물이 고였다. 영호는 유미가 똑똑한 학생이라고 생각했다. 경찰서에는 수십 명의 카메라 기자와 방송 카메라가 버스를 기다리고 있었다.

NNN 방송 뉴스 속보입니다.

수서경찰서는 여고생 등 미성년자를 유인해 가평에 있는 외딴 건물 지하에 감금해 놓고 인터넷 업무 등 일을 시킨 일당을 체포해서 수사 중입니다. 이들은 보이스피싱 수법으로 여고생 이모양 등 10여 명을 유인, 납치한 후 이곳에서 숙식을 하게 하면서 몇 달 동안 강제로 일을 시킨 것으로 드러났습니다.

인적이 드문 가평에 400평 정도의 지하 불법 건축물에 학생들을 감금했습니다. 그 안에는 컴퓨터와 전화기 등을 설치한 업무 시설과 취침 시설은 물론 카페와 당구장, 극장까지 설치한 불편함이 없을 정도의 시설입니다. 여고 3학년인 이 모양(18세)은 지난 5월 초에 보이스피싱을 당했는데 그 보이스피싱 피해를 변상해주는 모임이라고 속여 이양을 유인해서 이곳에 4달째 감금해놓고 강제로 일을 시킨 노동착취형 신종 보이스피싱입니다. 이들 조직은 유난히 경제 마인드가 있는 고등학생만 유인하여 이들에게 일한 만큼 돈을 준다고 속여온 것으로 드러났습니다. 이들은 존재하지도 않는 가짜 가상화폐를 제작, 업무 대가로 지불한다고 기망하여 노동 착취한 것으로 드러났습니다. 이 사건 주범 김모씨 부부는 미국에서 유학하였고, 미국 유타주에 있는 OO대학교를 졸업하고 청소년을 대상으로 경제 강의를 한다는 명목으로 청소년을 모아놓고 실제로는 콜센터를 운영하다 적발된 후 한국으로 와서 이 같은 범죄를 시작한 것으로 드러났습니다. 전문가들은 이 사건은 일종의 그루밍 경제 범죄이라고 보는 것이 일반적입니다. 이들은 감금한 청소년들에게 급여로 지급한 가짜 가상화폐가 실제 미국 등 국가에서 통용되는 것처럼 속이고 가상화폐 거래시장에서도 거래되는 것처럼 속여온 것으로 드러났습니다.

이들은 몇 년 전에 한국에서 가상화폐 열풍이 불었던 점과 아직 세상 물정이 어두운 청소년을 대상으로 했다는 점에서 치밀한 준비를 한 범죄로 보입니다.

이들이 범죄에 이용한 건축물은 2018년에 4쌍의 부부가 노후를 위해 마련한 주택으로 중간에 설계 변경으로 인한 산림 훼손으로 철거 명령과 원상회복 처분을 받은 불법 건축물인 것으로 드러났습니다.

더 놀라운 사실은 이들은 이 시설에 반려견 13종과 고양이 5종을 키우고 게임 시설 및 음향 시설을 갖춘 극장까지 설치하며 반려견과 지낼 수 있도록 하는 등 청소년들이 좋아하는 시설을 충분히 갖춘 것으로 알려졌습니다. 실제로 경찰서에 온 몇 명의 청소년은 경찰서에 와서까지 다시 그 회사로 돌아가야 한다고 말하는 등 자신은 한국이 아니라 홍콩에 있다고 믿는 학생들까지 있어서 가족과 수사팀을 놀라게 했습니다. 이상 NNN 방송 속보였습니다.

새로운 소식이 들어오는 대로 다시 알려드리겠습니다.

가평의 '그루밍경제 범죄' 관련 NNN 뉴스 추가 속보입니다.

신종 그루밍 경제 범죄를 수사 중인 수서경찰서는 주범인 39살 김영호(미국명 스티브 영 킴)와 37세 이은희(미국명 알렉시아 샤넬 리) 부부에 대하여 미성년자 약취, 유인과 감금죄, 사기죄로 구속영장을 신청했습니다. 이들 부부는 미국 유학시절 만나 미국에서 미성년자를 대상으로 감금 및 사기죄로 인터폴에 청색수배 대상자입니다. 청색수배는 범죄 수사에 관련된 인물의 소재를 파악하기 위한 조치입니다. 이들 부부는 몇 년 전 한국에서 가상화폐 열풍이 불었던 점을 이용하여 남녀 고등학생을 대상으로 보이스피싱 피해 변상 등 명목으로 유인해 감금한 후 가짜 가상화폐로 대가를 지불하는 것처럼 속이고 강제로 일을 시킨 신종 그루밍 경제 범죄입니다. 이들은 자신들이 임의로 만든 가상화폐가 진짜인 것처럼 집안에 가상화폐 채굴 장비를 설치해 놓고 실시간으로 자신들이 채굴한 가상화폐가 미국과 홍콩 등지에서 거래되는 것처럼 허위 전광판을 설치하는 등의 수법으로 이양 등을 속여온 것으로 알려졌습니다. 이들 부부는 이곳에 있는 청소년을 대상으로 경제학 강의도 하여 진짜로 믿게 만드는 일종의 그루밍 수법을 사용했습니다. 이들은 특히 아직까지 세상 물정에 어둡지만 경제 마인드가 강한 고등학생들을 주요 대상으로 한 것으로 드러났습니다. 주범인 김영호씨는 2018년부터 가평 경찰서 경찰발전위원회 위원으로 위촉돼 활동해온 것으로 알려졌습니다. 그는 뒤늦게 단속 현장에 도착해서 가평경찰서에 112 신고를 한 후 단속 경찰관의 신분증을 빼앗아 돌려주지 않는 등 강하게 반항을 한 것으로 알려졌습니다. 한편 김씨의 신고를 받고 가평경찰서 소속 경찰관 10명이 현장에 도착했다고 합니다. 이들은 현장에 출동하여 적법하게 업무를 수행하는 경찰관을 대상으로 업무를 방해하려 한 혐의를 받고 있습니다. 경찰청은 이들을 대상으로 특별 감찰을 실시할 예정이라고 밝혔습니다.

이상 NNN 방송 속보였습니다.

새로운 소식이 들어오는 대로 다시 알려드리겠습니다.

영호는 경찰서 부근에서 박효진과 함께 있었다. 그녀는 여동생인 효선만 현장에서 만나지 못해 더 실망한 듯 계속 울고 있었다. 그녀는 차라리 다 같이 실종되었을 때보다 오히려 실망이 더 큰 듯했다. 영호는 류순식 계장에게 전화를 했다. 지금은 상부 보고와 수사 지휘에 정신없어서 전화를 받지 못할 것이라는 것을 알면서도 전화를 몇 번 했다. 역시 그는 전화를 받지 않았다. 영호는 그에게 문자를 보냈다.

류계장님, 정신이 없을 줄 압니다. 그럼에도 제가 방금 전화를 드린 것은 박효선이라는 여고생 소재가 확인되지 않아서요. 효선이는 가족이라고 해봐야 언니 박효진양뿐입니다. 부모가 이혼 후 할머니 손에 자란 두 자매입니다. 아버지도 사망하고 지금은 단 둘이 살아가고 있습니다. 유미양에게 확인하였더니 효선양이 규율을 3번 어기면 학교라는 곳으로 보내진다고 합니다. 학교에 다녀오면 사람이 멍해진다고 하는데 그 학교라는 곳이 어디인지 확인 부탁드립니다. 그 학교라는 곳에도 실종 학생이 더 있을 수 있습니다. 경찰서 부근에서 효진양과 기다리겠습니다. 바세보 탐정 명영호 드림.

문자를 보내고 기다려도 답이 없었다. 영호는 다시 문자를 보냈다. 이번에는 좀 더 간결하게 보냈다. 상대방은 긴 문자보다는 짧은 문자를 더 읽게 된다는 것을 알기 때문이다.

긴급입니다. 방금 문자로 보낸 박효선은 제3의 학교라는 곳에서 특별 관리하는 것 같습니다. 이곳에서 부적응자나 특별 관리자를 별도 관리하는 것 같습니다. 신속하게 확인 후 조치 바랍니다. 명탐정 드림.

잠시 후 류계장으로부터 "선배님, 우선적으로 효선양 소재를 확인해보겠습니다. 감사합니다"라는 답장이 왔다. 영호는 효진을 안심시키면서 부근에서 저녁을 먹으러 식당으로 갔다. 식당에 있는 TV에서는 이번 사건 관련 뉴스가 방송사마다 반복해서 나오고 있었다.

식사를 마치고 바로 나와 다시 카페로 갔다. 잠시 후 류순식 계장으로부터 전화가 왔다. "선배님 말씀대로 효선양 등 몇 명의 학생들은 강화도 인근 섬에 있는 것 같습니다. 지금 강화도로 가는 중입니다. 나중에 또 연락드리겠습니다." 그는 마치 영호에게 보고하듯이 간결하게 말하고 전화를 끊었다. 그 내용을 효진에게 말하자 그녀는 금세 표정이 밝아졌다.

방금 들어온 '가평 그루밍 경제 범죄' 관련 추가 속보입니다.

가평 그루밍 경제 범죄를 수사 중인 수서경찰서 강력팀은 추가로 실종 학생 4명을 더 발견했습니다. 이번 범죄를 저지른 김씨 부부가 가평 이외에 강화도에서 10킬로미터 떨어진 외딴 섬에 박효선양 등 4명을 감금한 것을 발견하여 학생들을 데리고 경찰서로 돌아오는 중이라고 밝혔습니다. 이곳은 얼마 전에 연육교가 들어설 정도로 인적이 드문 외딴 곳으로 주택을 개조하여 납치된 학생들을 정신교육을 시킨다는 명목으로 강금한 장소로 사용했던 것으로 밝혀졌습니다. 이들은 가평에서 말썽을 부리거나 실적이 부진한 학생들을 대상으로 재교육시킨다는 명목으로 이곳에서 사실상 관리했던 것으로 알려졌습니다. 이곳을 관리하던 김모씨와 이모씨도 현장에서 체포하였다고 합니다.

이 사건의 범인 김영호 부부의 변호인으로는 국내 대형 로펌이 선임되었습니다. 변호인단은 청소년들이 엄격한 금욕 생활과 올바른 생활 습관을 유지하며 공동생활 중에는 담배나 술은 물론 생활도 엄격하였고 경제 교육도 수시로 했다고 항변했습니다. 정상적인 근로계약을 체결하고 고용한 것이라고 항변하면서 경찰이 글로벌 기업의 고용을 이해하지 못한 잘못된 수사이고 앞으로 재판 과정에서 무죄를 다투겠다고 말했습니다.

이상 NNN 방송 속보였습니다.

새로운 소식이 들어오는 대로 다시 알려드리겠습니다.

속보를 보고 있는 중에 류순식 계장이 영호에게 전화를 했다. "선배님 말씀대로 강화도에서 효선양 등 4명을 추가로 발견해서 서울로 가는 길입니다. 감사합니다. 조금만 늦었어도 이들을 못 찾을 뻔했습니다. 현장에 도착하자 막 학생들을 태우고 다른 곳으로 도망치려는 것을 잡았습니다. 감사합니다, 선배님. 나중에 다시 말씀드리겠습니다." 그는 약간 흥분된 목소리로 전화했다. "계장님, 수고하셨고요. 정말 감사합니다. 효선양과 3명을 추가로 찾았다니 정말 다행입니다. 방금 뉴스에서 소식은 들었습니다. 건강 잘 챙기시고 나중에 뵐게요. 감사합니다." 영호는 류순식이 너무 고마웠다. 동생을 찾았다는 소식을 옆에서 들은 박효진은 얼굴에 금세 생기가 돌아왔다.

"효진양, 이제 걱정하지 말고 동생이 오면 잘 살아야 해요." 영호는 그녀의 어깨를 감싸주었다. 이제 사건이 마무리되는 듯했다. 갑자기 영호는 피곤함을 느끼기 시작했다.

잠시 후 직원들이 방송을 보았다고 하면서 영호가 있는 곳으로 모였다. 카페로 오자마자 강철만이 말했다. "교수님, 이제 다 끝났네요. 그런데 방금 NNN 방송기자가 류계장님한테 연락을 받았다고 하면서 '바세보 탐정'을 취재하고 인터뷰를 하자고 연락이 오네요." 그러자 양초희도 말했다. "저한테도 기자들이 자꾸 연락이 와요."

영호는 망설임 없이 단호하게 말했다. "실종 학생을 찾는 일이 우리 일입니다. 그리고 탐정은 공개되는 순간 은퇴해야 합니다. 사람들이 다 알아보는데 어떻게 지금까지 한 일을 할 수 있겠어요? 우리는 우렁각시입니다. 아무도 모르게 조용히 일을 해야 합니다. 아시겠지요?"

모두 자리에서 벌떡 일어나면서 "예, 대장님!" 그렇게 한바탕 웃으면서 밖으로 나왔다. "자, 오늘은 제가 한턱 쏠게요. 오늘은 좀 취해봅시다 맨 정신으로는 잠을 못잘 것 같은 날입니다." 영호가 말하자 양초희는 "가평의 잠 못 이루는 밤이 바로 오늘입니다"라고 말했다.

모두 부근에 있는 고깃집으로 장소를 옮겼다. 돌아가면서 소주 한 잔씩을 따라 연거푸 4잔씩을 마셨다. 영호는 "문프로님, 그런데 궁금한 게 하나 있는데요. 어떻게 가평 언덕 집 지하실에 학생들이 있을 거라고 확신했어요?"라고 물었다. 모두 문영민을 바라보았다. 문영민은 소주를 한 잔 따라서 혼자 마시고는 차분하게 말했다.

"카페 주인이 카페 안에서 언덕 위의 집 4채는 가상화폐 채굴 사업장으로 환경 변화에 민감해서 오작동을 이유로 내부는 보여줄 수 없다고 버티었어요. 제가 오늘 나왔으니 점검을 받으시고 점검 결과 확인서를 받아두면 앞으로는 담당자가 바뀌어도 다시 현장 확인을 나올 리가 없다는 취지로 말하자 그는 한참을 고민하더니만 어디엔가 전화를 3번 하고는 점검을 허용했거든요. 그런데 그가 전화하는 모습을 유심히 보았더니 그때 전화를 3번 반복해서 하는데 누군가와 통화를 하려는 것보다는 누군가에게 신호를 보낸다고 생각했어요. 전화를 걸자마다 끊고 다시 전화를 하였다가 끊고 하기를 3번 반복하더라고요. 그래서 그가 다시는 점검을 나오지 않는다는 말에 흔들리는 것을 느낄 수 있었지요."

강철만은 갑자기 일어나서 "가평의 잠 못 이루는 밤, 주연은 문영민"이라고 큰소리로 말하자 모두 웃었다.

집으로 돌아온 학생들은 일상에 적용하는 듯했지만 슬슬 후유증이 나타나기 시작했다. 지하실 폐쇄 공간에서 통제 가운데 생활했던 유미는 잠을 제대로 이루지 못하고, 특히 사람을 의심하는 증세가 심했다. 학교라는 곳에서 격리되었던 학생들의 후유증이 더욱 심각했다. 학교라는 외딴 섬에 격리되었던 박효선은 잠을 제대로 이루지 못하고 밤에 환상까지 보이고 헛소리를 하는 증세로 병원에 입원했다. 박효선은 정신과 치료를 받았는데 단기간에 아티반이라는 수면 유도제를 과다 복용한 부작용이라고 했다. 박효선같이 섬에서 격리되었던 학생들에게 비슷한 증상을 보였다. 확인 결과 그 학교에서는 식사 후 오렌지 주스를 한 잔씩 마셔야 했는데 그 주스만 마시면 잠이 들고 얼마나 잠을 잤는지도 모르고 그곳에서는 날짜 개념도 없었다고 했다. 아티반은 손톱 4분의 1 정도 크기의 오렌지색 알약으로 수면제다. 1인당 14일 정도의 약을 처방받을 수 있고 과다복용하면 무기력 증세를 보이고 장기간 복용하면 부작용이 큰 약으로 알려졌다.

류순식 경감 등 수서경찰서 경찰관들은 모두 한 계급씩 특진했다. 가 또한 가평경찰서장과 몇몇 직원은 김영호로부터 가상화폐를 받은 혐의로 감찰 조사를 받았다는 사실도 보도되었다.

커튼콜

공연이 끝나고 막이 내린 뒤에 관객들이 찬사를 보내면 막이 다시 오른다. 출연자들은 감사의 표시로 무대에 다시 선다. 커튼콜이다. 이때 관객들은 출연자의 실제 모습을 볼 수 있게 된다.

이 사건은 양초희로부터 시작되었지만 사건 해결의 결정적인 역할은 문영민이 했다.

문영민은 사고형 역량이 뛰어나다. 그는 복잡하게 꼬인 현상을 논리적으로 잘 요약하여 설명하는 모습이 여러 번 관찰되었다. 특히 유미가 보낸 편지에 숨겨진 8자리 숫자의 암호를 그가 풀어냈다. 그는 범죄자의 입장에서 생각해본다. 유미와 같은 청소년을 납치한 목적이 무엇일까? 그들을 활용하여 할 수 있는 업무가 무엇인지를 생각했다. 유독 남보다 돈을 모으는 데 유별난 고교생들을 유괴하여 이들에게 전화나 컴퓨터를 이용하여 업무를 시킬 것이라는 점을 추론해 냈다.

전화기를 자세히 들여다보니 전화기 기판에는 숫자와 함께 영어 알파벳도 함께 표시되어 있다는 점을 발견하게 되었다. 유미가 알려준 8자리 숫자를 알파벳으로 변환시켜 8자리 숫자가 가평이라고 암호를 풀어냈다. 언덕 위 집에는 사람이 살지 않는다는 용의자의 변명과 달리 그곳에서 물이 흘러나오는 것을 발견했다. 정상적인 하수 시설이 구비되어 있지 않은 건물 구조상 물이 도랑을 통해 흘러나온다는 사실을 그는 놓치지 않았다. 단 한 번뿐인 현장 방문 기회를 그는 놓치지 않았다. 언덕 위 집에서 내려오는 길에 그는 일부러 도랑에 빠져 넘어졌다. 자연스럽게 옷과 신발에 흙탕물과 진흙을 잔뜩 묻혔다. 언덕 위 집에서 나오는 물과 진흙을 증거로 확보하기 위해서였다.

그 물과 진흙의 성분 분석을 통해 그 물에서 샴푸 성분이 나왔고, 진흙 속에서 작은 반려동물인 개와 고양이 털이 있음을 확인했다. 언덕 위 집에는 아무도 살지 않는다는 용의자의 말이 거짓말이었다는 점을 확인했고, 오히려 그 집에는 여러 종류의 반려동물이 살고 있다는 사실을 알아냈다. 실종된 청소년들이 좋아하는 반려동물과 같은 종류라는 사실을 근거로 그곳에서 여러 명의 청소년이 함께 거주한다는 결정적인 증거를 찾아냈다.

문영민과 같이 사고형 역량이 뛰어난 사람은 문제가 무엇인지 핵심을 정확하게 파악하는 능력이 돋보인다. 아울러 문제의 원인을 다양하게 분석하고 그중 핵심 원인이 무엇인지 잘 파악한다. 즉 문제의 진단은 아주 잘한다.

반면에 실행력은 다소 부족한 경향이 있다. 여우와 신포도의 우화에서 여우와 같이 자신이 포도를 따먹을 수 없음을 너무도 잘 알고는 "저 포도는 맛이 없을 거야"라고 말하고 포도를 따먹기를 포기한다. 그러고는 자신의 행동을 합리화시키는 핑계를 찾아낸다. 문영민은 탁월한 실행력도 보였다. 그는 사고 역량과 성과 역량도 잘 드러냈다.

관계형 역량이 뛰어난 양초희는 대인 관계를 중요하게 여기고 사람 만나는 일을 좋아한다. 그녀는 바세보 탐정 회사에 지원했다 선발되지 못한 지원자를 자문단으로 활용하는 아이디어를 냈다. 이러한 아이디어를 통한 간담회에서 유미가 당했던 보이스피싱과 똑같은 방법으로 유사 피해자를 모으고 범인이 현장에 나타나도록 유인하는 대안을 이끌어냈다. 그녀의 인적 네트워크 또는 소셜 미디어를 통해 짧은 시간에 많은 사람을 모으는 성과도 냈다. 그녀의 제안과 행사 진행으로 유미와 같은 실종자를 확인하는 성과를 냈고 그 성과가 사건을 해결하는 바늘구멍이 되었다.

여우와 신포도 우화에서 친구인 갈까마귀에게 맛있는 포도가 있음을 알려주어 함께 포도를 따먹는 양떼와 같은 유형이다. 혼자 일을 처리하는 것보다는 다른 사람과 함께 일하는 것을 좋아하고 성과도 낸다. 상대방의 입장과 갈등 원인을 잘 이해하여 갈등을 해결하는 역량이 남다르다. 특히 분위기 메이커 역할을 잘한다.

반면에 관계형 인재는 자신보다는 다른 사람에 더 의존하는 경향이 있어 다소 산만하게 느껴질 수 있다. 또한 다른 사람과 함께 성과를 내는 경우에 이익 배분 등 문제가 유발하는 경우가 있다. 자신만의 방안을 찾는 역량은 다소 떨어지고 대안을 우선순위를 고려함보다는 사람과의 관계를 더 중요하게 여기는 경향이 강하다.

성과형 역량이 뛰어난 강철만은 추진력과 실행력은 아주 뛰어나다. 그는 현장 확인을 하는 방법으로 소방서 직원을 활용하는 방안을 제시했다. 범죄 소굴에 뛰어 들어가야만 내막을 알 수 있는 상황에서 구체적인 실행 방안을 제시했다. 성과형 인재는 목표 달성을 위해서는 수단과 방법을 가리지 않고 방법을 찾는 데 뛰어나다. 대인 관계도 폭넓기보다는 한번 맺은 인연은 잘 관리하는 경향이 강하다. 여우와 신포도 우화에서 멧돼지와 같은 유형이다. 머리로 들이박고 발로 뿌리를 캐서 포도나무를 쓰러트려서라도 기어코 포도를 따먹는다. 그런데 뇌진탕이나 뿔이 부러지거나 발톱이 빠지는 상처도 입을 수 있다.

반면에 성과형 인재는 세심함은 다소 부족한 경향이 있다. 4층 펜션 지배인이 펜션 내부를 공개할 수 없다고 반발하고 이들의 외부로 드러난 행동만으로 결론을 내리는 경향이 있다. 지배인이 절대로 펜션 내부에 공개할 수 없다고 버티자 그는 실종자들이 그 안에 숨겨둔 것으로 확신했다. 결국 실종자는 그 안에 없었고 실패했다. 그와 같이 섣불리 판단하여 실행하는 바람에 실패하는 사례는 성과형 인재가 흔히 범하는 단적인 사례다.

3장

일환이발소 그림

#1

어떤 이발소 그림

어떤 비밀도 영원히 감출 수 없다.
바다가 산이 되고 산이 바다가 될 수 있기 때문이다.
_명탐정 S

문영민은 그림 2점을 찾아달라는 의뢰를 받고 전체 회의에 공개했다.
나라은행 종로지점 차장이 그의 부친이 소장하던 그림 2점을 찾아달
라고 의뢰를 했다는 것이다. 그는 문영민의 중학교 후배로, 며칠 전
전시회에서 우연히 본 그림 2점이 그의 부친이 운영했던 이발소에 걸
려 있던 그림이 틀림없다는 것이다.

　이발소 그림이라는 말에 강철만은 사건 가치가 전혀 없다는 듯이
퉁명스럽게 끼어들었다. "이발소에 걸렸던 그림이라면 대부분 시골
초가집과 물레방아 그림, 소가 쟁기로 밭을 일구는 농촌 풍경, 아니면
어린 돼지들이 잠자는 어미 돼지의 젖을 먹는 그림, 진주 목걸이를 목
에 건 통통한 돼지 모습 등등. 뭐, 그런 그림 아닌가요?"

강철만은 마치 이발소에 걸린 그림을 보면서 설명하듯이 생생하게 묘사했다.

"중학교 때 저랑 같이 화실에 다녔던 후배인데 그 친구는 그림 보는 눈이 남달랐어요. 알아보지도 않고 함부로 말하는 것은 옳지 못해요. 제가 조만간 그 후배를 만나기로 했으니 만나보고 말씀드리겠습니다."

문영민은 강철만의 말이 거슬렸지만 감정을 억누르면서 차분하게 말했다.

"그래요. 회의 때 각자의 의견을 자유롭게 말하는 건 좋지만 상대방 기분도 좀 생각했으며 좋겠어요. 성숙되고 배려하는 회의 문화라고 할까?"

싸늘해진 분위기가 이어지자 영호가 나섰다.

"회의할 때에는 자유롭게 자신의 의견을 밝히는 것은 언제나 환영합니다. 다만 팩트(fact)를 기반으로 논의했으면 합니다."

"교수님, 팩트가 뭐지요?" 양초희가 물었다.

"예, 좋은 질문입니다. 제가 말한 팩트란 '합리적으로 의심할 여지가 없을 정도로 확인된 사실'을 의미합니다."

"무슨 말씀인지 감이 확 오질 않네요?" 양초희가 되물었다.

"누가 봐도 똑같이 평가될 만큼 논리와 근거로 확인된 사실을 의미합니다. 한마디로 자신이 한 말에 대하여 책임을 질 수 있어야 한다는 거지요."

"아하, 자기가 한 말에 책임을 지지 못하면서 '아니면 말고'나 '카더라'식으로 퍼트리는 것과 구별되는 것이네요."

"오늘 문프로가 소개한 건을 예를 들어 설명하면요. '문프로 중학교 후배가 미술 전시회에서 본 그림이 자신의 아버지가 운영하던 이발소에 걸려 있던 그림인 것 같다'라는 것이지요. 좀 더 구체적으로 설명하면, 의뢰인은 문프로의 후배이고, 전시회에서 눈에 띄는 그림 2점을 보았고, 그 그림이 아버지가 운영했던 이발소에 걸려 있던 그림인 것 같다."

영호가 팩트를 예를 들면서 구체적으로 설명하자 모두 확실하게 이해했다는 듯이 고개를 끄떡였다.

"남의 주장에 대하여 비판하려면 상대방을 설득할 논리로 찾아야 해요. 그런 논리를 찾아내려면 선입견과 편견을 갖으면 곤란합니다. 또한 남의 주장에 대해 해결 방안을 찾되 긍정적인 방향이어야 합니다. 상대방 주장을 비판하는 일과 대안을 찾는 일은 모두 머리를 쓰는 것인데 서로 방향이 다를 뿐이지요. 비판은 부정적인 방향이고요, 해결 방안을 제시함은 긍정적인 방향이지요. 회의 시에 팩트의 중요성을 강조한 이유입니다."

"예, 교수님! 앞으로는 팩트만 말하겠습니다." 강철만이 머리를 긁적거리면서 공개적으로 사과했다.

문영민이 의뢰인을 만난 다음 날 아침 출근하자마자 모두 탁자로 모여들었다. 궁금해하는 표정을 알아차린 문영민은 전날 후배를 만난 이야기를 천천히 시작했다.

저녁 식사를 하면서 그의 이야기를 들어보니 며칠 밤낮을 들어도 부족할 정도였다. 문영민은 사건의 팩트를 명확하게 하기 위해 후배에게 이발소 그림에 관하여 글로 정리해올 것을 미리 요구했다. 그는 이발소에 걸려 있던 그림에 관한 이야기를 상세하게 정리해왔다. 문영민은 후배와 만나서 나눈 사건의 배경을 설명하는 대신 그가 써온 글을 복사해서 배포했다.

얼마 전 전시회에서 본 그림 2점을 찾아달라고 바세보 탐정 회사에 의뢰한 김영근입니다. 먼저 저희 집안 이야기를 하겠습니다. 그렇게 해야 제가 찾고자 하는 그림에 관하여 정확하게 이해하실 수 있을 겁니다.

아버지 김일수는 1937년 부여에서 외아들로 태어났다. 5살이 되던 해 부모는 원인 모를 병으로 사망했다. 그때부터 그는 친척 집에서 자랐다. 그는 공부보다는 미술 분야에서 두각을 나타냈지만 초등학교를 졸업한 후에 친척집 농사일을 도왔다.
체구가 작았던 그는 농사일을 힘들어했고 그림 공부를 하고 싶어서 1952년 10월 무작정 서울로 올라왔다. 서울역은 새로운 직장을 구할 꿈을 안고 시골에서 올라온 사람들로 붐볐다. 그는 남대문시장 부근에 있는 충청도 이발소 간판을 보고 무작정 들어가 부여에서 왔다면서 취직을 부탁했다. 이발소 주인은 막무가내인 그에게 월급 없이 먹여주고 재워주는 조건으로 채용했다. 머리카락을 빗자루로 쓸고 걸레질하고 어린 손님이 오면 나무판자를 이발 의자 손잡이에 올려놓고 흰 가운을 두르는 일 등 이발소 허드렛일을 주로 했다. 섬차 머리 감아주는 일, 수건을 빨아서 말리는 일 등을 하면서 밤이면 거울을 보면서 이발 기술을 익히며 그곳에서 잤다.

이발소 안에는 연탄 4장이 들어가는 연탄 난로가 가운데 놓여 있었다. 난로 위에 큰 주전자를 올려놓고 물을 끓여서 머리 감을 때 찬물과 섞어 쓰거나 젖은 수건을 말리는 등 난로는 이발소 필수품이었다. 만약 연탄을 제때 갈아주지 않아 연탄불을 꺼트리면 숯으로 불을 살리거나 다른 이발소에서 불붙은 연탄을 빌려와야 했다. 한밤중에라도 일어나 연탄을 갈아주는 것이 그가 해야 할 중요한 일이었다. 그는 한 번도 연탄불을 꺼트리지 않아 사장님으로부터 칭찬을 들었다. 그는 새벽에 일어나 연탄을 갈아주는 일을 즐겼다. 이유는 연탄을 갈다보면 붉게 달구어진 연탄집게가 그에게는 붓이 되었기 때문이다. 나무판자 위에 달구어진 연탄집게로 글씨를 쓰거나 그림 그리기를 좋아했다.

그런데 1953년 12월경 새벽에 큰 사고를 내고 말았다. 붉게 달구어진 연탄집게로 낮에 주워온 나무판자에 그림을 그리다가 판자에 불이 붙은 것이다. 비닐 코팅된 판자인 줄 모르고 달구어진 연탄집게로 그림을 그리다가 순식간에 불이 가죽으로 된 이발소 의자로 옮겨 붙었다. 그는 놀라서 혼자 불을 끄다가 유독가스 때문에 그대로 밖으로 나와 도망쳤다.

그날 이후로 그는 남대문시장 근처에는 얼씬도 하지 못했다. 경찰이 자신을 방화범으로 쫓아 다닌다는 불안감 때문이었다. 화재 사건 이후 그는 동대문 부근 창신동에서 숨어 지냈다. 야산에 판 잣집이 즐비한 창신동은 그가 숨어 지내기에는 제격이었다. 그곳 은 누가 집을 짓더라도 아무도 간섭하지 않는 땅주인이 없는 국 유지였다. 너도나도 모여드는 바람에 하룻밤 자고 나면 새로운 집이 하나둘 생겨날 정도였다. 따라서 옆집에 누가 살고 있는지 전혀 알 수 없는 동네였다. 그는 신설동에 있는 큰 이발소 보조 이 발사로 취직했다. 그가 20살이 되던 봄날에 이옥화를 만났다. 그 녀는 18살이었고 동대문 평화시장에 있는 제품 공장 미싱사로 일했다. 김일수는 그녀의 밝게 웃는 모습이 너무 좋았다. 그는 날 마다 그녀가 일하는 공장 앞에서 그녀를 기다렸다. 그녀를 기다 리면서 공장 한 모퉁이에 있는 라일락을 꺾어 그녀에게 주곤 했 다. 둘은 서로 사랑했고 그해 겨울부터 창신동에서 새 살림을 시 작했다. 2년 동안 악착같이 모은 돈으로 작은 방 하나 딸린 가게 를 얻어 그곳에서 이발소를 열어 꿈에 그리던 이발소 사장이 된 것이다. 나무판에 연탄집게로 '미소이발소' 라는 간판을 만들어 이발소 입구에 걸었다. 이발 의자 2개가 겨우 들어갈 만한 이발 소에서 아버지는 이발과 면도를 하고 어머니가 머리 감기와 청소 등을 하였다. 인건비를 주지 않고 운영한 미소이발소는 그럭저럭 운영되었다. 연년생으로 딸 2명을 낳았고 행복한 가정을 꾸렸다. 하지만 김일수에게는 누구에게도 말 못할 고민이 그의 마음 한 구석에 자리 잡고 있었다. 경찰관들이 남대문 이발소 화재 사건으로 자기를 찾아올지도 모른다는 불안감이었다. 불안감 때문인지 그는 체중이 50킬로그램이 채 안 될 정도였다. 어느 날 늦은 밤에 동네를 배회하다가 통행금지 위반으로 야경꾼들에게 붙잡혀 경찰서로 끌려갔다. 경찰서 유치장에 하룻밤을 보낸 그는 병역 기피자라는 사실이 드러나 즉시 입대해야만 했다. 처자식이 있고 배우자의 보증으로 5일 후 자진 입소하는 조건으로 석방되었다. 당시는 치안유지 등을 목적으로 일반인은 밤 12시부터 새벽 4시까지 통행이 금지되었다. 통행금지를 위반하면 경찰서 유치장에서 하룻밤을 보내야 했고 특별한 일이 없으면 훈방으로 풀려났지만 전과 조회 등을 통해 군 기피자나 지명 수배자로 확인되면 석방되지 못했다. 아버지는 가정을 이루고 5년 정도 이발소를 운영하다가 28살에야 군에 입대하게 됐다.

경찰서에서 남대문 이발소 화재 사건에 대하여는 전혀 묻지 않았다. 지금까지 그렇게 마음 조이면서 살아왔는데 전혀 문제를 삼지 않아 안도감이 들었지만 동시에 허탈감도 컸다. 군 입대를 앞두고 그는 이발소 사장님께 용서를 구하고 싶었다. 마음 한구석에 남아 있는 죄책감을 털어버리고 싶었기 때문이다. 그는 박카스 한 박스를 사 들고 처와 두 딸을 데리고 이발소로 찾아갔다.

자신이 낸 화재로 다 불탔을 거라고 생각했던 이발소는 예전 모습 그대로였다. 이발소 안을 보니 마침 손님이 없었고 사장님 혼자서 담배를 피우고 있었다.

유리문을 옆으로 열고 안으로 들어가자 사장님은 한눈에 그를 알아보고는 깜짝 놀라면서 반겼다. 아버지는 사장님께 무릎을 꿇고 용서를 빌었다. 그러자 사장님은 그를 일으켜 세우고는 결혼해서 딸까지 둔 그를 보며 대견했는지 눈물을 글썽거렸다.

"이 사람아, 살아있었구먼 그래! 결혼할 때 기별이라도 좀 주지 그랬나? 자네가 이발소 문을 꼭 닫는 바람에 산소 공급이 되지 않아 불이 더 이상 번지지 않았다네." 더위는 잘 참았지만 유난히 추위를 많이 탔던 아버지는 잠시 이발소를 나갈 때에도 반드시 문을 닫고 다닌 것으로 유명했다. 사장님은 아버지가 문을 꼭 닫고 도망친 것을 다행으로 여기고 시간이 지나자 오히려 그가 고맙게 느껴졌다고 하면서 흔쾌히 아버지를 용서했다.

그제야 아버지는 8년 동안 도망 다닌 일과 군 입대 전에 용서를 구하려고 사장님을 찾아온 일을 동시에 떠올렸다. 성격이 내성적이고 소심한 자신을 자책했다. 그는 큰딸 손을 잡고 집으로 돌아오면서 앞으로는 좀 더 용감하게 살겠다고 다짐했다.

입대하기 전날 밤 연탄집게로 미리 준비한 판자에 "작은 두려움이 결국 나를 갉아먹는다"라는 글을 새겨 이발소 벽면에 걸어 두었다. 훗날 이 현판에 쓴 글이 우리 집 가훈이 되었다. 아버지가 한 번이라도 남대문 이발소에 가보았더라면 될 것을 8년 넘게 두려움으로 도망 다닌 것을 후회했다. 아버지의 갑작스러운 군 입대로 어머니는 이발사를 고용해 이발소를 운영해보았지만 신통치 않았다. 결국 이발소 의자를 중고로 팔아치우고 방으로 꾸며 살림집으로 개조했다. 아버지의 갑작스러운 군 입대로 어머니는 생계를 위해 다시 미싱사로 일했다.

아버지는 제대 2달을 앞둔 1965년 3월경에 김영근이 태어났다. 말년 휴가를 나온 아버지는 고대하던 아들을 보면서 무척 기뻐했다. 이때 사진관에 가서 가족사진을 처음 찍었다. 아버지는 군 입대 하기 전에는 노루모라는 위장약을 끼고 살았고 몸이 많이 야윈 편이었다. 그런데 군대 생활을 하면서 몸이 좋아졌다. 입대 전 사진과 제대를 앞 둔 사진만 보면 도저히 같은 사람이라고 볼 수 없을 정도였다.

아버지는 영근이 백일이 되기 전에 월남 파병을 자원했다. 유난히 더위를 잘 참아내는 그에게는 월남 생활이 그리 어렵지 않다고 느꼈다. 무엇보다도 이발소도 없어지고 3명의 자녀를 키울 일을 생각하고 월남 파병을 지원한 것이다.

그가 직업군인으로 월남에 간 이후 집안 살림은 한결 나아졌다. 매월 보내오는 월급과 미제 분유 같은 귀한 물품은 동네 사람 모두의 부러움의 대상이었다. 동네에서는 우리 집을 '월남 김상사 집'이라고 불렀다. 카세트가 달린 대형 라디오와 이동형 텔레비전은 어느 집에도 없는 동네 명물이었다.

아버지는 한 푼이라도 더 벌겠다는 생각으로 한 번도 한국에 나오지 않았다. 가끔씩 오는 편지와 사진이 아버지 소식을 알게 하는 유일한 수단이었다. 큰 구렁이를 목에 걸거나 원숭이를 어깨에 올려놓고 찍었던 그의 사진들이 자랑거리였다.

아버지가 월남에 간 지 4년째 되던 1969년 2월 비보가 전해졌다. 정복을 입은 군인 2명이 집으로 찾아와서 아버지의 전사를 알리는 통지문과 계급장, 명찰, 군복 등 유품을 전해주었다. 큰딸 영미는 11살, 둘째딸 영숙은 10살, 영근은 5살이었다.

그날 이후 어머니는 넋이 나간 사람처럼 헛소리를 했고 동네 무당이 집에 와서 굿을 했다고 한다. 외삼촌들이 집에 와서 2달간 함께 살았다. 영근은 엄마와 누나들이 울던 모습, 외삼촌을 본 기억이 조금 날 뿐 다른 기억은 없었다. 아버지가 사망한 지 1년 후 술로 세월을 보내던 어머니는 마음을 추스르고 창신동 시장에서 장사를 시작했다. 용두동과 제기동 시장에서 새벽에 야채와 과일을 리어커에 싣고 와서 창신동 시장 골목에서 장사를 시작했다. 장사를 하면서 술을 마시는 횟수가 늘어났고 다른 사람과 싸우는 일도 많아졌다. 매년 5월부터 현충일 날까지는 장사도 하지 않고 매일 술을 마시면서 우셨던 기억이 생생했다. 어머니는 현충일 날 동작동 국립묘지 아버지 묘소에 다녀와서야 마음 잡고 다시 장사를 시작했다. 아버지가 돌아가신 후 5년째 되던 1974년 동네 한구석에 핀 라일락 꽃향기가 나는 봄날에 어머니도 세상을 떠났다.

새벽 시장에서 산 야채를 리어커에 가득 싣고 오던 길에 교통사고를 당했다. 그때가 영근이 초등학교 3학년 때였다. 그때부터 그는 누나 둘과 함께 살았다. 누나들은 초등학교를 졸업하고 옷 공장에 시다로 취직을 했다. 영근은 아버지에 대한 기억은 사진과 엄마와 누나들로부터 전해 들은 이야기가 전부였다.

아버지는 이발소를 운영하면서 그림 그리기를 좋아했다. 그는 특히 해바라기 그리기를 좋아했다. 해바라기가 마치 엄마의 밝은 미소를 닮아서 좋아했다고 했다.

이발소 상호도 미소이발소라고 한 이유다. 아버지는 이발소 난로 연탄을 갈면서 달구어진 연탄집게로 목판에 그린 해바라기 그림과 해바라기 달력 사진을 액자에 넣어 큰 거울 위에 걸어 두었다.

창신동에는 누구나 아는 털보 영감이 있었다. 그를 털보 영감이라고 부르는 이유는 얼굴에 털이 많아 털보라고 불렀다. 그는 가족도 없고 혼자 살면서 밤낮없이 술에 취해 있는 술주정꾼이었다. 자신을 화가라고 하면서 늘 낡은 베레모를 쓰고 담배 파이프를 물고 다녔다. 그가 술에 취한 다음 날이면 모자와 담뱃대를 찾느라 온 동네를 시끄럽게 했다. 동네 사람들은 그의 모자와 담배 파이프를 보면 못 본 체하거나 동네 가게에 보관시켰다. 그가 술에 취하지 않는 날이면 가게 유리 또는 벽면에 페인트로 그림을 그렸다. 그는 한 가지 색으로 명암의 차이만 주는 기법으로 그림을 그렸는데 그림을 전혀 모르는 사람들조차 빠져들게 할 정도였다. 동네에서는 그를 털보 솔거라고 부를 정도로 그의 실력은 인정했다. 동네 이발소에서 그는 기피 손님으로 악명이 높았다. 구레나룻의 수염이 길고 거칠어서 수염과 머리카락이 잘 구분되지 않을 정도였다. 그래서 어느 이발소에서도 이발해주려고 하질 않았다. 평소 머리도 감지 않고 머리와 수염이 거칠어서 시간도 많이 걸릴 뿐만 아니라 그를 면도하고 나면 면도날이 손상될 정도였다. 이발비도 모두 외상으로 했기 때문인지 그의 머리와 수염은 갈수록 더 지저분해졌다. 하지만 그를 반갑게 맞이해주는 이발사가 한 명 있었다.

창신동에서 가장 젊은 이발사였던 아버지는 그가 화가라는 말에 오히려 그를 기다렸다. 아버지의 친절은 털보 영감이 세상에서 처음 느껴본 것인지 그도 아버지를 좋아했다. 그는 머리를 감으려면 따뜻한 물이 있고 머리를 감을 수 있는 미소 이발소를 자주 드나들었다. 둘은 그림에 대한 이야기를 자주 했다. 털보 영감은 이발소에 걸린 아버지가 목판에 연탄집게로 그린 해바라기 그림에 관심을 보였다. 아버지가 어머니의 미소가 해바라기를 닮았다는 이야기, 달구어진 연탄집게로 목판에 직접 그렸다는 말에 그도 놀랐다. 털보 영감은 이발소에서 머리를 감고 면도와 이발을 한 이후로는 몰라보게 깨끗해졌다. 그의 생활도 차츰 변하기 시작했다. 그는 몇 년 동안 무료로 면도와 이발을 해준 아버지에게 고마웠는지 이발소 상호를 바꿀 것을 제안했다. 미소이발소에서 일화(日花)이발소로 바꾸고 그가 현판을 페인트로 써주었다. 일화는 아버지 이름과 어머니 이름에서 한 자씩 따온 것이기도 하고, 태양의 꽃이라는 뜻으로 해바라기를 의미한다고 설명했다. 아버지는 그 설명이 너무 마음에 들었다. 털보 영감은 자신이 1901년 소띠이고 아버자와 같은 소띠라고 하면서 아버지를 동생처럼 대했다. 털보 영감은 아버지에게 서양 화가 고흐에 대한 이야기를 자주 들려주었다. 난생처음 미술에 관한 지식을 듣게 된 아버지는 털보 영감을 하루하루 기다렸다. 한동안 그가 이발소에 나타나지 않자 아버지는 영감을 애타게 기다리게 되었다. 그러던 어느 날 털보 영감은 그림 2점을 손에 들고 이발소에 찾아왔다. 그가 가져온 그림은 캔버스에 해바라기를 그린 그림이었다. 그는 몇 달 동안 수십 번을 그리고 고치고 한 그림이라면서 그림 2점을 이발소에 걸어주었다. "동생, 이 그림은 그동안 이발비일세." 그는 그 말을 남기고 떠났다. 해바라기를 꽃병에 꽂아둔 모습을 그린 그림과 젊은 여인이 해바라기 밭에서 큰 가슴을 드러내고 잠든 아이에게 젖을 먹이는 그림이었다. 마치 아내가 딸들에게 젖을 먹이는 모습을 연상시켰다. 아버지는 그림을 털보 영감이 그렸다는 말에 놀라면서 그가 진정한 화가임을 인정했다. 그리고 얼마 후에 아버지는 군에 입대하게 된 것이다.

아버지는 털보 영감이 준 그림을 잘 보관하도록 어머니에게 신신당부를 했다. 그녀도 남편이 유일하게 형님이라고 부르는 털보 영감이 그린 그림을 너무 좋아했고 소중하게 여겼다.

아버지가 월남에서 보내는 편지에는 늘 그림 2점을 잘 보관하고 있는지를 궁금해하곤 했다. 갑작스러운 아버지 전사 소식에 상갓집에는 3일 동안 자리를 지킨 사람은 털보 영감 혼자였다.

아버지가 돌아가신 후 어머니는 그 그림을 옷장에 넣고 누구도 그림 근처에 오지 못하게 했다. 그림이 마치 남편인 양 그녀는 그림을 신줏단지 모시듯 소중하게 보관했다. 누구에게도 그림을 보여주려고 하지 않았다. 아버지가 돌아가신 후 3년 후인 1972년 8월쯤 털보 영감이 어머니를 찾아와 이발소에 있던 그림 2점을 보자고 했다. 그녀는 털보 영감에게도 그림을 보여주지 않으려고 했다. 하지만 털보 영감은 10월에 자신이 직접 그림을 가지고 일본에 갔다 오면 그림 값이 크게 올라 신설동 건물 1채는 충분히 살 수 있다고 엄마를 설득했다. 결국 그녀는 털보 영감을 믿고 그림을 그에게 맡겼다. 7살이던 영근도 한 여름날 검은색 자가용을 타고 온 남자 2명이 영근에게 과자와 돈을 주면서 그림을 차에 싣고 갔던 일을 기억했다. 당시에는 그 아저씨들을 친척으로만 알았다. 그림을 가져간 이후 털보 영감은 창신동 어디에도 나타나지 않았고 그림도 돌려주지 않았다.

어머니는 그림을 가져간 이후 자취를 감춘 털보 영감이 그림 도둑놈이라면서 술만 먹으면 그를 욕했다. 어머니는 믿었던 사람에게 그림을 빼앗겼다는 생각에 술을 더 찾았다. 그러다가 2년이 지난 1974년 라일락 꽃이 한창 필 무렵에 그녀는 남편 곁으로 떠났다.

바늘구멍

범죄자는 교활함으로 범죄의 흔적을 숨겨두지만
탐정은 열정으로 그 흔적을 찾아낸다.
_명탐정 S

김영근이 쓴 글을 읽는 도중에 양초희는 눈물을 글썽거렸다.

"김영근이 전시회에서 보았다는 그림 2점이 그의 아버지가 운영했던 이발소에 걸려 있던 그림이었다는 직접적인 증거는 없네요?"

강철만은 문영민을 쳐다보면서 제보자의 누나인 김영미와 김영숙을 만나 면담할 필요성을 지적했다. 문영민이 뭐라 말을 하기도 전에 양초희는 자신이 김영미와 김영숙을 조만간 만나보겠다고 말했다.

문영민은 양초희 제안에 공감했다. 김영근은 다른 사람으로부터 전해 들은 이야기를 정리한 것이고 김영미와 김영숙을 만나 직접 보고 들은 이야기를 확인할 필요가 있었다.

"미술 전시회에 가면 전시 작품 사진과 설명이 수록된 도록이 있는

데 김영근에게 도록이 있는지 확인해보셨나요?" 명영호가 문영민에게 물었다.

후배에게 "도록이 있냐?"라고 물었더니 전시회에 간 날이 전시 마지막 날이라 도록이 다 떨어져서 받지 못했다는 것이다. 더욱이 그림 2점의 주인이 누구인지 물어봐도 큐레이터와 직원은 모른다고만 할 뿐 더 이상 대답을 하지 않으려 했다는 것이다.

"아는 선후배 중에 화가로 등록된 사람이 있으니 그 도록을 찾을 수 있도록 수소문해보겠습니다." 문영민이 대답했다.

영호는 도록만 구할 수 있다면 전시되었던 그림이 이발소 그림인지 여부를 일차적으로 확인할 수 있다고 믿었다. 명영호는 직원들이 퇴근한 후에 혼자 남아 김영근이 쓴 글을 찬찬히 읽어 보았다.

이발소에 걸려 있던 그림에 대하여 정확하게 아는 사람은 털보 영감, 김일수, 이옥화 3명뿐이었다. 털보 영감은 그림을 직접 그렸고, 김일수는 그림을 털보 영감에게 받아 이발소에 걸어놓았고, 이옥화는 그림을 보관했다가 그림을 털보 영감에게 넘겨주었기 때문이다.

김일수와 이옥자는 사망하였고 털보 영감은 그림을 가져간 직후에 행방불명되었다.

죽은 자는 말이 없고 살아 있는 자는 행방불명이다. 의뢰인 김영근은 당시 어려서 아무것도 기억하지 못하고 다른 사람들로부터 그림에 대하여 전해 들은 것이 전부다. 그림의 행방을 가장 잘 아는 사람은 털보 영감인 셈이다. 털보 영감만 찾는다면 그림의 소재를 파악할 수 있는 단서가 드러날 것이다.

털보 영감이 이옥화를 속여 자신이 이발비로 준 그림을 가지고 도망을 친 것일까? 남편과는 친형제처럼 지냈고 남편 상을 치를 때에도 3일 내내 자리를 지킨 유일한 사람이었는데…. 아무리 생각해도 그가 그림을 가지고 도망친 것은 아닌 것 같았다.

털보 영감이 이옥화로부터 그림을 받아 가져간 것이 1972년 8월경이다. 그해 10월경에 일본에 갔다 오면 빌딩을 살 정도로 큰돈이 될 거라고 말한 것을 보면 그림을 일본에 밀반출하여 판매하려고 했던 것일까? 이옥희는 그림을 털보 영감에게 주고 1974년 4월경 사망했다. 털보 영감은 그림을 가져간 이후에 창신동에서 사라졌다. 그 이후에는 아무도 그를 본 사람이 없었다. 그가 그림을 가지고 일본으로 갔다가 돌아오지 않은 것일까? 일본으로 출국했는지 여부를 확인하려면 그의 인적 사항을 알아야 하는데 털보 영감 이름도 모르고 아는 것이라고는 그가 1901년생 소띠라는 사실뿐이다. 명영호는 아무리 생각해도 실마리가 잡히지 않았다.

며칠 후 문영민이 전시회 도록을 구해왔다. 김영근에게 입수한 도록을 보여주었더니 그가 본 그림 2점은 도록에서 찾을 수 없었다.

그는 자신이 그날 본 작품의 사진을 찍으려고 했더니 안내원이 제지를 해서 사진도 찍지 못했다고 했다. 그러면서 당시 그림 2점은 메인 위치에 전시되어 있었다고 또렷하게 기억했다. 문영민이 당시 전시회 큐레이터에게 그림 소유자를 물어보니 모른다고만 했다. 그림 소유자가 전시회에 출품한 작품을 판매하지 않는 경우에는 본인이 도록에 원하지 않으면 전시된 작품일지라도 도록에서 빠질 수 있다는 것이다. 그래서 그림이 해외에서 온 것인지 여부를 물어보니 당시 전시된 작품은 모두 내국인 보유 작품이라고 귀띔해줄 뿐 더 이상은 언급하지 않겠다고 말했다는 것이다.

양초희는 김영미와 김영숙을 만났다. 김영미는 64세로 아파트 상가에서 옷가게를 하고 있었다. 그녀는 검정고시를 치러 중고등학교를 졸업하고 전문대학 의상과를 졸업했다. "영근이는 아버지 얼굴도 모르고 초등학교 3학년 때 엄마까지 돌아가셔서 저희랑 살았어요. 원래 아버지를 닮아서 그림에 소질이 있었는데 엄마가 저희한테 영근이는 절대로 미술을 시키지 말라고 당부를 하셨지요. 그래서 화실에 간다고 저한테 많이 혼나기도 했어요. 결국 상업고등학교를 졸업하고 은행에 입사해서 그런대로 살고 있는 것이 저로서는 대견하지요. 그런데 얼마 전에 아버지 이발소 그림 이야기를 해서 말도 못 꺼내게 했어요. 전 그림 이야기만 해도 화가 나요. 아버지 돌아가시고 언제부터인가 엄마가 술만 먹으면 그림 이야기를 하고 털보 영감 욕을 해서 전 그림이라고 하면 치가 떨려요." 그러면서 더 이상 그림에 관해 말하기를 꺼리는 것 같았다.

김영숙은 63세로 초등학교 5학년 때 언니를 따라 옷 공장에 취직했다. 언니인 영미와는 달리 내성적이고 말과 행동이 느렸다. 그녀는 결혼도 하지 않고 50세까지 미싱사로 근무했다. 그러다 큰 사고를 당했다. 일거리가 밀려 밤늦도록 일을 하다가 깜빡 조는 바람에 옷감을 미는 왼손에 미싱 바늘이 박히는 사고를 당했다. 그 사고 이후 그녀는 미싱사 일을 그만두고 옷 수선 집을 운영했다. 30년 이상을 탁한 공기 속에서 일하면서 먼지를 많이 마셔서 그런지 폐가 좋지 않아 작년에 가게도 접었고 지금은 임대아파트에서 혼자 살고 있었다. 두 자매의 성격은 너무나 대조적이었다. 성격이 활달한 김영미와는 달리 김영숙은 예민하고 내성적인 성격으로 과거 일을 또렷하게 기억하고 있었다.

언니인 김영미는 이발소에 걸려 있던 그림을 본 기억은 있으나 어머니가 돌아가신 후 그림이 없어졌다고 했다. 가슴을 다 드러내고 아이에게 젖 먹이는 그림은 좀 흉하다고 생각해서 제대로 그림을 보지 못했다고 했다. 털보 영감에 대하여는 이발소에 자주 놀러와 아버지와 친하게 지낸 것 말고는 특별한 기억이 없다고 했다. 반면에 동생인 김영숙은 이발소에 걸려 있던 그림을 또렷하게 기억하고 있었다. 그녀가 묘사한 이발소 그림은 김영근이 전시회에서 보았다는 그림과 거의 똑같았다. 그녀는 털보 영감이 엄마로부터 그림을 가져가던 날도 또렷하게 기억하고 있었다. 무더운 여름날에 검은색 자가용을 타고 온 남자 2명을 기억했다. 한 사람은 흰 장갑을 낀 젊은 청년으로 운전수였고 다른 남자는 신사복을 입고 왔다고 기억했다. 양복을 입은 사람이 과자와 돈을 줬는데 언니와 영근이는 고맙다고 돈을 받고 좋아하면서 가게로 뛰어갔다. 반면에 영숙은 그가 주는 돈도 받지 않았고 과자도 먹지 않았다고 했다. 처음 본 사람한테는 아무것도 받지도 먹지도 말라고 엄마가 말한 것이 기억났기 때문이라고 했다. 특히 엄마가 그날 온 사람들을 좋아하지 않는 것처럼 보였다는 것이다. 그래서 그녀는 당시 엄마 곁에서 그 사람들과 이야기하는 것을 유심히 들었다고 했다. 그 당시에 아버지 그림 이야기를 했었는데 엄마가 그림을 절대 줄 수 없다고 큰소리로 말하자 털보 할아버지가 엄마한테 뭐라고 말하면서 엄마를 설득하자 엄마가 그림을 그 사람들에게 준 것을 기억했다. 그녀는 그림 2점을 검은색 자가용 차에 싣고 간 것까지 기억하고 있었다. 그때 털보 할아버지는 내가 일본으로 간다며 쌀, 쌀 하면서 쌀 학교로 간다고 말했던 것을 기억했다. 할아버지가 엄마에게 "일본, 쌀, 쌀, 쌀 학교"라고 말하는 모습이 지금도 또렷하게 기억하고 있었다.

털보 영감이 이옥화에게 말했다는 '일본', '쌀, 쌀' '쌀 학교' 이게 무슨 뜻일까? 털보 영감은 누구이고 왜 그림을 준 이후에 잠적한 것일까? 알면 알수록 궁금증만 더할 뿐 바늘구멍만 한 틈새도 찾을 수가 없었다.

"혹시 털보 영감이 이옥화를 속여 그림 2점을 당시 차를 타고 온 남자들에게 팔아넘기고 돈을 받아서 다른 곳으로 도망친 것이 아닐까요?" 문영민이 조심스럽게 말하자 강철만도 고개를 끄떡였다. "저도 그렇게 생각합니다. 자가용을 타고 온 남자들이 이옥화가 믿은 털보 영감으로부터 그림을 받아가고 그 사실을 아는 털보 영감을 증거를 없애기 위해 죽인 건 아닐까요?" 강철만이 말하자 양초희도 나섰다. "두 분 말씀에도 일리가 있어 보이지만 설마요…."

"지금까지 확인된 사실은 털보 영감은 이 사건 그림을 그린 화가이다. 그가 그림이 일본에 갔다오면 빌딩을 살 수 있다고 말했다. 그림은 검정 승용차를 타고 온 2명의 남자가 가져갔다. 털보 영감이 '일본' '쌀', '쌀 학교'라고 한 말에 이옥화는 그림을 순순히 그들에게 전달했다. 그림을 준 이후에 털보 영감은 잠적했고, 틸보 영감이 김일수와 같은 소띠로 1901년생인 것 이외에는 이름조차 모른다. 지금까지 확인된 사실은 이 정도인 것 같아요. 혹시 다른 내용이 더 있을까요?"

명영호가 교수 출신이라 그런지 논리적으로 팩트를 잘 정리한다고 모두 감탄하는 것 같았다. "프로님들, 이제부터는 이러한 팩트를 잘 확인하고 구체화시켜야 합니다. 그래야 사건의 실체가 드러나겠지요."

강철만은 창신동에서 행적을 감춘 털보 영감에 대하여 알아내겠다고 자신 있게 말했다. 50년이나 지난 뒤에 갑자기 사라진 털보 영감 인적 사항도 모르면서 어떻게 파악하겠다고 하는지 궁금했지만 아무도 그에게 묻지 않았다.

문영민은 그림을 받아가면서 털보 영감이 이옥화에게 말했다는 '일본', '쌀', '쌀 학교'라는 말이 중요한 단서가 될 수 있다고 생각했지만 도무지 감이 잡히지 않아 말할 수 없었다.

영호는 일본어를 전혀 할 줄 모른다. 공업고등학교를 졸업한 그가 일본어를 배웠을 리 없다. 문득 털보 영감의 인적 사항만 확인하면 당시 그의 소재와 그가 일본으로 갔는지 등 행적을 확인할 수 있을 것 같았다. 그가 김일수가 운영한 이발소 상호를 해바라기 꽃, 김일수 부부의 이름 한 자씩 딴 일화(日花)로 작명한 일과 그가 직접 그림 2점을 그린 점, 김일수에게 고흐 같은 서양 화가에 대하여 말해준 점 등으로 미루어볼 때 그는 서양 화가와 미술에 대한 상당한 지식이 있었음을 짐작할 수 있다. 그는 털보 영감에 대하여 알아보겠다고 말하고 며칠 동안 보이지 않는 강철만이 궁금해졌다. "강프로님, 털보 영감 인적 사항이나 당시 소재 확인은 잘 되고 있나요?" 그는 털보 영감 인상착의로 며칠 동안 창신동과 부근 경로당, 노인병원, 양로원까지 다 뒤졌는데 그를 기억하는 사람이 아무도 없다고 했다.

"강프로님, 털보 영감이 살았다면 올해 나이가 만 121세입니다. 털보 영감이 1901년생이잖아요."

"아, 예?" 그 말에 크게 놀라는 눈치였다. 그는 그 점은 미처 생각하지 못했다고 했다.

그가 헛고생을 더할 것 같다는 생각에 영호는 털보 영감의 나이를 그에게 알려준 것이다. 영호는 강철만의 실행력과 추진력이 마음에 들었다. 면접 당시 목표가 생기면 끝까지 해보는 편이라고 큰소리로 말하던 그의 모습이 떠올랐다.

"강프로님, 털보 영감이 1901년생 남자이고, 가족이 없고, 1972년 8월 이후로 갑자기 사라진 점을 감안하면 그 무렵 무연고 사망자 명단을 좀 확인해보실래요."

"예, 알겠습니다. 교수님!"

그의 대답은 늘 힘이 있고 꼭 해낼 것 같은 믿음을 준다. 영호는 문득 1972년 10월 17일 비상계엄이 선포된 10월 유신이 떠올랐다. 당시 사회적 혼란을 막고 한국식 민주주의를 정착시킨다는 이유로 비상조치를 선포했다. 영호도 초등학교 시절 10월이면 '10월 유신'이라는 푯말을 가슴에 달고 다니며 글짓기도 한 기억이 생생하다. 이런 갑작스러운 비상 조치는 반사회적인 언동이나 행실과 세평이 나쁜 사람들이 가장 먼저 타깃이 될 수 있었기 때문이다. 영호는 털보 영감이 갑작스럽게 잠적한 일이 10월 유신과 연관될 수 있다는 생각이 문득 들었다. 강철만 프로에게 망우리나 벽제, 용미리 시립 묘지에 당시 무연고 사망자를 확인해볼 것을 알려주었다.

그날 이후 영호는 '털보 영감', '일본', '쌀 학교'에 대한 생각이 머릿속에서 잠시도 떠나질 않았다. 그는 문제가 생기면 머리에 담아두고 답이 나올 때까지 생각하는 습관이 있다. 그는 이럴 때마다 집 화장실 청소를 했다. 2평 남짓한 화장실에 들어가서 변기통과 욕조에 비누칠을 한 뒤 닦아내고 바닥을 청소하곤 했다. 좁고 지저분한 화장실 공간에서 혼자 있을 때가 자신에게 집중이 가장 잘되었기 때문이다. 냄새 나고 지저분한 화장실이 점차 깨끗해지면 기분도 좋아졌다. 청소가 끝나고 샤워를 하면서 느끼는 상쾌함은 이루 말할 수 없었다. 혼자서 지저분한 화장실을 깨끗하게 청소하는 과정이 마치 무에서 유를 창조하는 과정 같다고 생각했다. 영호는 문제가 해결되지 않고 답답할 때 혼자 화장실 청소를 하다보면 문득 해결 방안이 떠오르는 경우가 많았다.

그날도 청소하다가 '일본', '쌀 학교'를 생각했다. 일본은 한자 문화이니 쌀에 대한 한자를 생각해 보았다. 쌀에 관한 한자인 쌀 미(米) 자와 벼 도(稻) 자가 떠올랐다.

샤워를 마치고 미(米) 또는 도(稻) 자가 들어가는 학교를 인터넷으로 검색해보았다. 털보 영감이 이발소 상호를 일화(日花)로 정한 일,

고흐 같은 서양 화가를 알려준 일, 그림을 잘 그린 점 등을 감안하면 중고등학교보다는 전문대학 또는 대학교라고 생각했다.

'앗! 이럴 수가….' 놀랍게도 '도(稻)' 자와 '대학(大學)' 두 단어로 검색을 해보았더니, 조도전대학교(早稻田大學校) 즉 와세다대학교가 나왔다. 순간 털보 영감이 이옥화에게 말한 '일본', '쌀 학교'는 바로 '와세다대학교'라는 생각이 들었다.

다음 날 출근하니 문영민이 황급히 영호에게 다가왔다. "교수님, '일본', '쌀 학교'는 일본에 있는 농업 고등학교나 농대를 의미하는 것 같아요." 그는 이발소 그림이 해바라기 꽃을 소재로 하였고 해바라기 밭에서 여인이 일을 하다가 어린이에게 젖을 주는 모습의 그림으로 볼 때 모두 해바라기와 연관이 있다고 주장했다. "해바라기 씨앗으로 기름도 짜잖아요." 해바라기를 농업과 연계해 설명하면서 '농업'을 강조하기 위해 '쌀', '쌀 학교'라고 말한 듯싶다는 것이다.

그러면서 그는 일본의 주요 농업대학과 농업고등학교 명단을 검색하여 출력해서 영호에게 내밀었다. 문영민은 머리 회전이 빨라 추론을 잘하고 인터넷 검색에도 아주 능통하다. 면접 당시 그는 기자, 광고 디자인, 부동산 기획 등 안 해본 일이 거의 없을 정도로 만능이고 인터넷 검색에도 능숙하다고 말한 기억이 났다.

'쌀 학교'가 '농업 학교'라는 ㄱ의 추론은 상당히 설득력이 있었다. 하지만 농업 고교나 농업 대학에서 해바라기 그림, 그것도 한국 화가가 그린 그림을 전시할까? 그림 전시가 농촌 지역에 있는 농업 학교에서 한다는 것이 좀 어색했다. 그렇다 해도 문영민의 추론은 대단하다고 생각했다.

그날 오후 강철만이 흥분된 목소리로 영호에게 전화를 했다. 털보 영감의 인적 사항을 찾았다는 것이다. "교수님 말씀대로 1972년 8월부터 1973년 2월까지 1901년생 정도의 나이의 털보 남자를 찾았습니다. 1972년 10월 20일 22시경 이화동 부근에서 사망한 남자가 나이와 인상착의가 딱 맞습니다." 사망자 신고를 받으면 시신은 영안실에 안치해놓고 경찰이나 검찰에서는 사망 원인 등을 조사하고 구청에서는 사망자의 연고자를 찾는다. 사망원인이 범죄로 인한 사망이 아닐 경우에는 한 달 정도 동사무소와 파출소에서 연고자를 찾는 공고를 하고 연고자가 나타나지 않으면 화장해서 무연고자로 공원묘지에 매장한다는 것이다. 무연고자 신고서에는 사인은 불상, 인적 사항 김수(金峀), 1901년 5월 5일생, 신체 특징은 뚱뚱한 체격에 얼굴에 털이 많고, 유품으로는 베레모자와 담배 파이프가 기재되어 있다는 것이다. 무연고자 신고서를 보아 털보 영감이 틀림없었다. 털보 영감의 인적 사항과 행적을 확인한 것은 큰 수확이었다.

아침 일찍 출근한 문영민이 이발소 그림 찾기 사건 진행 과정과 확인된 사실 등을 일목요연하게 정리하였다. 하지만 닭을 쫓던 개가 지붕 위로 올라간 닭을 바라보듯 손에 쥔 것은 하나도 없다는 사실이 회의 분위기를 무겁게 했다.

이발소 그림 사건의 윤곽은 대략 그려졌다. 실제 그림을 누가 어디로 가져갔는지는 알 수 없고 그림을 그린 털보 영감도 죽었다.

"이 정도에서 사건 진행을 중단하시는 것이 어떨지요?" 문영민이 눈치를 보면서 말했다.

"제가 국내에서 이루어지는 일 같으면 인맥을 통해서 더 알아볼 수 있는데 일본에는 아는 사람도 없고 해서 좀 그러네요." 양초희도 문영민을 거들었다.

가만히 듣고 있던 강철만이 약간 신경질적인 어투로 말했다. "무슨 일이던지 시작했으면 끝장을 봐야지요. 조오련 선수는 수영으로 현해탄을 건너갔는데…."

아무 말 없이 조용히 듣고만 있던 명영호의 눈치를 살피고 있었다.

영호는 "그래요. 지금까지 확인한 사실만 해도 프로님들이 고생을 많이 하셨어요? 그런데 탐정일은 'all or nothing' 즉 '성공(all)이냐? 실패(nothing)냐?' 둘 중에 하나이지 중간이라는 것이 없는 아주 냉혹한 것입니다. 포기하기 전에 좀 더 방법을 고민해봅시다."

"교수님, 저희가 더 열심히 하겠습니다." 나이가 가장 많은 강철만은 문영민과 양초희에게 눈치를 주어 그들을 밖으로 데리고 나갔다.

사무실에는 명영호 혼자 남았다. 그는 '범죄 사실을 입증하는 중요한 증거를 수집 및 확보하는 현장 수사 업무'에 능통한 베테랑 검찰 수사관 출신이었다. 현장 수사는 특성상 'all or nothing'이다. 용의자를 검거해야 그를 통해서 범행을 파악하고 그를 처벌할 수 있기 때문이다. 그를 거의 잡을 뻔했는데 마지막에 놓쳤다면 그의 소재를 파악한 성과는 그를 검거하지 못했기 때문에 소용이 없는 일이다. 즉 수사에 실패한 것이다. 탐정 업무도 현장 수사와 유사하다. 영호도 더이상 어떻게 해야 할지 몰랐다. 영호는 지긋이 눈을 감고 지난 일을 떠 올렸다.

월요일 아침이다. 직원들은 이발소 그림 찾기 사건이 진퇴양난에 빠지자 서로 눈치만 살피는 분위기였다. 문영민은 자신이 의뢰받은 건이 잘 풀리지 않아서 미안했는지 다른 사건을 시작했으면 하는 눈치였다. 침묵이 흐르자 영호가 나섰다.

"프로님들, 그동안 고생 많이 하셨어요. 지금까지 확인하고 밝혀낸 성과가 적지 않아요. 지금 상황에서 이발소 그림 찾기 사건을 좀 더 진행해보았으면 좋겠어요. 그림 2점이 일본 와세다대학교와 연관이 있을 것 같고, 그림을 그리고 일본으로 알선한 털보 영감은 그림을 가져간 후 2달 만에 사망하였고, 그의 인적 사항을 확인한 점 등이 밝혀 낸 팩트죠." 그러자 모두 지금까지 진행 상황을 일목요연하게 정리한 영호의 말을 메모하면서 고개를 끄덕거렸다.

"자, 여기서 우리가 어떻게 해야 할지 한 분씩 의견을 말씀해주세 요."

"그림의 소재를 파악하기 위해서는 국내에서 할 일은 다 한 것 같 고요. 이제부터는 일본으로 날아가야 할 것 같은데요." 문영민이 말하 자 양초희가 말했다. "우리가 찾으려는 그림 사진 한 장도 없는 상태 에서는 무리가 아닌가 싶습니다. 포기하는 것도 용기라고 생각합니 다." 문영민이 말하자 양초희가 그를 거들었다.

"일본어도 못하고 일본에 간 적이 거의 없는 우리가 일본까지 가서 그림 소재를 찾는다는 것은 쉽지 않을 것 같아요." 강철만은 두 사람 말을 듣고는 자신은 할 말이 없다고 했다. 다만 그는 중도 포기하는 것이 마음에 걸리는 것 같았다.

"일단 문프로님은 의뢰인에게 지금까지 진행된 상황을 알려드리고요. 의뢰인에게 일본으로 가서 더 확인하는 것에 대한 생각을 좀 들어보셔서 제게 알려주세요. 지금으로서는 그림을 본 사람은 김영근뿐이고 그의 확신이 중요하거든요. 그런 다음에 다시 논의하시지요. 오늘 이 사건에 대한 논의는 여기까지입니다." 이렇게 회의는 끝났다.

다음 날 문영민이 김영근을 만났다. 김영근은 며칠 전 누나들을 만나 상의했다는 것이다. 그가 전시회에서 보았다는 그림 2점이 누나들 이야기를 종합해보면 이발소에 걸렸던 그림과 같다고 확신했다. 그러면서 그 그림은 일찍 세상을 떠난 김일수와 이옥화의 분신과 같이 생각하여 누나들도 어떻게든지 그림을 찾고 싶다고 했다는 것이다. 만약 바세보 탐정이 일본으로 간다면 일본 출장 비용은 전액 그가 부담하겠다고 했다.

명영호는 이미 일본 와세다대학교로 가기로 마음먹었다. 김영근이 비용을 지원해서가 아니라 그가 전시회에서 본 그림이 이발소 그림이라고 확신했기 때문이었다.

여기서 포기하면 영원히 이 사건은 해결할 수 없다는 생각이 결정하는 데 가장 큰 요인이 되었다.

영호가 오후에 전체 회의를 소집했다. 지금까지 다른 직원들의 이야기를 듣고 나서 말했던 영호가 모처럼 먼저 말을 꺼냈다. "자, 이발소 그림 찾기 사건에 관해 결정을 할 때가 온 것 같습니다. 이제는 제가 나서야 할 때인가 싶어서 제 생각을 먼저 말씀드릴게요." 그러자 모두 영호가 사건 진행을 포기할 거라고 기대하는 것 같았다. "조만간 제가 일본 와세다대학교에 가보려고 합니다. 그러자 모두 전혀 뜻밖이라는 듯이 놀라는 눈치였다.

"교수님, 모두 이 정도에서 그만두고 다른 사건을 하자는데 일본까지 가시려는 이유가 궁금해요." 양초희가 묻자 영호는 바세보를 설명할 때 했던 말을 상기시켰다. "회사 운영 방침으로서의 바세보인 '바보처럼 세상이 알아주지 않는 보물을 찾는 탐정 회사'를 실천할 책임이 저에게 있다고 생각했어요." 그 말을 들은 직원들은 바세보의 깊은 뜻을 한 번 더 되새기는 것 같았다.

"저도 교수님을 따라 일본에 가겠습니다. 아무것도 모르지만 궁금한 일이 있으면 그 일을 해결하기 전에는 저는 아무 일도 못해요. 그게 제 병입니다. 여기서 그림 찾는 일 그만두고는 앞으로 아무 일도 못해요. 솔직히 전 자폐 증세로 치료받은 적도 있었어요. 교수님, 저도 일본에 가게 해주세요." 자폐 증세로 치료까지 받은 적이 있다는 강철만의 고백에 모두 놀랐다. 그가 고집이 아주 세고 실천력이 좋은 것은 알았지만 그 정도일 줄은 몰랐다는 눈치였다.

영호는 면접할 때 그의 모습이 문득 떠올랐다. 그는 자신의 장점이면서 단점으로 '호기심'이 많은 것을 이야기했다. 그가 중학교 시절 자명종 시계가 하도 궁금해서 밤에 몰래 일어나서 밤새 분해했다가 시계를 망가뜨린 적이 있는 등 궁금한 일이 생기면 끝까지 확인해야 직성이 풀린다고 말했다. 그는 고등학교 시절의 꿈인 소방관이 되었다. 119 대원은 신고를 받고 나면 끝까지 일을 마치는 업무가 마음에 들어서 제대 후에 소방관이 되었다. 그런데 현실은 달랐다. 끝까지 업무를 완결하는 직원들만 고생을 하고 요령을 피우는 직원들은 생색이 나는 일을 잘 찾아 하는 것을 보고 소방서 업무에 염증을 느껴 소방관을 그만두었다는 것이다.

영호는 그런 강철만의 호기심과 열정이 바세보에 적합하다고 판단하여 그를 선발했던 것이다. 영호가 직원을 선발하는 요건으로 '호기심이 많고 열정적인 사람'으로 정한 것은 호기심이 많다는 것은 열정도 있다는 것이라고 굳게 믿었기 때문이다. 호기심이 있는 사람은 그 호기심을 해소하기 위한 열정도 함께 가지고 있다. 영호도 호기심이 누구보다 많다. 반면에 호기심이 강한 사람은 참 힘들다. 그냥 넘기는 일도 궁금해하고 그 궁금증을 해소하려고 남들보다 더 열정적이어야 하기 때문이다. 명영호는 호기심이 강한 강철만이 소방관 생활이 힘들었다는 말을 이해할 수 있을 것 같았다.

"예, 그러면 강프로님은 저랑 같이 일본에 갑시다." 그러자 강철만은 영호를 텁썩 껴안았다.

와세다

뜨거운 열정은 바위 덩어리도 먼지로 만들 수 있다.
_명탐정 S

명영호는 가능한 한 빨리 와세다대학교로 가기로 했다. 항공권과 숙박을 패키지로 예약하는 에어텔에 4박 5일 일정으로 예약했다. 장기 체류하는 것보다는 단기 체류를 하면서 파악한 정보를 한국에 와서 확인하고, 필요하면 다시 출국하는 방식이 집중력과 비용 면에서 유리하다고 생각했다. 우선 김영근에게 그림 2점에 대해 기억나는 대로 그림을 그려달라고 부탁했다. 말도 잘 통하지 않는 일본에서 그림을 설명한다는 일은 어렵게 느껴졌기 때문이었다. 김영근이 중학교 때까지 그림을 그렸으니 가능할 거라고 생각했다.

7월 4일 월요일부터 8일 금요일까지 4박 5일로 일정을 잡았다. 토요일과 일요일에는 학교가 쉬기 때문에 일을 알아보기에 어려울 거 같다는 생각 때문이었다. 영호는 그동안 파악한 내용과 증거 서류 등을 꼼꼼하게 챙겼다. 김영근은 이발소 그림에 대한 스케치를 그려 가져왔다. 도화지에 연필과 파스텔로 그려왔는데 그 그림을 보니 이발소에 걸렸던 그림을 생생하게 보는 듯했다.

7월 4일 오후 강철만과 함께 인천국제공항으로 갔다. 직원들과 김영근도 공항까지 와서 배웅했다. "탐정님, 감사합니다. 문선배한테 이야기 들었습니다. 너무 감사합니다." 그러면서 그는 여비로 사용하라고 봉투를 영호에게 주었다. 일본 돈이었다. 영호는 거절하지 않았다. 나중에 되돌려주더라도 일단 그의 성의를 받아야 그의 마음이 편할 것 같았다. 강철만과 둘이 비행기에 올랐다. 강철만은 첫 일본 방문이었고 영호는 이번이 다섯 번째 방문이었다. 첫 번째 방문은 아들이 고등학교 입학하고 둘이서 동경 자유여행을 갔다. 당시 아들에게 '한국과 일본의 다른 점 10개만 찾아보라'는 숙제를 주었다. 그런데 실제 동경에 가보니 사람과 빌딩의 외형만 비슷할 뿐이지 일본은 한국과 같은 점이 거의 없을 정도로 달랐다. 놀랍게도 한국과 일본의 같은 점 10개를 찾아내기도 어려울 정도였다. 10년이 지나고 늦둥이 딸이 중학교에 진학하면서 독학으로 일본어를 공부할 정도로 일본에 관심이 많은 딸과 함께 동경을 3번 더 갔었다. 갈 때마다 일본은 지리적으로는 가장 가까우면서도 문화적으로는 가장 먼 나라라는 생각을 지울 수 없었다. 일본은 한자 문화권이라서 한자만 알면 간판은 대충 알 수 있었다. 명영호는 공업고등학교를 졸업하고 법대로 진학해서 법학 서적을 읽느라 한자 사전을 끼고 다닌 적이 있어서 한자는 어느 정도 자신 있었다.

나리타공항에 도착했다. 공항에서 바로 연결되는 지하철을 타고 숙소로 갔다. 숙소는 지하철역에서 가까운 곳으로 정했다. 녕호는 동경에 방문할 때마다 지하철 이외에는 다른 교통수단을 이용해본 적이 없었다. 지하철이 아주 촘촘하게 구석구석까지 연결되어 있기 때문이다.

동경에서의 첫 아침이다. 가볍게 샤워를 하고 호텔을 나섰다. 아침은 와세다대학교로 가면서 먹기로 했다. 아침 8시부터 지하철에는 사람이 넘쳤다. 나리타공항에서 챙겨두었던 한글판과 일본어판 지하철 안내도를 가지고 어렵지 않게 와세다역에 도착했다. 지하철역 밖으로 나오자 한적했고 자전거로 통학하는 대학생들이 눈에 많이 띄었다. 와세다대학교 쪽으로 가는 길에 모스버거라는 햄버거가게가 보였다. 오래전에 아들하고 첫 동경 방문 때 일본식 햄버거인 모스버거를 처음 먹어본 적이 있었다. 강철만과 모스버거 가게 안으로 들어갔다. 학교 부근이라 학생들이 아침 식사로 햄버거를 먹는 모습이 보였다. 줄을 서서 주문을 하고 모스버거와 커피로 아침 식사를 했다. 가끔 오는 일본은 잘 정돈되어 있고 어디를 가도 줄서기에 익숙하다. 처음에는 신기하고 좋게 보였지만 차츰 시간이 지나면서 활동적인 서울이 그리워졌다. 5분쯤 걸어가니 와세다대학교 정문이 나왔다. 정문을 들어서니 오쿠마 시게노부 총장 동상이 보였다. 강철만과 학교를 한번 둘러보기로 했다. 교정은 규모가 크기보다는 건물과 조경이 잘 정돈된 느낌이었다. 와세다대학교는 캠퍼스가 여러 곳으로 분산되어 있고 동경에 있는 캠퍼스가 바로 이곳이다. 오쿠마 동상 반대편에 있는 오쿠마 정원과 오쿠마 기념 강당 건물이 인상적이었다. 대학을 한 바퀴 돌아보니 어느덧 2시가 되었다. 학교 매점에 들어가서 샌드위치와 삼각김밥으로 점심 식사를 했다. 식사 뒤에 중앙도서관으로 가보기로 했다. 도서관 출입은 출입증이 있는 사람으로 제한되어 있었다. 영호는 직원에게 한국에서 온 탐정인데 자료를 찾으러 어제 서울에서 왔다고 설명했다. 영호는 일본어를 몰라 영어로 말했다. 직원은 누군가에게 전화를 하더니 1명만 신분증을 보관시키고 입장을 허락했다. 영호는 신분증을 맡기고 도서관으로 들어갔다. 강철만은 학교를 더 둘러보기로 하고 둘은 6시에 도서관 앞에서 만나기로 약속했다. 영호는 도서관 안으로 들어가서 미술 서적과 학교 편람을 찾아보기로 했다. 일본 책은 한자만 알면 내용을 대충 알 수 있었다. 또 일본어로 된 책을 한글이나 영어로 즉석 번역이 되고 한국어로 말하면 일본어로 변환시키는 앱을 문영민이 알려주어 준비해왔다. 세계화가 빠르게 진행되고 정보 기술의 발달로 이젠 언어가 도구화된다는 생각이 들었다. 전문적으로 어학이나 문학을 공부하는 사람이 아니라도 쉽게 외국어로 의사소통을 할 수 있다는 것을 실감했다.

도서관에서 1972년경 미술 서적과 와세다대학교 행사를 찾아보았지만 별다른 소득은 없었다. 와세다대학교는 정치 지도자 오쿠마 시게노부가 1882년 10월 21일 도쿄전문대학을 설립했고 1902년 교명을 와세다로 바꾸면서 지금과 같은 학교가 되었다는 사실을 새롭게 알게 되었다. 이 대학에는 미술학과는 없고 예술대학에 서양미술사학과와 동양미술사학과가 있다는 사실을 알게 되었다. 털보 영감이 1972년 10월경 그림을 이곳으로 보냈다고 했고, 와세다대학교 설립 90주년 기념일이 1972년 10월 21일이었다는 점을 새롭게 알게 되었다. 자료를 더 찾아보려고 했지만 더는 자료를 찾을 수 없었다.

6시가 되어 도서관 밖으로 나갔으나 강철만은 보이지 않았다. 영호는 안내원에게 도서관 사서와 면담을 요청했다. 사서는 퇴근을 준비하다가 직원의 전화를 받고 안내 데스크로 나왔다. 사서는 40대 여성이었다. 영호는 영어로 말을 하자 그녀는 영어를 못한다고 했다. 영호는 펜으로 "중고 미술 서적(中古美術書籍) 구입처(購入處)"라고 종이에 썼더니 그녀는 학교 근처에 북스르네상스 서점을 알려주었다. 그녀에게 감사하다는 인사를 하고 헤어질 무렵 강철만이 영호를 멀리서 쳐다보고 있었다.

"교수님은 일본어를 잘하시네요?" 강철만은 영호보다 한 살 많아 바세보에서는 나이가 가장 많았다. 그럼에도 그는 가장 체력이 좋고 열정적이다. 둘이 도서관 로비 소파에 앉아서 오후의 활동 내용에 대해 공유했다. 강철만은 학교 여기저기를 돌아다니면서 건물 안내 팸플릿이나 학교 안내도를 다 휴대폰으로 찍어두었다. 잠시 쉬었다가 학교 부근에 있다는 북스르네상스 서점을 찾았다. 지나가는 학생에게 물어보니 전철역 방향인 서문 쪽으로 가라고 알려주었다. 10분 정도 걸어가니 길가 2층 건물에 "BOOKS RENAISSANCE"라고 쓴 간판이 눈에 띄었다. 안으로 들어가니 잘 정리된 책장에 책이 가득했다. 대학 시절 법률 서적을 싸게 사려고 다녔던 청계천 중고 서점과 비슷했지만 잘 정돈되어 있었다. 주인은 머리카락을 완전히 깎은 인심 좋게 생긴 중년의 남자였다. 서점 안으로 들어가서 미술 관련 책을 찾아보았다. 고서와 현재 서적이 구분되어 잘 정리되어 있지만 중고 서점 특성상 분야별로 구분되거나 색인이 별도로 있지는 않았다. 그야말로 발품으로 보석을 찾아야 하는 셈이다. 영호는 좀 한가한 시간에 주인과 대화를 나누었다. 주인 남자는 영어를 잘했다. 영호는 그에게 이곳에 온 목적을 설명했다. 그는 영호의 말을 이해하였는지 미술책이 있는 곳으로 안내했다. 부근에서 저녁을 간단하게 먹고는 다시 서점에 왔다. 명영호와 강철만은 둘이서 이 책방이 있는 서적을 다 뒤지겠다는 듯이 안쪽부터 섹터를 나누어 책을 검색하기 시작했다. 밤 10시가 될 무렵 주인은 영업 종료 시간이 임박했음을 알려주었다. 10시경 서점을 나와 전철을 타고 숙소로 돌아왔다.

일본 호텔은 공간이 비좁아서 그런지 샤워하고 TV보다가 잠자는 일 이외에는 달리 할 일이 없었다. 하루 종일 피곤했는지 강철만은 눕자마자 코를 골면서 잠들었다. 좁은 공간에서 남자 2명이 잠을 잔다는 일이 쉽지 않았다. 영호는 피곤했지만 잠이 오지 않았다. 내일 아침부터는 어디로 가서 뭘 찾아야 할지 막막했기 때문이다. 그는 수사관 시절 이런 경험을 자주 했다. 장기간 현장 수사를 지휘하는 수사팀장은 그날 한 일을 정리하고 다음 날 해야 할 일을 준비해야만 했다. 그렇지 않으면 내일 팀원들이 뭘 해야 할지 모르고 우왕좌왕하기 때문이다. 팀장은 수사를 진전시키는 대안을 내서 팀원들이 심리적으로 뒤쳐지지 않도록 지속적으로 할 일을 찾는 것이 중요했다. 마치 두

발자전거가 넘어지지 않도록 페달을 계속 돌려주는 것이 바로 팀장의 중요한 임무였다. 코를 골면서 곤하게 잠자는 강철만이 부러웠다. 마지막 날은 출국 절차로 일할 시간이 없으므로 사실상 이틀 남았다.

지금까지 확인한 것은 와세다대학교 개교기념일이 10월 21일이고 1972년이 와세다 개교 90주년이라는 사실뿐이었다. 그리고 북스르네상스 중고 서점을 알아낸 일이다. 내일은 아침부터 강철만은 북스르네상스에서 도록을 찾고 영호는 우에노(上野)에 있는 동경 국립박물관을 가보려고 한다. 우에노 공원은 몇 년 전에 딸과 동경에 왔을 때 우연히 가본 곳이었다. 우에노는 서울의 용산과 비슷했다. 전철에서 내리면 남대문시장과 비슷한 우에노시장이 있고 공원에는 동물원, 미술관, 음악관과 동경국립박물관이 있다. 영호가 동경에 올 때마다 빠지지 않고 가는 곳이 바로 동경국립박물관이다. 이곳은 고대 유물 전시와 아울러 미술품 전시도 했다. 강철만이 도록을 찾는다면 영호는 화가나 미술 작품을 통해 이발소 그림의 소재를 확인해보려고 마음먹었다. 화가들은 그만의 화풍과 기법이 있기 때문에 이발소 그림과 비슷한 그림을 그리는 일본 화가를 찾아볼 예정이다. 때로는 전혀 엉뚱한 곳에서 결정적인 단서를 찾을 수 있다는 것을 잘 알기 때문이다. 다음 일정을 정하고 나니 새벽 2시다.

새벽 6시가 되자 강철만은 샤워를 하고 TV를 켰다. 소리를 아주 작게 했지만 호텔 방 안 불빛이 번적거림으로 영호는 잠에서 깼다. 강철만은 미안한 듯 TV 전원을 껐지만 영호도 일어나 샤워를 했다. 한 평 남짓한 호텔 샤워실에는 변기와 욕조가 다 들어가 있다. 샤워기는 물이 나오는 구멍이 작아서 그런지 물줄기가 가늘면서도 피부를 아프게 할 정도로 세차게 나와 영호의 잠을 깨우기에 충분했다.

샤워를 마치고 밖으로 나와 전철역 부근에 있는 라멘집으로 들어갔다. 일본 라멘집 공간은 마치 칸막이가 설치된 도서실같이 공간이 비좁았다. 라멘 위에 작게 자른 단무지를 몇 개를 올려놓고 젓가락과 숟가락만 준다. 별도로 반찬을 더 주지도 않는다. 일본 음식은 소반이라는 작은 쟁반에 1인분씩 담아서 각자 식사를 한다. 우리나라같이 찌개를 만들어 함께 나누어 먹는 식사 방식과는 완전히 달랐다.

강철만은 혼자서 북스르네상스로 가서 이발소 그림이 있는 도록이나 책자를 찾았다. 저녁에 영호가 북스르네상스로 합류하기로 하고 각자 다른 노선의 지하철을 타고 출발했다. 영호는 우에노역으로 갔다. 몇 번 와본 곳이라 어색하지는 않았다. 공원에는 백제의 왕인이 일본에 《논어》와 《천자문》을 전해주었다는 박사 왕인비가 있었다. 우에노공원은 평일 오전 시간임에도 사람들로 붐볐다.

동경국립박물관에는 미술품 전시는 없었지만 불상이나 일본 고서적 등을 전시하고 있었다. 1600년대에 장아찌를 만드는 공정을 그림으로 그린 세밀도가 인상적이었다. 그때 장아찌 만드는 공정이 300년 동안이나 유지되고 있었다. 또한 그 당시 번화가 거리를 당시 관료가 그렸다는 큰 길가 시장 모습은 마치 지금의 항공사진을 보는 것같이 세밀하게 그려졌음에 놀랐다.

1층 출구 쪽에 있는 기념품 가게에서는 일본 서민들의 실용적인 면을 잘 볼 수 있었다. 미술품과 지금까지 전시되었던 작품을 수록한 책자와 그림엽서를 판매하고 있었다. 우선 이발소 그림과 같이 해바라기나 농촌 모습 등을 그린 작품을 중심으로 엽서와 책자를 몇 권 살펴보았다. 이발소 그림과 똑같은 그림은 찾을 수 없었지만 분위기가 비슷한 작품을 수록한 책과 엽서 몇 장을 구입하고 박물관을 나왔다.

명영호는 공원을 빠져나와 강철만이 있는 북스르네상스 서점으로 갔다. 강철만은 어제 아침 식사한 모스버거에서 햄버거 하나 먹고 아침 10시부터 쉬지 않고 책방에서 책을 뒤지고 있었다. 책방 주인에게 눈인사를 하자 그는 강철만을 눈으로 가르치면서 그의 열정에 반했다는 듯이 엄지손가락을 들어 보였다. 영호는 서점 주인에게 오늘 박물관에서 가져온 책자 등을 보여주면서 우리가 찾는 책이 이런 종류의 책이라고 알려주었다. 그러자 그는 강철만과 영호가 찾는 책을 정확하게 알았다는 듯이 반가워했다.

그는 영호에게 츠타야 서점(TSUTAYA BOOKS)을 안내했다. 영호는 몇 년 전 츠타야 서점 창업자인 마스다 무네아키(増田宗昭)가 쓴 《지적 자본론》이라는 책을 읽었다고 했다. 그는 영호가 츠타야 서점에 관심을 보이자 그는 츠타야 서점은 고객의 취향에 맞춰 주제별로 책을 모아 전시하고 있으니 츠타야 서점을 가보라고 했다. 책방 주인은 강철만의 열정에 감동을 받았는지 영호가 찾는 그림 사본을 보고는 시간될 때마다 자신도 알아보겠다고 했다. 영호는 주인에게 명함을 주었다. 일단 내일이 동경에 체류하는 사실상 마지막 날이다. 오늘은 북스르네상스 서점 근무 시간이 끝날 때까지 강철만과 함께 책을 뒤지기로 했다. 말없이 둘이 책방을 압수수색하듯이 뒤졌다. 주인은 영호와 강철만의 열정에 감명을 받았다는 표정이었다.

저녁 9시쯤 되자 서점 주인이 영호에게 다가왔다. 그가 방금 츠타야 서점에 근무하는 친구에게 전화를 했다는 것이다. 롯폰기역 부근에 있는 츠타야 서점에는 중고 서적을 포함하여 미술 작품 서적이 가장 많다고 알려주면서 그 책방 직원 이름을 적어주었다. 너무 고마운 조언이다. 영호는 일단 내일 해야 할 일과 가야 할 곳이 정해졌다는 생각에 홀가분함을 오랜만에 느낄 수 있었다. 명영호와 강철만은 책방 주인에게 감사하다고 인사를 하고 책방을 나왔다. 끝까지 최선을 다할 것을 서로 다짐하면서 호텔로 돌아왔다.

다음 날 아침 일찍 지하철을 타고 롯본기역으로 갔다. 동경 시내는 지상에는 차로 붐비지만 지하통로가 잘 되어 있고 이곳에는 상점이 잘 정비되어 있었다. 오랜만에 카레와 밥으로 아침 식사를 했다. 며칠 동안 햄버거와 라멘으로 식사를 때우면서 강행군을 했더니 눈이 침침했다.

오늘 저녁은 둘이 생맥주라도 한 잔씩 할 예정이다. 롯본기는 마치 서울의 도곡동 타워팰리스와 같이 고층 아파트와 상점이 즐비했다. 그곳 상가 지하 1층에 있는 츠타야 서점을 들어가니 책보다는 음반이나 미술품과 관련 서적이 많이 전시되어 있었다. 북스르네상스 서점 주인이 알려준 직원을 찾았더니 곧 젊은 직원이 다가왔다. 서로 인사를 나누고 그는 우리를 한쪽으로 안내했다. 영호는 그 직원에게 이발소 그림 스케치를 보여주고 와세다대학교 전시된 도록을 찾는다고 말했다. 그는 이미 알고 있다는 듯이 고개를 끄떡이면서 영호를 안내했다. 그가 안내한 곳은 다소 한적한 곳으로 그곳에는 그림 전시와 관련된 도록들로 가득했다. 강철만과 영호는 서로를 쳐다보면서 눈을 의심했다. 자신들이 찾고 있던 도록을 이렇게 많이 모아놓았다니…. 둘은 서로 영역을 정하지도 않고 마치 이 서점에서 일하는 직원처럼 일사분란에게 도록을 찾기 시작했다.

2시간 정도를 찾던 강철만은 "교수님, 찾았습니다! 찾았어요!"라고 큰소리로 영호를 불렀다. 그의 손에는 작은 도록이 손에 쥐어 있었다. 마치 초등학교 교과서 크기의 도록으로 두툼한 종이에 미술품이 컬러사진으로 실려 있었다. 그 사진은 김영근이 출국 전에 그려준 스케치와 똑같은 그림임을 한눈에 알아볼 수 있었다. 그림 하단에는 작가명이 "山田金(朝鮮)", 소유자는 "李玉花"이라고 적혀 있었다. 도록의 제목은 "와세다 90주년 기념 미술품 전시회", 날짜는 1972년 10월 11일부터 12월 10일까지 60일간이었다. 주관은 "와세다대학교 미술사학 모임"으로 되어 있었다.

그토록 찾던 이발소 그림 2점이 와세대대학교에서 전시되었다는 사실을 확인한 것이다. 도록을 영호에게 전달한 강철만의 눈에는 눈물이 글썽거렸다. 직원에게 책값을 지불하고 도록을 가지고 나오는 기분은 이루 말할 수 없었다. 마치 수사 과정에서 결정적인 증거를 찾아 손에 쥔 느낌이었다. 마침내 일화이발소에 있던 그림 2점이 한국에서 와세대대학교로 와서 60일간 전시되었다는 사실을 확인한 셈이다. 이제 남은 일은 이 그림을 누가 어떻게 한국으로 가져갔느냐 하는 점을 파악하는 일만 남았다. 영호와 강철만은 호텔 부근에 와서 작은 선술집 안으로 들어갔다. 회전 초밥 식당에서 초밥, 튀김과 함께 일본 정종을 마셨다.

동경에서의 4일 동안 있으면서 고생한 보람이 있었다. 강철만과 처음으로 회포를 풀었다. 강철만은 마치 사건을 다 해결한 것처럼 그동안 어려웠던 겸험을 영호에게 이야기했다. 그는 술을 좀 많이 마셨는지 10시쯤 호텔에 들어오자마자 씻지도 않고 바로 침대에 누웠다,

영호는 이제부터 시작이라는 생각에 정종을 3잔만 마셨다. 도록을 찾았지만 일본에 왔던 그림이 누가, 언제, 어떻게 한국으로 가져갔는지를 확인해야 현재 그림 소장자를 알 수 있기 때문이다.

그는 호텔에서는 도저히 아무것도 할 수 없다는 생각에 도록과 어제 국립박물관에서 구입했던 책자와 그림엽서를 들고 호텔 부근에 있는 도토루(Doutor) 카페에 갔다. 일본식 프랜차이즈 카페인데 서울에 있는 카페와 비슷했다. 이곳에서 모처럼 느긋하게 커피 한 잔을 마시면서 자료를 분석했다. 일단 도록에 있는 이발소 그림 작가 이름이 '山田金'으로 되어 있는 것은 김수(金峀)의 이름을 풀어서 쓴 것으로 보였다.

11시까지 영업을 한다는 직원의 안내를 받고 자료를 더 집중해서 보았다. 자료를 보던 중 동경국립박물관에서 구입한 그림엽서와 비슷한 그림이 그가 어렵게 찾아낸 도록에 있었다. 도록에는 있는 그림은 햇볕이 있는 밭에서 말들이 풀을 뜯어먹는 평화로운 모습이었다. 이름은 타무라(田村, 여, 28세)로 적혀 있었다. 그녀가 그린 그림과 털보 영감이 그린 이발소 그림이 모두 와세다대학교에서 전시되었던

것이다.

내일 오전에는 타무라 화가를 찾아보기로 했다. 그녀를 만나면 이발소 그림의 소재를 알 수 있을 것 같았다. 10시 50분이 되자 카페 직원들은 큰소리로 인사를 했다. 급하게 자료를 정리하고 호텔로 걸어왔다. 객실 문을 열었더니 정종 냄새가 방 안에 가득 찼고 강철만은 곤하게 잠자고 있었다. 영호는 코를 골면서 잠을 자는 그가 너무 고마웠다.

내일 오전에 국립박물관에서 구입한 엽서에 적힌 전화번호로 전화를 하여 타무라 여사와 접촉할 일을 생각하면서 잠이 들었다.

샷프로

우정을 오랫동안 유지하게 하는 특효약은
바로 상대방을 배려하는 마음이다.
_명탐정S

오늘 저녁 7시 나리타공항에서 한국으로 돌아가는 날이다. 강철만은 어제의 흥분이 아직도 남은 듯 한국에 있는 직원들에게 소식을 전해야 하는 것 아니냐고 했다. 도록은 찾아 이발소 그림이 1972년 10월 초순에 와세다대학교로 온 것은 확인되었지만 그림이 누가, 언제, 어떻게 한국으로 되돌아갔는지 여부는 확인되지 않았다고 설명했다. "여기까지가 딱 절반을 온 거네요. 오늘 도록에 함께 그림을 전시한 여성 화가와 통화를 해보려고 합니다." 그러자 강철만은 어제 자신은 자는 동안 영호가 그런 사실을 다 확인한 것을 알고 놀라면서 미안해했다.

"강프로님, 야구에서 가장 유명한 명언이 뭔지 아세요?"

"예, 잘 모르는데요."

"끝날 때까지 끝난 게 아니다"라는 말이요. 9회 말 2아웃에서도 역전이 가능하다는 야구 특성을 나타내는 말입니다."

"아하, 고스톱 판에서도 다 끝나고 일어나봐야 누가 땄는지 안다는 말과 같은 뜻이군요."

"하하, 그렇습니다." 강철만은 한 수 배웠다는 듯이 영호에게 거수경례를 했다.

일단 영호는 호텔 체크아웃을 하고 도록을 찾도록 도와준 북스르네상스 서점 주인에게 갔다. 고맙다는 말과 함께 화가 타무라 연락처를 알아내서 그녀와 연락을 해달라고 부탁해보기로 했다. 만약 명영호가 타무라 여사와 통화를 한다 해도 그녀가 흔쾌히 알려줄 리가 없고 영호는 일본어도 못하기 때문이다. 10시쯤 영호와 강철만은 여행용 가방을 끌고 북스르네상스 서점에 들어가자 사장은 반기면서도 놀라는 기색이 역력했다. 영호는 출국하기 며칠 전에 일본에서 고마운 분을 만나면 선물하려고 한글 문양을 디자인한 넥타이와 스카프를 2개씩 준비했다. 영호는 그에게 넥타이를 선물로 주었더니 그는 무척 고마워했다. 영호는 "사장님 덕분에 도록을 찾을 수 있었습니다. 감사합니다"라고 말하면서 그에게 도록을 내밀었다. 사장은 마치 귀한 보물을 보듯이 도록을 살펴보더니 이발소 그림 2점이 도록에 있는 것을 금방 알아보았다. 영호는 사장에게 여성 화가 타무라에게 전화를 해달라고 부탁했다. 그는 영호가 내미는 그림엽서에 있는 전화번호로 전화를 하고, 다른 곳으로도 전화를 몇 번 더 하더니 누군가와 한동안 통화했다. 그는 우리 사정을 잘 아는 유일한 일본인이다. 통화가 끝나자 그는 영호에게 설명하기 시작했다. 그녀는 일본에서는 유명한 서양 화가인데 주로 벽화를 많이 그렸고 지금은 북해도 삿포로에 있지만 내일부터 2일간 하코다테에 있을 거라고 했다. 그녀는 도록에 있는 전시회를 기억하고 있었고 당시 한국에서 온 김수가 그린 그림으로 기억하고 있었다. 영호는 그의 말을 듣는 순간 숨이 멈추는 것 같았다.

영호는 서점 주인에게 다시 그녀에게 전화를 해서 내가 그녀가 체류하는 하코다테로 갈 테니 만나줄 수 있는지를 물어봐달라고 부탁했다. 그러자 사장은 다시 누군가와 통화했다. 영호는 종이에 자신의 이름을 한자로 적고 휴대폰 전화번호를 적어서 그에게 내밀었다. 그는 금세 알아차리고 영호의 이름과 전화번호를 그녀에게 알려주었다. 그토록 답답하던 상황이 갑자기 술술 풀리는 듯한 느낌이다.

"이렇게 잘 풀린 것은 며칠 동안 한마디 말도 없이 묵묵히 서점에서 도록을 찾았던 강철만의 열정과 성실함 덕분입니다." 영호가 강철만을 바라보면서 말했다. 강철만의 성실함과 열정이 북스르네상스 서점 주인을 감동시킨 것이다. 사람을 감동시키는 것은 말이 아니라 사람의 눈빛과 마음이라는 생각이 들었다.

북스르네상스 서점 사장은 그녀와 전화를 끊고 나서 그녀가 머무를 하코다테 주소와 전화번호 그리고 그녀가 하코다테에 체류 시간 등을 꼼꼼하게 적어주었다. 영호는 그에게 큰절이라도 하고 싶은 심정이었다. 이젠 그림이 손안에 잡히는 느낌이었다.

하코다테는 북해도 남동쪽에 있는 미항으로 유명한 곳이다. 일단 타무라 여사와 만날 약속을 한 셈이다. "강프로님은 예정내로 오늘 한국으로 돌아가세요. 여기서 필요한 사항을 한국에서 확인해야 할 일이 있을 수 있으니 먼저 한국으로 돌아가세요. 이제부터는 한국과 일본에서 동시에 확인해야 할 일이 생길 수 있거든요."

그러자 강철만은 영호와 떨어진다는 것을 못내 아쉬워하면서도 영호의 말대로 하겠다고 했다. 영호는 오늘 한국행 항공편 예약을 취소하고 북해도행 항공편 예약을 하는 것이 급선무다. 일단 강철만은 나리타공항으로 갔고 영호는 하네다공항으로 향했다. 서로 가는 방향과 전철이 달랐다. 강철만도 혼자 일본 지하철을 타는 데 큰 어려움이 없었다. 서울과 동경 생활은 큰 차이가 없을 정도로 유사하기 때문이다. 영호는 항공권 예약 변경과 북해도행 항공권 구입은 공항 현지에서 해결하기로 했다. 일본어를 못하는 그가 전화로 항공권 예약 변경과 북해도행 항공권을 예약하는 것보다는 공항에서 처리하는 것이 수월할 것 같았기 때문이다. 영호는 하네다공항에서 하룻밤 잘 각오를 하고 있었다. 공항에 도착하여 7시에 출발하는 인천행 항공권은 취소했다. 그리고 하코다테공항으로 가는 항공편을 알아보았으나 내일까지 모두 예약이 끝났다. 다행히도 삿포로에 있는 신치토세공항으로 가는 항공편은 여유가 있었다. 오늘 밤 9시에 출발하는 일본 국내 항공편이 있었다. 삿포르행 항공편을 예약하고 공항 인근에 있는 저렴한 호텔을 알아보았으나 공항 근처 호텔 가격이 너무 비쌌다. 삿포로 호텔은 저렴한 호텔이 많아서 일단 삿포로 시내에 있는 호텔로 예약했다. 그곳에서 하룻밤을 자고 내일 일찍 기차로 하코다테로 가서 타무라 여사를 만날 예정이다. 강철만이 곧 항공기에 탑승한다는 연락을 받고 나니 피곤함이 한꺼번에 몰려왔다. 어렵게 구한 9시 출발 항공편으로 신치토세공항에 도착했다. 공항에서 열차를 타고 삿포로역으로 갔다. 삿포르역에서는 지하 통로를 이용하여 바로 호텔로 갔다. 오늘 밤은 일본에 온 지 거의 1주일 내내 설쳤던 잠을 충분히 자기로 했다.

다음 날 아침 일어나자마자 삿포로기차역으로 갔다. 삿포로 시내는 지하 통로가 잘 되어 있다. 지하 통로는 큰 빌딩과 지하철로 연결되어 편리했다.

삿포로역에서 하코다테로 가는 열차표를 예약했다. 기차로 편도 4시간 정도 걸리는 거리였다. 지정 좌석으로 예약하니 아주 편하게 갈 수 있었다. 차창으로 보이는 산과 바다가 아름다웠다. 하코다테는 북해도의 남동쪽에 있는 항구도시로 하코다테산에서 보는 야경이 일본 3대 야경이라고 할 정도로 아름답다고 한다. 기차 안에서 하코다테에 대한 정보를 검색했다. 하코다테역에 도착하니 오후 4시였다. 역을 나오자마자 택시를 탔다. 북스르네상스 서점 주인이 써준 주소를 기사에게 보여주었더니 알겠다고 하고 15분 후에 목적지에 도착했다. 도착한 곳은 대형 빌딩이었다. 건물 안으로 들어가서 안내원에게 화가인 타무라 여사를 만나러 왔다고 하니 안내를 해주었다. 타무라는 건물 1층에 있는 빌딩 관리소장 사무실에 있었다. 그녀는 70대 후반으로 단아하게 보였다. 그녀가 사는 곳은 일본 중부의 작은 마을인데

이 빌딩에 자신의 그림을 설치하는 일로 내일까지 이곳에 머무는 것이라고 했다. 만약 영호가 오늘 이곳으로 오지 않았다면 그녀를 만난다는 것이 쉽지 않다는 생각이 들었다. 동경에서 이곳으로 바로 온 선택을 잘했다고 생각했다. 타무라 여사는 영어를 잘했다. 그녀는 와세다대학교 서양미술사학과를 졸업했고 털보 영감을 야마다(山田)로 기억하고 있었다. 그녀가 털보 영감을 야마다(山田)로 기억하는 것은 그의 이름 김수(金岫)의 수(岫) 자를 산(山)과 밭(田)으로 되어 있어 그를 그렇게 부르는 것 같았다. 그녀는 털보 영감을 직접 만난 적은 없지만 1972년 와세다 90주년 기념 미술 전시회에 그의 작품을 보고 그의 이름을 기억했다. 그때 전시회는 와세다대학 출신 서양미술사학과 출신들이 준비한 전시회였다고 했다. 미술사학과는 주로 공부하고 실기를 하지는 않았지만 따로 그림을 그리는 모임이 있었다고 했다. 그 모임 선후배들은 아주 끈끈한 전통이 있는 서클로 유명했다. 그녀가 털보 영감을 기억하는 것은 털보 영감은 산(山)과 밭(田)이 있는 그림을 독특하게 아주 잘 그렸다고 했다. 평화로운 농촌 모습과 웅장한 산이 잘 어울러진 그림은 타의 추종을 불허할 정도로 이름이 나 있었다고 했다. 그리고 그는 실용미술인 벽화나 거리에 그리는 그림을 아주 잘 그린 것으로 동문들 사이에는 이름이 나 있었다고 했다. 그런데 그 당시 전시회에는 해바라기 그림과 여인 그림을 보내서 다들 그의 천재성에 다시 한 번 놀랐다는 것이다. 그래서 많은 동문들은 그가 오기를 고대했으나 그가 오지 않아 다들 아쉬워했다는 후문이었다.

그녀의 설명을 들으니 털보 영감이 창신동 가게 유리창이나 벽에 한 가지 색 페인트로 그림을 잘 그렸다는 김영근이 쓴 글이 생각났다. 타무라 여사에게 와세다대학교에서 60일 동안 전시회를 마치고 전시되었던 그림이 어떻게 되었냐고 물었다.

그녀는 와세다 개교기념일인 10월 21일경부터 약 2달간 전시한 그림 가운데 몇 점을 선정하여 그해 12월 초순에 이곳 북해도로 이전 전시가 되었다고 했다. 이곳 북해도는 겨울이면 눈이 많고 추운 날씨라서 밝은 그림을 골라 전시하여 사람들에게 위안을 주려고 전시회를 열었다는 것이다. "당시 삿포로 시내에 있는 홋카이도립 미기시 코타로 미술관에서 약 1달 동안 전시를 했는데 내 그림 1점과 야마다 그림 2점도 함께 전시되었지요." 그녀는 그때 일을 분명하게 기억하고 있었다. 미기시 코타로는 삿포로 출신 서양 화가로 31세에 세상을 떠났다. 그의 작품을 중심으로 전시회가 있었는데 와세다에서 전시되었던 작품 가운데 선정된 몇 점과 같이 전시했다는 것이다. 그의 설명을 들으니 이발소 그림 2점이 동경에서 이곳 북해도까지 왔다는 사실을 알게 되었다. "혹시 삿포로에서 전시가 끝나고 야마다 씨의 그림 2점이 어디로 갔는지 아시나요?"라고 영호가 묻자 그녀는 단호하게 말했다. "그럼요. 당시 전시를 마치고 1973년 1월 중순경 그림을 찾아가야 하는데 야마다가 연락이 되지 않아서 애를 먹었어요. 그러다가 한국에서 그림 소유자의 가족이라는 사람이 왔는데 그에게 그림을 줘도 된다는 의견과 주면 안 된다는 의견이 팽팽하게 맞섰지요."

"아하, 그랬군요. 그래서 어떻게 결론이 났나요?"

"결국 그림 소유자의 수령 대리 증명서를 가지고 와서 그가 그림을 가지고 갔어요."

타무라 여사는 "혹시 그 그림에 문제가 있나요? 야마다는 당시 무슨 일이 있었나요? 그런 그림을 보내고 일본에 꼭 올 줄 알았다고들 많은 사람이 기다렸는데…"라고 걱정 어린 표정으로 말했다. 영호는 당시 이옥화의 대리인이 누구인지만 확인되면 그림을 한국으로 가져간 사람을 확인할 수 있다는 생각에 숨이 목까지 차올랐다.

영호는 잠시 타무라 여사에게 물을 한 잔 권하고는 "여사님, 지금 그때 그림을 대신 가져간 사람이 누구인지를 아는 것이 중요합니다. 그림은 한국에 있어요. 얼마전에 전시가 되기도 했어요. 그런데 문제는 주인이 아닌 다른 사람이 그림을 차지하고 있어서 많은 사람이 볼 수가 없는 현실입니다. 당시 그림을 가져간 사람을 찾으러 제가 한국에서 여기까지 온 것입니다. 누군지 좀 도와주세요. 부탁입니다"라고 말했다. 그러자 그녀는 그제야 영호가 자신을 찾아 온 이유를 이해하는 듯했다.

"그런 그림은 많은 사람이 보아야 할 보물입니다. 네덜란드 화가 빈센트 반 고흐가 물감을 붓으로 찍어서 해바라기 그림을 그렸다면 야마다는 수채화로 해바라기를 그렸는데도 유화보다 더 입체감이 있었어요. 그런 그림은 야마다가 아니면 누구도 흉내 내기 힘든 명작이에요." 그녀는 그림에 대한 설명과 함께 그림을 많은 사람이 보도록 전시되어야 한다고 강조했다. 영호는 그녀에게 미기시 코타로 미술관에 전화하여 야마다의 그림 2점을 가져간 날짜와 대리인이 누구인지 확인을 부탁했다. 1시간 정도 지나자 미술관에서 전화가 왔는지 1973년 1월 15일 치토세 공항에서 김포공항으로 그림을 가져갔고 당시 대리인은 "김정수(金正洙), 1945년 7월 17일 출생"이라고 알려주었다. 그는 당시 그림 소유자였던 사망한 남편의 친동생이고 당시 소유자였던 이옥화의 인감증명서와 위임장을 가지고 왔다고 상세히 알려주었다.

이발소 그림의 가치와 그림을 가져간 사람에 관한 결정적인 단서를 찾은 순간이었다. 영호는 그녀에게 감사하다는 인사를 하고 미리 가져간 한글 문양으로 된 스카프를 선물했다. 그녀는 만약 야마다의 그림을 찾아 서울에서 전시를 하게 된다면 자신에게 꼭 알려달라고 했다. 그러면서 그녀의 집 전화번호와 휴대폰 번호를 영호에게 알려주었다. 영호는 그림을 찾으려면 꼭 필요하다고 하면서 방금 알려준 김정수의 위임장과 인감증명서 등의 사본을 부탁했다. 그녀는 다시 미술관에 전화하여 팩스로 위임장 사본과 인감증명서 사본, 호적등본 사본을 보내줘서 영호에게 전달했다. 김정수는 그림 소유자인 이옥화의 남편인 김일수의 친동생이라고 된 호적등본과 이옥화의 인감증명서를 근거로 그림 2점을 가져간 것이다. 당시 김정수가 제시한 호적등본, 인감증명서, 위임장은 모두 위조된 것이었다.

이제 사건의 실체는 거의 밝혀졌다. 한국에서 김정수만 찾으면 된다. 김정수가 1945년생이나 나이가 78세이다. 제발 그가 살아 있기만 고대한다.

영호는 하코다테역으로 와서 삿포로행 열차표를 끊었다. 거의 막

차였고 4시간 후에는 삿포로역에 도착한다. 홋카이도에서 마지막 밤을 보내고 내일이면 한국으로 간다. 영호는 한국에 있는 강철만에게 전화를 했다. "강프로님, 하코다테에 온 일은 아주 잘되었어요." 명호는 강철만에게 김정수의 인적 사항을 알려주면서 그의 소재를 조용히 알아볼 것을 부탁했다. 일단 보안을 유지하면서 그의 주거지만 확인해두라고 했다.

영호는 내일 저녁이면 서울에 도착할 예정이다. 12시가 다 되어서야 삿포로역에 도착했다. 삿포로역에 내려 휴대폰으로 신치토세공항에서 인천공항으로 가는 항공편을 예약하고 내일 아침 삿포로역에서 신치토세공항으로 가는 열차 시간을 확인했다. 오늘 밤은 호텔에서 정말로 편한 잠을 잘 수 있을 것 같았다.

다음 날 아침 가벼운 마음으로 호텔을 나와 삿포로역으로 걸어갔다. 이른 아침부터 삿포르역으로 가는 사람들로 붐볐다. 삿포로역은 기차역과 전철역이 함께 있고 역에서 백화점 등 건물과 직접 연결되어 있었다. 이른 시간이지만 삿포로역은 사람들로 붐볐다. 역 안에서 백화점으로 통하는 벽면에 스포트라이트로 비추는 그림이 눈에 띄었다. 들판에 백마와 여인들이 한가롭게 초원을 즐기는 그림이었다. 그 그림은 기나긴 추운 겨울 날씨가 계속되는 삿포로 주민들에게 따뜻한 마음을 전해주는 역할을 하는 것 같았다. 순간 1972년 12월부터 1월까지 털보 영감이 그린 이발소 그림도 이곳 사람들에게 많은 위안을 주었다고 생각하니 새삼 그림의 위력을 느낄 수 있었다.

기차 시간이 좀 여유가 있어 그림에 다가서 보니 그림을 그린 화가가 바로 타무라 여사였다. 영호는 그림이 사람들에게 얼마나 큰 영향을 주는지를 새삼 느끼게 되었다. 기차 시간이 되어서 아쉽게 삿포로와 작별을 고하면서 공항으로 갔다.

용서의 조건

용서는 가장 용기 있는 결단이다. 자신의 모든 허물을 다 드러내야만
용서하고, 용서받을 수 있기 때문이다.
_명탐정 S

명영호가 인천공항에 도착하자 직원들이 모두 마중을 나와서 그를
반겨주었다. 함께 동경에 갔던 강철만은 영호를 보자마자 달려와 그
를 껴안았다. "교수님, 정말 대단하십니다. 감사합니다." 그는 영호만
들을 수 있을 정도로 속삭였다.

직원들의 환영을 받으면서 인천공항 4층에 있는 식당가로 갔다. 1
주일 이상 일본에서 달달한 음식을 먹어서 그런지 얼큰한 라면이 생
각났다. 김치와 단무지가 무한 리필이 되는 한국 식당을 만끽하고 싶
었다. 오랜만에 모두 모였으니 소주도 한 잔씩 하고 싶었다. 얼큰한
돼지갈비찜을 시켜놓고 소주잔을 기울였다. 매콤한 음식과 소주 한
잔이 영호의 그동안 긴장을 한순간에 풀어주는 것 같았다. 연거푸 소

주 몇 잔을 마시니 취기가 금세 올랐다. 문영민은 그동안 마음고생을 했는지 영호에게 소주 한 잔을 가득 채워주면서 건배 제의를 부탁했다. 영호는 이번 잔으로 오늘 술은 그만 먹는다는 조건으로 건배 제의를 하겠다고 하자 모두 좋다고 했다. 영호는 소주잔 가득 술을 채웠다. "'대한민국이 최고다.' 선창하면 여러분들은 '최고다. 최고다. 최고다'라고 하면 됩니다." 영호의 즉흥적인 건배사 선창에 모두 큰소리로 응대를 하면서 잔을 들이켰다. 영호는 이런 건배사는 처음으로 했지만 대한민국이 가장 소중하고 살기 좋은 나라임을 새삼 느끼게 되었다.

다음 날 아침에 출근을 하니 직원들이 모두 출근해서 탁자로 모였다. 영호는 모두가 힘을 합쳐서 사건의 실체를 어느 정도 확인하게 된 것임을 강조했다. "톱니바퀴처럼 서로 맞물려야 시계가 작동하듯이 혼자서 내는 성과는 아무리 큰 성과라고 해도 일회성에 불과합니다. 시스템화하지 않으면 지속적으로 성과를 내기 어려운 것입니다."

영호는 성과가 직원 모두 열심히 한 덕분이라고 강조하면서 직원들에게 공로를 돌렸다. 앞으로도 직원 모두가 협력해야 성과를 지속적으로 낼 수 있다고 믿었기 때문이다.

강철만은 영호가 삿포로에서 알려준 김정수(金正洙)에 관해 파악한 사실을 알려주었다. 그는 현재 서울 은평구 응암동에 살고 있었다. 그는 혼자 살면서 폐휴지 등 폐품을 수집하여 판매한 돈으로 어렵게 살고 있는 것 같다고 했다.

강철만은 영호의 지시대로 조용히 그의 소재와 그의 동향을 파악했을 뿐 전혀 접촉은 하지 않았다. "강프로님, 김정수가 폐지를 수거하는 것은 확인했나요?"

"아뇨, 교수님이 은밀하게 소재만 파악해 놓으라고 해서 접촉하지 않았습니다. 다만 그의 집 앞에 폐지를 모아 끌고 다닐 수 있는 작은 손수레가 있는 것으로 보아 아마도 그런 것 같습니다. 오늘이라도 제가 확인해볼 수 있습니다." 1945년생인 김정수는 우리 나이로는 78세다. 만약 그가 폐지 등을 수집해 판다면 그가 거래하는 고물상을 통해 그에 관한 정보를 알아내기로 했다. 위조된 호적등본과 인감증명서를 가지고 있지만 수사기관이 아닌 탐정으로서는 무작정 그를 찾아갈 수가 없다. 그를 설득해서 그가 모든 사실을 순순히 고백하게 해서 그림 2점을 한국으로 가져온 과정을 알아내야만 한다.

강철만이 김정수 집 앞에서 잠복하다가 그를 따라다니겠다고 했다. 영호는 누군가를 미행한다는 일이 어렵다는 것을 너무도 잘 알고 있었다. 상대방이 눈치채지 않게 몇 시간을 계속 미행한다는 것은 어려운 일이다. 특히 김정수와 같이 자신이 큰 범죄를 저지른 일을 마음속에 품고 사는 사람은 더욱 그렇다.

명영호는 강철만과 같이 그를 미행하기로 했다. 강철만은 등산복, 영호는 양복 차림으로 이른 새벽부터 그의 집 부근에서 잠복했다. 김정수가 폐지를 줍는다면 그의 동선은 일정하지 않기 때문에 최소한 몇 시간 동안 그를 따라다녀야 할 것이다. 영호는 강철만과 수시로 카톡으로 소통하면서 교대로 그를 따라붙자고 약속했다. 김정수의 집 앞을 주시하고 있는데 새벽 5시가 되자 한 노인이 나와서 손수레를 만지작거렸다. 나이로 보아 김정수인 것 같았다. 그는 흰 장갑을 끼고 는 손수레를 끌고 어디론가 걸어가고 있다. 20분 정도를 갔을까? 폐 지 등을 거들떠도 보지 않던 그가 잠시 쉬었다가는 본격적으로 폐지 와 빈 깡통 등을 줍기 시작했다. 그는 동네보다는 길가에 있는 슈퍼마 켓이나 상점이 있는 곳을 지나가면서 전날 상점 등에서 내다놓은 종 이박스를 주로 수거했다. 수거한 종이 박스를 납작하게 정리하여 수 레 바닥에 깔고, 그 위에는 마트에서 사용하는 플라스틱 바구니를 올 려놓고 빈병이나 빈 깡통을 주워 담았다. 두세 시간 만에 그의 손수레 는 폐지와 깡통 등으로 한 보따리가 되었다. 수집한 폐지를 차곡차곡 쌓아 가지런히 정리했다. 그가 얼마나 짐을 잘 정리하는지 보통 사람 보다 3배 정도의 많은 양을 손수레에다 싣는 것 같았다. 수집한 폐지 등을 끈으로 단단히 묶고 나자 어디론가 향해서 갔다. 출근 시간이다. 그동안은 주로 강철만이 근접하여 그를 따라붙었고 명호는 거리를 두고 멀찍감치 있었다. 이제는 서로 역할을 바꾸기로 했다. 새벽 시간 대에는 등산복 차림을 한 강철만이 눈에 띄지 않았지만, 출근 시간에 는 신사복을 입은 영호가 눈에 띄지 않기 때문이다. 영호는 수사관 시 절 팀원들에게 늘 미행 등 현장 수사를 할 때에는 한시도 긴장을 늦쳐 서는 안 된다고 강조했다. 작은 방심으로 수사를 실패한 경험이 있었 기 때문이다. 1시간 정도를 간 노인은 허름한 골목길로 들어갔다. 골 목길 부근에 도착하자 폐지를 잔뜩 실은 사람들이 모이기 시작했다. 골목길 안쪽에 철판으로 펜스를 친 고물상이라는 간판이 눈에 띄었 다. 간판보다는 철판에 검정 페인트로 고물상이라고 적혀 있는 것이 더 눈에 띄었다. 그곳에서는 다른 사람과는 눈인사도 하지 않는다. 아마도 서로 상대방을 드러내지 않으려고 하거나 경쟁 관계이기 때문이 아닐까 생각했다. 고물상 안으로 들어간 지 20분쯤이 지났을까? 그는 빈 수레를 끌고 밖으로 나와서 그의 집 방향으로 향했다. 영호는 고물상 주인을 만나보기로 하고 강철만은 김정수가 어디로 가는지 따라붙기로 했다. 잠시 후 영호는 고물상 안으로 들어갔다. 고물상은 분주한 시간이 지나자 한가해졌다. 영호가 컨테이너 박스로 된 고물상 사무실로 들어가자 2명의 남자가 아침 식사를 준비하고 있었다.

"사장님, 안녕하세요?"

아침부터 신사복 차림의 남자가 안으로 불쑥 들어오자 고물상 사장은 놀라는 눈치다.

"아니, 무슨 일로 오셨어요?" 그는 놀라움과 근심 어린 눈치로 영호에게 물었다. 순간 영호는 아침부터 고물상에 찾아오는 사람을 생각했다. 첫 번째는 가족이 부모를 찾아오는 경우와 집 앞에 사용하려고 둔 물품을 누군가 가져와서 팔았을 경우가 생각났다. 영호가 수사관 시절 고물상과 관련한 사건은 거의가 절도한 물품을 고물상에서 판매하여 장물죄로 조사했던 기억이 떠올랐기 때문이었다.

영호는 잠시 생각을 정리한 듯 "사장님 잘못을 따지러 온 곳은 아닙니다. 30분 전에 손수레를 가지고 오신 분 아시죠?"라고 묻자 사장은 약간 긴장을 풀면서 "보셨다시피 오늘 아침에만 손수레를 끌고 오신 분이 한두 분이 아닌데요…"라고 답했다. 영호는 재빠르게 "흰 장갑을 끼고 오신 70대 중반의 할아버지요"라고 말했다.

"아하, 김기사 영감님이요. 아니, 그런데 그분이 뭘 잘못하신 건가요?"

"아닙니다. 사람을 좀 찾고 있어서요." 명영호는 자신의 명함을 사장에게 건넸다. 그제야 사장은 안심이 된다는 듯이 "아하, 탐정이시군요"라고 말하면서 긴장을 풀었다. 영호는 만나는 사람의 심리 상태를 잘 파악했다. 대학원에서 범죄심리로 박사 학위를 받았지만 그보다는 수사 업무를 하다보면 사람의 심리를 잘 파악했다. 수사에서는 결국 사람의 심리 파악이 관건이기 때문이다. 고물상 주인에게는 영호의 신분을 밝히고 그로부터 김정수에 대한 정보를 가능하면 많이 들어야 하기 때문에 신분을 밝힌 것이다. 그는 김정수에 대하여 설명하기 시작했다. "그분은 우리랑 거래한 지 10년이 넘었어요. 그런데 그 누구와도 이야기를 하지 않아요. 이 일을 하는 분 나이가 60세에서 80세인데요. 서로 상대방을 알려고 하지 않지만 시간이 지나면 서로 고향과 나이로 형님 동생하고 가끔씩 소주도 한 잔씩 하면서 어울리게 되지요. 그런데 그분은 아무하고도 어울리지 않고 사시사철 흰 장갑을 꼭 끼고 다니세요. 10년 넘게 우리 가게하고 거래를 했지만 한 번도 문제가 된 적이 없는 아주 모범생이시지요. 제가 언젠가 그분에게 흰 장갑을 끼는 이유를 물었지요. 평생을 이렇게 살았다면서 장갑을 끼지 않으면 아무 일도 못한다고 하시더라고요. 더 궁금해서 흰 장갑을 끼는 진짜 이유를 물어보았더니 그 영감님은 평생을 운전사로 일했다고 하시더군요." 그래서 고물상에서는 그분을 '김기사 영감님'이라고 부른다고 했다.

그의 말을 듣고 보니, 김정수는 털보 영감과 이옥화로부터 이발소 그림을 가져갈 때 왔던 두 남자 가운데 한 명이 흰 상갑을 낀 젊은 운전사일 수 있다는 생각이 번뜩였다. 이게 바로 수사관의 촉이다. 수사관의 촉이란 조각조각으로 흩어진 단서들을 나름의 논리로 짜 맞추어 팩트와 일치시키는 센스다. 한마디로 본질을 꿰뚫어보는 통찰력이다.

고물상 주인으로부터 들을 수 있는 정보는 그가 평생 운전수로 일했다는 사실이 전부였다. "사장님, 사업이 잘되시지요? 땅만 있으면 정말 좋은 사업이시네요. 가져온 고물을 싸게 매입하여 비싸게 팔면 다 돈이 되니까요."

그러자 사장은 "말도 마세요. 예전에는 탐정님 말씀대로 돈 천원이라도 벌려고 일을 시작하는 사람이 많았는데 지금은 60대 초반만 해도 이런 일을 안 하려고 해요. 거의가 70대 넘는 어른들만 이 일을 해요. 지금 60대만 해도 어릴 적에 고생을 하지 않은 사람이 많은 세대잖아요." 고물상 주인에게 감사하다는 인사를 하고 휴대폰을 확인했더니만 강철만으로부터 연락이 와 있었다. 김정수는 고물상을 나와 곧바로 집으로 돌아가 아직까지 집 밖으로 나오지 않고 있다는 것이다. 강철만은 김정수가 수레를 문 앞에 세워두고 집 안으로 들어가는 장면의 사진을 찍어서 영호에게 보냈다.

영호는 고물상을 나오자마자 김정수 집으로 향했다. 영호는 김정수 집 앞에서 강철만을 만나 고물상에서 알게 된 정보를 그에게 알려줬다. 영호는 수사관 시절 늘 팀원들과 수사 과정에서 알게 된 정보를 공유하는 그만의 원칙이었다. 수사 업무 속성상 정보가 누수되어 수사를 망치도 경우가 많지만, 영호는 생각이 달랐다. 영호도 정보 누수를 걱정하는 상사가 영호에게 정보의 일부만 주면서 일을 시키는 경우를 많이 겪었다. 그러면 운신 폭이 좁아져서 능동적으로 일할 수 없고 지시한 일만 제한적으로 하게 되었다. 반면에 부하 직원을 신뢰하고 정보를 모두 공유하는 상사와 일할 때에는 그가 자신을 믿어준다는 신뢰감을 가지고 내용 전반을 알면서 대응할 수 있었다. '정보란 많은 사람이 알게 될수록 정보가 누설되기 싶다. 하지만 꼭 알아야 할 사람에게는 가능한 한 많은 정보를 공유해야 정보 누설이 되지 않는다'라는 그만의 정보 관리 원칙이 있었다. 마치 코끼리 모습을 다 알려줘야 하는데, 코, 귀, 입, 몸통, 다리, 꼬리 하나씩만 알려주면 코끼리의 모습을 정확하게 알기 힘든 것과 일맥상통하는 것이다.

김정수의 집안으로 들어가기로 했다. 일단 슈퍼에서 오렌지 주스 한 박스와 담배 한 갑과 라이터를 구입했다. 문을 두드리니 안에서 인기척이 났다. 김정수는 문틈으로 밖을 보았는지 문을 열어줬다. 둘은 음료수를 그에게 건네면서 인사를 했다. 그러자 그는 음료수를 받고는 잠시 머뭇거렸다. 영호는 "김정수 기사님이시지요?"라고 말했더니 그는 깜짝 놀라면서 "어디서 온 사람이냐?"라고 물으면서 영호를 경계하는 눈치였다.

"영감님, 잠시 안으로 들어가서 말씀드리고 싶습니다." 그는 문을 살짝 열면서 안으로 들어오라고 했다. 방 안에는 이런저런 장식으로 가득 차 있었지만 깔끔하게 정돈되어 있었다. 영호와 강철만에게 방석 위에 올라와 앉으라고 하면서 방석을 내밀었다. 그는 양복을 입은 영호를 깍듯하게 대하면서도 조심스럽게 "회사에서 오셨어요?"라고 물었다. 영호는 순간 그가 일했던 회사를 지칭하는 것으로 알아차렸다. "예, 회장님 건강이 좋지 않아서요."

그러자 그는 걱정스럽다는 표정으로 "회장님 연세가 이제 88세이시니 아프실 때가 되었지요? 저랑 딱 10살 차이거든요"라고 말했다. 영호는 그가 말하는 회장은 이발소 그림을 가져갈 때 왔던 신사복을 입은 남자임을 간파했다. 순간 털보 영감으로부터 그림을 가져갈 때 자가용을 타고 왔던 2명의 남자를 다 확인한 셈이다.

순간 영호는 더 이상 다른 말로 그를 속일 필요가 없음을 알았다. 그에게 명함을 건넸다.

"김정수 선생님, 저는 탐정입니다. 저희가 무슨 일로 여기까지 왔는지 아시지요?"라고 다소 애매한 질문을 던졌다.

노련한 수사관은 질문하는 순서와 타이밍을 잘 안다. 가능하면 오픈형 질문으로 하여 그가 사실을 스스로 이야기하도록 유도하는 것이 고수다. 경험이 적은 수사관은 자신이 알고 있는 정보와 증거를 들이대면서 상대방을 다그치는 경우가 많다. 그러면 그는 입을 닫고 만다. 영호는 수사관 시절 자백을 잘 받기로 유명했다. 그의 비법을 궁금해했지만 정확히 아는 사람은 거의 없다. 이런 비법은 누구와도 공유하지 않았기 때문이다. 솔직히 안한다는 것보다는 못하는 것이 더 정확한 표현일 것이다. 이런 노하우는 아무리 말로 설명한다고 해도 소용없다. 그의 체험을 소화시킬 수 있는 그릇인 '수사관의 촉'이 있어야 하기 때문이다.

그는 영호가 무슨 말을 하는지 도무지 모르겠다는 듯이 "지금 나한테 무슨 말을 하는거요?"라고 하면서 지금까지와는 다르게 목소리 톤을 높였다. 영호도 큰소리로 말했다. "영감님, 회장님이 돌아가시면 모든 것을 영감님이 한 것으로 되요. 평생 그 집에서 기사로 열심히 일한 죄밖에 없는데 호적과 인감 위조죄를 다 뒤집어쓰실 수 있어요?" 그러자 목소리를 높였던 김정수는 영호가 모든 사실을 다 알고 왔다는 사실을 알았는지 "담배 한 대 있어요?"라고 말했다. 옆에 있던 강철만은 담배를 피우지 않아서 약간 난처한 표정을 지었다. 영호는 주머니에게 담배 한 갑을 꺼내더니 김정수에게 담배 한 대를 건내고 라이터로 불까지 붙여주었다. 김정수는 담배를 몇 모금 피우더니 "어떻게 그렇게 오래된 일을 알아냈어요. 저도 늘 그 일만 생각하면 마음이 불편했어요. 회장님이 돌아가시면 어떻게 하나 늘 노심초사했지요"라고 말하면서 담배 두 개피를 연달아 피웠다. "제가 군대 제대한 후 25살부터 60살까지 회장님을 35년을 모셨지요. 저에게는 참 좋은 분인데…. 그때 일 때문에 저는 지금까지 잠을 제대로 못 자고 있어요. 담배도 끊었다가 최근에 가끔 한 대씩 피워요. 그 일 때문에요…."

영호는 김정수에게 "지금이라도 용기 내시면 용서가 돼요. 자신의 잘못을 뉘우치는 용기 있는 사람만이 받을 수 있는 선물이 바로 용서입니다. 털보 영감이나 이발소 가족을 생각해보세요. 그분들이 무슨 죄가 있다고…"라고 말하자 그는 눈물을 흘렸다. "영감님, 독일은 히틀러가 그 많은 유대인을 학살하고 나중에 진심으로 용서를 구하니 세상이 독일을 용서했잖아요. 반면에 일본은 우리나라 등 주변국에 잔혹한 피해를 주고도 진정 어린 사과나 반성을 하지 않으니 용서를 받지 못하고 늘 과거사에서 벗어나지 못하고 있잖아요. 영감님도 이제라도 용서를 구하는 용기를 내세요. 용서에는 시효가 없다고 하잖아요." 영호의 말을 들은 김정수는 갑자기 영호에게 용서를 구하듯이 무릎을 끊더니 큰소리로 흐느꼈다. 영호는 그의 손을 잡아주었다. 영호는 김정수에게 "지금부터 말씀하시는 것은 녹음을 해도 되겠지요? 다 영감님을 위한 겁니다"라고 하자 그는 조금도 망설임 없이 "예, 그렇게 하세요. 이렇게 말하고 나니 속이 다 후련합니다"라고 말했다.

잠시 후 그는 이발소 그림에 관한 이야기를 하기 시작했다. 대부분 바세보 탐정 회사에서 밝혀낸 사실과 거의 일치했다. "털보 영감은 어떻게 그렇게 된 겁니까?" 강철만은 김정수에게 털보 영감의 죽음에 관해 물었다. 영호는 "강프로님, 죽은 사람 가지고 왜 그래요?"라고 말을 끊었다. 그러자 그는 눈치를 채고 더는 말을 하지 않겠다는 제스처를 보였다. 영호는 자백을 받아내는 방법을 안다. 자백을 하는 사람 입장에서 곤란한 질문보다는 말하기 좋은 질문을 먼저 하는 것이 효과적이라는 사실을…. 영호는 이발소 그림을 삿포로에서 한국으로 가져온 과정을 먼저 확인해야 한다고 생각했다. "영감님이 삿포로에서 그림을 한국으로 가져왔지요? 그리고 이옥화의 인감증명서와 호적등본도 준비한 것이고요?" 영호는 '위조'라는 말 대신 '준비'라는 용어를 사용했다. 극도로 긴장하고 있는 용의자로부터 자백을 받을 때 그를 안심시키는 일이 무엇보다 중요함을 영호는 잘 알고 있었다. 죄는 미워해도 죄인은 미워하지 말아야 한다는 격언처럼 수사관과 용의자 간의 인간적인 공감과 소통이 무엇보다 중요하다. 호적등본 '위조'라는 표현 보다는 '준비'라는 말이 상대방을 덜 자극하게 된다.

"제가 삿포로에 간 것은 맞는데요. 제가 간 목적이 그림을 가져오는 것인 줄은 나중에야 알았어요. 그리고 호적등본이나 위임장에 대하여는 저는 전혀 몰라요."

"저는 회장님이 시키는 대로 한 것뿐입니다."

"그때가 언제인지 기억하시나요?"

"그럼요, 제가 태어나서 처음이자 마지막으로 해외에 나간 것이 그때였거든요."

"1973년 1월 유난히 추운 겨울에 회장님이 저한테 해외 출장을 가자고 해서 처음에는 따뜻한 남쪽 나라로 가는 줄 알고 무척 좋았는데, 더 추운 북해도로 간다고 하셔서 깜짝 놀랐어요.

회장님을 모시고 간 북해도는 눈은 많이 오는데 실제 기온은 한국보다 따뜻하더군요. 며칠을 쉬다가 회장님이 삿포로에 있는 미술관으로 저를 데리고 가더니만 '김기사가 김일수의 친동생이고, 이옥화가 형수라고만 하면 된다'고 하셔서 그때 호적등본에 제가 김일수의 친동생으로 되어 있었고 이옥하가 제게 위임장과 그녀의 인감증명서를 준 것으로 되어 있다는 사실을 알게 되었어요." 그의 이야기는 타무라 여사가 말했던 내용과 일치했다.

"그럼 호적등본과 위임장, 인감증명서를 언제, 누구로부터 받으신 건가요?"

"말씀드린 대로 삿포로에 도착해서 회장님이 맛있는 저녁 식사를 사주시면서 '내일은 미술관에 갈 일이 있는데 김기사는 내가 시키는 대로 하면 돼요. 책임은 내가 다 지는 거니까'라고 하시고는 다음 날 아침에 미술관에 가서 뭐라고 말하라고 알려주면서 그날 아침에 회장님이 직접 저에게 호적등본, 인감증명서 등 서류를 주신 겁니다. 전 그날 아침에서야 서류를 처음 보았어요. 그때는 제가 거절하고 말고 할 겨를도 없었어요."

"그때 가져온 그림 2점을 지금은 누구 가지고 있나요?"

"회장님 새 사모님이 그림을 좋아해서 아마도 그분이 가지고 계실 겁니다."

"새 사모님이요?"

"예, 회장님이 사모님을 새로 들이셨어요. 미혼의 미대 출신 화가 이신데 그분이 서양 화가이셨어요. 그 사모님은 자신이 좋아하는 그림을 보면 어떻게든지 그림을 수중에 넣으려고 하셨어요."

"회장님도 그림을 좋아하셨나요?"

"아니요. 회장님은 새 사모님을 만나기 전에는 그림에 전혀 관심이 없으셨고 회사 일에만 전념하셨지요. 그런데 사모님을 만난 후로는 그림에 집착하실 정도로 그림을 사들였어요."

"그럼 이발소 그림도 그 사모님이 사달라고 하신 건가요?"

"예, 사모님이 그 그림을 어찌나 좋아하시던지…. 회장님에게 그림을 사달라고 무척 졸랐지요. 좋은 그림을 사두면 방직 회사하는 것보다 더 큰돈이 된다고 하셨어요. 그래서 회장님이 이발소 그림을 사모님에게 드리려고 그만…. 저는 솔직히 새 사모님을 이해할 수 없었어요."

"그럼 회장님은 그림에 관심이 없었다는 건가요?"

"부부는 닮아간다고 언제부터인가 회장님도 좋은 그림을 사두면 나중에 큰돈이 될 거라고 믿으시고 회사 돈으로 그림을 사 모으기 시작했어요. 그래서 회사가 더 어렵게 되었지요. 그놈의 그림이 다 뭔지…." 그는 더 이상은 말을 하지 않았다.

영호는 그제야 휴대폰 녹음을 끄면서 "이제 녹음은 끝났어요. 그런데 영감님이 모셨다는 회장님이 누구시지요?"라고 물었다. 그러자 김정수는 영호가 자기에게 농담을 한다는 묘한 표정을 지어 보였다. 잠시 후 그는 표정이 굳어지더니 영호와 강철만을 경계하는 눈치다. 옆에서 가만히 있던 강철만이 평소와 같이 힘 있는 목소리로 "영감님, 탐정님이 회장이 누구인지 몰라서 물으시겠어요? 영감님이 진심으로 반성하고 용서를 구하는지 떠보시려는 거지요." 그러자 김정수는 강철만의 말을 이해했다는 듯이 긴장을 풀면서 다시 안심하는 표정이었다.

"예, 가나방적 이용만 회장님이십니다." 그러자 영호는 이미 알면서 물어보았다는 듯이 "영감님 오늘 제게 하신 말씀은 큰 용기를 내신 겁니다. 영감님은 용서를 받으실 자격이 있으세요. 오늘 저희를 만났다는 것은 당분간 이회장님이나 회사에는 말씀하지 마세요. 영감님이 삿포로에 갔던 일처럼 아무 잘못 없이 곤란을 겪을 수도 있으니까요"라고 말했다.

영호는 김정수에게 고맙다고 인사를 하고 나오다가 빼먹은 질문 하나가 있다는 듯이 "참, 털보 영감님 상가에는 갔었나요?"라고 물었다.

"회장님이 제게 털보 영감이 돌아가셨다고 말해서 그때 사망한 사실을 알게 되었지요. 그래서 제가 늘 하던 대로 '회장님 상가에 조화 조치할까요?'라고 물었더니만 회장님이 '김기사는 절대 아는 체도 하지 마요. 알았지?'라며 제게 버럭 화를 내셨지요. 전 늘 하던 대로 말씀드렸는데 회장님이 왜 그렇게 화를 내셨는지 지금까지도 모르겠어요"라고 말하고는 고개를 갸우뚱했다.

김정수에게 인사를 하고 집을 나와 전철역 쪽으로 가면서 강철만에게 물었다. "강프로님, 제가 알려준 생년월일로 김정수의 주소를 어떻게 파악했어요?"

강철만은 옅은 미소를 지으며 "교수님, 부부간에도 비밀이 있듯이 교수님과 저 사이에도 그 노하우는 비밀로 하겠습니다. 누구에게도 말 한 적 없는 비밀인데요. 제 부친이 형사 반장인데 도둑 잡이 명수로 제1회 청룡봉사상을 받으셨지요. 더 이상은 곤란합니다."

"아하, 그렇군요. 앞으로 잘 모시겠습니다. 하하하."

영호는 가나방적에 그림 2점을 되돌려줄 것을 요청했다. 가나방적에서는 취득시효로 그림의 소유권이 현재 그림을 소장하고 있는 가나방적에 있다고 반환을 거부했다. 변호인을 통해 억울하면 법대로 하자는 이야기를 되풀했다. 영호는 더 이상 변호인과 싸울 필요성을 느끼지 못했다. 영호는 가나방적 이용만 회장을 직접 만나보기로 하였으나 그는 누구와도 접촉하지 않겠다고 했다. 양초희가 그녀의 지인을 통해 바세보 탐정 회사의 입장을 명확하게 전달하여 결국 영호가 그를 만나게 되었다.

영호는 이회장과 단둘이 만났다. 그림 2점에 대하여 허심탄회하게 이회장과 이야기를 나눴다. 처음에는 영호의 이야기를 듣지도 않으려 했다. 영호가 그림에 대하여 상세하게 설명하자 그는 크게 놀라면서 영호의 말에 귀를 기울이기 시작했다.

"회장님, 이번이 마지막 기회입니다. 진실과 역사는 시효로 변할 수 없는 일입니다." 이용만은 지긋이 눈을 감고 있을 뿐 미동도 없이 앉아 있었다. 영호는 휴대폰을 꺼내서 음성 녹음 파일을 그에게 들려주었다. "회장님, 이분이 누구인지 아시지요? 이분이 하는 말씀을 잘 들어주세요." 영호는 이회장의 운전기사였던 김정수의 육성 녹음 파일을 그에게 들려주었다.

육성 녹음을 흘러나오자 그는 눈을 뜨고 영호의 손을 덥석 붙잡았다. "명탐정님, 내가 그림을 당장이라도 돌려드리리라! 그만합시다." 그리고 며칠 후에 이용만 회장은 그림 2점을 김영근에게 되돌려주었다. 그림에는 작은 메모가 하나 적혀 있었다.

이 그림이 저와는 인연의 생은 다한 것 같네요. 더 좋은 인연을 찾기를 바랄 뿐입니다.

일화이발소에 걸렸단 그림 2점은 가나방적으로부터 되돌려 받아 김영근에게 돌아갔다. 영호는 그림을 많은 사람들이 볼 수 있도록 하면 좋겠다는 타무라 여사의 뜻을 김영근에게 전했다.

　　얼마 후 영근은 가족회의 결과 그림 2점은 돌아가신 털보 영감과 아버지, 어머니의 소중한 유산이라고 생각하고, 많은 사람들이 볼 수 있게 시립 미술관에 기증하기로 결정했음을 알려왔다.

　　영호는 김영근이 했던 말이 귓전에서 사라지지 않았다.

　　"보물이 무덤에 파묻혀 있으면 돌멩이와 다른 바 없듯이 좋은 그림을 장롱 속에 넣어두면 헌 옷과 다를 바 없다. 그림은 많은 사람이 볼 수 있게 전시될 때에 비로소 작품으로 되살아나는 것이다."

공연이 끝나고 막이 내린 뒤에 관객들이 찬사를 보내면 막이 다시 오른다. 출연자들은 감사의 표시로 무대에 다시 선다. 커튼콜이다. 관객들이 출연자의 실제 모습을 볼 수 있게 된다.

이 사건은 문영민으로부터 시작된 사건이지만 그림에 대한 이해도 전혀 없는 강철만이 사건 해결의 결정적인 역할을 했다. 강철만은 성과형 역량이 뛰어나다. 그는 끈기와 집요함으로 일단 시작하면 끝장을 보는 그런 타입이다. 강철만은 생각보다는 행동이 더 빠르고 다소 직선적이기도 하다. 그가 한 번 시작한 일에 대하여는 지나칠 정도로 집착한다.

영호도 무작정 생소한 일본 동경에 있는 와세다대학교로 출장을 가는데 동행할 팀장을 선정해야 했다. 영호는 주저없이 바로 강철만을 선택했다. 왜냐하면 그는 목표를 달성할 때까지는 중간에 절대 포기하지 않을 거라는 점을 알고 있었기 때문이다. 결국 그가 와세다대학교 부근에 있는 북스르네상스라는 중고서점에서 문 열기를 기다렸다가 문을 닫을 때까지 실제 존재하는지도 불투명한 와세다대학교 미술 전시회 도록을 찾았다. 그가 서점에서 도록을 찾아가는 과정은 눈물겹다. 한마디로 시간이 얼마나 걸리든지 전체를 다 확인하는 방법으로 실행했다.

오죽하면 일본인 서점 주인이 그의 끈기와 열정에 감동을 받아서 그의 일에 관심을 갖게 되었고 결국 그로부터 도움을 받게 되었다.

그는 한순간도 자신이 해야 할 목표를 잊은 적이 없다. 그가 보내온 김정수 인적 사항으로 그의 소재를 확인하고 미행을 통해 소재를 파악한 일은 전문 수사관 못지않다. 명영호가 만약 강철만이 아니고 문영민과 함께 일본 출장을 갔다면 어땠을까? 문영민은 사고형 역량이 뛰어나 판단력이 빠르다. 만약 그와 함께 동경에 갔다면 아마도 문영민은 중도에 포기하자고 영호에게 말했을 것이다. 그로서는 그런 방법으로는 끝이 보이지 않는다고 판단했기 때문이다. 아마도 좋은 머리로 포기해야 할 이유와 근거를 설명했을 것이다.

만약 강철만 대신에 양초희와 함께 일본 출장을 갔다면 어떠했을까? 양초희는 관계형 역량이 뛰어난 유형이다. 그녀는 사람을 쉽게 사귀고 특유의 친화력으로 대인 관계가 좋다. 하지만 일본 동경에서 그녀의 인맥을 통해 뭔가 도움을 얻는다는 것은 사실상 어렵다. 명영호는 업무 성격과 그 업무에 맞는 유형을 정확히 알고 이에 적합한 강철만과 함께 일본에 갔던 것이다.

한편 강철만은 털보 영감의 소재나 탐문을 하겠다고 창신동 일대 경로당과 요양원을 전부 찾아다니면서 탐문을 한 일은 어이없다. 만약 털보 영감이 살았더라면 120살 정도 되었다는 사실을 전혀 인식하지 못했기 때문이다. 생각하지 않고 먼저 행동하는 그만이 범할 수 있는 과오다. 강철만의 그런 추진력을 명영호는 알았다. 그에게 1972년 10월경 변사자와 무연고자 묘역을 중심으로 파악해보라는 말에 결국은 털보 영감의 변사 기록을 찾아냈고 마침내 털보 영감의 본명과 나이를 정확하게 알 수 있게 되었다.

성과형 역량이 뛰어난 강철만은 실질적이고 적극적으로 행동하는 유형이다. 반면에 치밀함을 다소 떨어지는 경향이 있다.

사고형 역량이 뛰어난 문영민은 문제를 신속하게 파악하고 원인을 분석하는 능력은 뛰어나다. 하지만 그는 경험을 그렇게 중요하게 여기지 않는 경향이 있다. 자신이 소개한 사건이 해결될 실마리를 찾지 못하자 스스로 중단하자고 제안한다.

사고형 역량이 뛰어난 사람이 갖는 단점이다. 끝가지 밀어붙이는 추진력은 다소 부족하다. 1번부터 100번까지 파일 가운데 1개의 파일이 문제가 있을 수 있다고 하면 그는 90번 정도까지 문제가 없으면 나머지 10개는 무시하는 경향이 있다. 혹은 샘플로 몇 개만 뽑아서 문제가 있는지 여부를 확인하려고 할 것이다.

반면에 성과형 역량이 강한 강철만은 1번부터 100번까지 다 확인하고 시간이 남으면 다시 한 번 더 확인할 수도 있을 것이다.

관계형 역량이 뛰어난 양초희는 대인 관계를 중시하고 자신의 인적 네트워크를 통해 문제를 해결하는 데 장점이 있다. 이 사건에서는 양초희의 역할이 비교적 크지는 않았다. 하지만 그녀는 동료끼리의 갈등을 적시에 해결하고 상대방을 배려하게 하는 인화에 기여한 바는 크다. 가나방적이 변호사를 통해 취득 시효를 이유로 그림을 돌려주지 않으려고 하자 그녀가 직접 가나방적 이용만 회장에게 연락을 했다. 당시 누구와도 연락을 하지 않겠다던 이용만 회장을 설득해 양초희는 자신의 지인을 통해 명영호와 단둘이 만날 수 있도록 자리를 만들었다.

4장

완전한 유언

#1

갤버스턴

> 인연은 남녀를 사랑으로 인도하지만
> 진정한 사랑은 정직과 인내의 토양에서만 자란다.
> _명탐정 S

2000년 8월 4일 금요일 오전. 미국 텍사스A&M대학교. 2주 전에 이곳에 온 박기수는 한국에서 의과대학을 졸업한 내과 의사다. 한국 의사가 텍사스에 있는 대학교로 연수 온다는 것이 분명 흔한 일은 아니었다. 그는 이 대학교 초청 연구원으로 2년간 방문 비자를 어렵게 받았다. 10여 개 대학교로부터 연수 신청이 모두 거절당했다. 그는 부친의 희망대로 의사가 되었지만 의사라는 직업이 적성에 맞지 않았다. 서울에서 태어나서 성장한 그가 광주에 있는 대학병원에서 매일 똑같은 업무가 반복되는 인턴 생활을 견디는 것은 힘든 일이었다. 그는 광주에 있는 대학병원에서 근무하는 것보다는 서울에서 개인 병원을 운영하고 싶었다. 그러나 부친은 그가 서울에서 개원하려는 것에 대해 결사적으로 반대했다. 아들이 종합병원 내과 과장으로 근무하면서 다른 의사가 고치지 못하는 병을 고치는 명의가 되기를 간절히 원했기 때문이다. 박기수는 부친의 경제적인 도움 없이는 병원 개원은 꿈도 꾸지 못할 정도로 경제적으로 부친에게 의존했다. 인턴 생활을 계속하다가는 미칠 것 같아서 무작정 미국으로 오게 된 것이다.

텍사스A&M대학교는 컬리지스테이션이라는 작은 도시에 있다. 사방이 온통 밭과 들판으로 된 이곳은 조용하고 한적하여 그에게는 너무 답답했다. 이 대학교는 농업기술대학으로 유명한 명문 주립대학교다.

텍사스의 8월 날씨는 낮에는 섭씨 40도 정도까지 올라가지만 습도가 낮아 햇볕만 피하면 그런대로 참을 만했다. 이곳에 온 지 10일쯤 지나 시차 적응이 될 무렵 그는 갤버스턴이라는 섬에 이 학교 철도박물관이 있다는 사실을 안내 책자를 보고 알게 되었다. 갤버스턴은 휴스턴 남동쪽에 위치하고 걸프만에 접한 섬이다. 그는 갤버스턴에 가보기로 마음먹었다. 학기가 시작까지는 10여 일 여유가 있고 학기가 시작된다고 해도 그에게는 큰 의미는 없었다. 그는 이 대학교 교환연구원 자격으로 온 것으로 세미나에 몇 번 참석하면 되기 때문이다. 그는 답답함을 벗어나고 싶어서 승용차를 렌트해서 갤버스턴으로 향했다. 45번 고속도로를 타고 2시간을 가면 휴스턴이고 거기서 남쪽으로 1시간을 더 내려가면 갤버스턴 섬이다. 갤버스턴은 낚시로 유명한 관광지로 해변가에는 나지막한 모텔과 식당이 즐비했다.

멕시코만에서 불어오는 바람결이 너무도 부드럽다. 기수는 이런 촉감을 처음 느꼈다. 바다를 향해 양손을 펼치고 눈을 지그시 감으니 마치 비행을 하는 갈매기같이 공중을 나는 것 같았다. 바닷바람이지만 찬 기운이라고는 전혀 느낄 수 없다. 마치 얇은 비단이 바람에 펄럭거리면서 피부에 살짝 닿는 느낌이었다. 기수는 그 바람을 표현할 말을 생각해내다가 '실바람'이라는 단어를 떠올리다가 이내 포기했다. 그가 세상에 태어나서 처음 느껴보는 바람이기에 걸프만 바람을 표현하려고 하는 것은 어리석은 일 같았다. 갤버스턴 해안에 부는 바람은 해변가에 와보니 알 것 같았다. 고운 모래가 바람의 힘에 떠밀려 이리저리 움직이면서 남긴 흔적이 고스란히 모래 표면에 그대로 그려져 있었다. 이곳 해변가 모래는 한국 바닷가 모래와는 확연하게 달랐다. 모래라기보다는 발바닥에 달라붙는 마른 진흙과 같은 촉감이었다. 이곳은 18세기까지는 해적의 소굴이었고 남북전쟁의 격전지였다. 1907년 허리케인으로 3,000여 명의 사망자를 낸 곳으로 유명했다. 기수는 낚싯대와 생새우를 구입해서 부둣가로 가서 낚시를 했다. 가족끼리 낚시하는 사람들 틈에서 시작한 지 1시간 만에 3마리를 잡았다. 그가 잡은 물고기는 종류는 모르지만 약간 붉은색을 띈 돔하고 비슷했다. 광주에서 의과대학에 다닐 때 유일하고 새로 생긴 취미가 바다낚시였다. 낚시를 하고 있는데 카우보이모자를 쓴 남자 2명이 그에게 다가왔다. 그들은 기수의 옆으로 다가와서 그가 물고기를 잡을 때까지 기다렸다. 기수는 그들이 낚시하는 것을 구경하는 사람으로 알았다. 기수가 물고기 한 마리를 더 잡아 올리자마자 그들은 기수에게 '라이센스'를 제시하라고 했다. 기수는 운전면허증을 제시했다.

그랬더니 다른 면허증을 보여달라는 것이다. 발음이나 억양이 달라서 기수는 그들이 하는 말을 정확하게 알아듣지는 못했다. 다시 학생증을 제시했더니 한 남자가 "피싱 라인센스"라고 또박또박 말했다.

그제야 그들이 요구하는 라이센스가 무엇인지 알아차렸다. 그들은 불법 낚시를 감시하는 경찰관이었다.

기수가 물고기를 직접 잡는 모습을 다 본 그들에게 변명할 말이 떠오르지 않았다. 기수는 난감했다. 그때 젊은 여자 한 명이 그에게 다가와서 그들에게 뭐라고 이야기를 했다. 그녀는 제스처를 해가며 유창한 영어로 그들에서 열심히 설명하는 것 같았다. 잠시 후 그녀는 그들에게 자신의 신분증을 보여주고 서명을 하자 그들은 거수경례를 하고는 되돌아갔다. 선글라스를 낀 젊은 여자는 기수와 반대편에서 낚시를 하고 있었다고 했다. 그녀는 기수에게 다가와서 상냥하게 말했다. "안녕하세요. 이곳에서는 낚시를 하려면 낚시 면허증이 있어야 해요. 낚시 도구 파는 곳이나 월마트에서도 쉽게 구입할 수 있는데 왜 면허 없이 낚시했어요?" 기수는 상냥하게 설명하는 그녀가 무척 고마웠다. "아하, 한국에서 오셨군요. 죄송합니다. 제가 미국에 온 지 열흘밖에 되지 않아서 몰랐어요. 도와주셔서 감사했습니다." 그녀는 선글라스를 벗고는 기수에게 악수를 청했다. 큰 키에 생머리를 길게 늘어뜨리고 옷을 맵시 있게 차려입은 그녀는 미인형이었다. 그녀의 손은 작고 부드러웠다. "제 이름은 박기수입니다. 한국에서 의사하다가 텍사스에 연수 왔습니다."

"저는 김미희라고 해요. 저는 휴스턴대 로스쿨에 다녀요."

"아하, 그렇군요. 그런데 좀 전에 경찰관들에게 뭐라고 하셨기에 그분들이 그냥 되돌아갔나요?"

기수가 묻자 그녀는 "제가 대신 처벌을 받아야 한다고 말했어요"라고 대답하고는 소리 내서 웃었다.

"며칠 전에 한국에서 온 제 남편인데 제게 낚시 면허증이 있으면 부부에게는 면허증이 없어도 되는 줄 알고 남편이 면허증을 사겠다는 것을 제가 사지 말라고 말해서 그에게 면허증이 없다"고 말했다는 것이다. 단속 경찰은 기수와 그녀가 부부라는 말에 그녀의 낚시 면허증 번호를 적고 돌아간 것이다. 그녀의 재치와 웃는 모습이 너무 귀여웠다.

기수는 그녀가 자신을 남편이라고 말한 것에 대하여 불쾌하기는커녕 오히려 고맙게 느껴졌다. 그리고 그녀의 임기응변과 시원시원한 말투에 끌렸다.

"오늘은 제가 일일 남편으로서 저녁을 근사하게 사겠습니다. 장소만 좋은 곳으로 안내하시지요?" 기수도 그녀에게 웃으면서 말했다. 그녀는 기수의 말에 놀라기보다는 기다렸다는 듯이 "좋아요!"라고 말하고 크게 웃었다.

기수는 그녀의 센스와 가지런한 이를 드러내면서 웃는 모습에 그동안 모든 고민을 다 잊게 하였다. 그녀는 기수에게 차를 타고 그녀의 차를 따라오라고 말했다.

"제가 이곳이 초행이고 운전이 서툴러서 미희씨 차를 쫓아가기 어려울 것 같으니 제 차는 이곳에 주차하고 한 차로 가시면 어떨까요?"

기수는 운전이 서툰 게 아니라 그녀와 함께 오래 있고 싶어서 그렇게 말했던 것이다.

기수의 차는 한쪽에 주차해 두고 그녀는 기수를 조수석에 태웠다. 그녀의 차는 2인용 쿠페였다. 차 안은 깨끗했고 방향제 향이 강하고 상쾌했다.

"어디로 갈까요?"

"글쎄요."

"어떤 요리를 좋아하세요?"

"전 뭐든 잘 먹으니 다 좋습니다. 가능하면 미희씨가 그동안 꼭 가보고 싶었지만 비싸서 가지 못했던 식당으로 가세요. 저도 이곳 물정을 알 겸해서요."

그녀는 교통신호를 지키면서도 빠르고 부드럽게 차를 몰았다. 잠시 후 바닷가가 보이는 건물에 도착했다. 3층까지는 식당가이고 그 위층은 호텔로 된 건물로 전체가 흰색이었다. 마치 바닷가에 있는 산호로 된 산과 같았다. 해가 질 무렵이라 그런지 바닷물이 유난히 잔잔했다. 건물 안으로 들어가자 시원하면서 상쾌했다. 그녀는 3층 '카리브'라는 식당으로 갔다.

식당 안은 3면이 진한 검은색 유리로 되어 있었고 실내는 어두웠다. 천정에는 몇 개의 대형 펜이 천천히 돌아가고 테이블마다 등잔불이 놓여 있었다. 미희는 안내하는 여성에게 친절하게 뭐라고 말하고는 팁을 주자 4인이 앉을 수 있는 창가로 안내했다.

원탁을 사이에 두고 2인용 긴 소파가 마주 보고 있고 원탁 한가운데는 생화로 된 꽃바구니와 등잔불이 놓여 있었다. 잠시 후 메뉴판 2개를 가져와 박기수와 김미희에게 주었다. 메뉴판은 그림이나 사진은 없고 깨알같이 작은 글씨로만 쓰여 있어 기수는 전혀 알지 못했다.

"뭐하시겠어요?"

"오늘은 미희씨가 다 정하세요. 전 오늘은 미희씨가 하자는 대로 할 테니까요?"

"방금 그 말씀 기억할게요. 나중에 뭐라고 말하기 없기예요?"

그녀는 약속하자는 의미로 새끼손가락을 구부려 기수에게 내밀었다. 기수는 얼떨결에 새끼손가락을 내밀어 그녀의 새끼손가락과 걸었다.

그녀는 웨이터에게 주문 내용을 유창하게 설명했다. 웨이터는 그녀가 말하는 내용을 다 받아 적듯이 메모를 했다.

들어올 때에는 실내가 어두웠으나 조금 있으니 실내가 갑자기 밝아진 느낌이다. 눈이 환경에 빠르게 적응한다는 것을 새삼 느꼈다. 약간 어둑한 전등불에 비친 그녀는 더욱 아름다웠다. 잠시 후 바닷가재, 소고기 요리와 와인이 한 병 나왔다. 웨이터가 그녀에게 와인 테스팅을 하더니 와인을 한 잔씩 따랐다. 유난히 큰 와인 잔의 바닥 정도만 겨우 채울 정도로 조금씩 따랐다. 와인잔 두께가 얇아서 그런지 살짝만 부딪쳐도 맑은 소리가 났다. 기수와 그녀는 와인을 한 번에 들이켰다. 약간 차가운 와인은 한 모금 마실 양으로 목 안으로 쉽게 넘어갔다. 아주 부드럽게 넘긴 와인은 마치 이온 음료가 온몸으로 빠르게 퍼져 나가는 느낌이었다.

"오늘 정말 감사했습니다. 좋은 곳 구경시켜줘서 고맙고요. 제가 한 잔 따라 드릴게요?" 기수는 와인병을 들어 천천히 와인을 그녀에게 따라주었다. 잔에 3의 1 정도 와인을 따랐다. 그녀는 와인병을 받아들고는 기수에게 아주 천천히 자신에게 따라준 만큼 와인을 따라주었다. 천천히 와인을 따르는 그녀의 모습에는 신중함과 세심함이 느껴졌다.

가볍게 잔을 부딪치고는 와인을 몇 모금 마셨다. 잠시 후 치즈와 샐러드가 나왔다. "의사이신데 어디로 연수를 오셨나요?"

"예, 휴스턴에 있는 MD앤더슨 암센터로 연수 왔어요."

기수는 텍사스 A&M대학교라고 말하기 싫었다. 왜냐하면 오늘 밤은 그녀의 마음을 사로잡고 싶었기 때문이었다.

"오호, 유티오스틴앤더슨 병원이요?"

기수는 약간의 머뭇거림 없이 고개를 끄떡거렸다.

"미희씨는 휴스턴대 로스쿨을 다니고 계신다고요. 곧 미국 변호사가 되시겠네요?"

"예, 지금 2년차인데요. 내년이면 졸업하고 바(Bar) 시험만 보면 돼요."

그녀도 망설임 없이 시원스럽게 대답했다.

둘은 더 이상 상대방에 대하여 궁금한 것은 없다는 듯이 더는 묻지 않았다. 둘은 오늘 처음 만났지만 마치 오랫동안 사귄 연인 사이로 착각될 정도였다. 기수는 고수는 한눈에 고수를 알아본다는 말이 두 사람을 두고 하는 말 같다고 생각했다.

둘은 잔잔하게 울려 퍼지는 재즈 음악을 들으면서 와인을 마셨다. 어느새 와인 1병을 다 비웠다. 기수는 와인을 좋아하지만 이런 와인 맛은 처음 느껴보았다. 처음에는 부드러운 맛이었는데 한 모금씩 마실수록 텁텁함이 약간씩 느껴지는 신비스러운 맛이었다. 기수는 와인병을 들고 상표를 보았지만 처음 보는 와인이었다. 와인병을 들고 상표를 읽으려는 기수를 본 미희는 "닥터 박, 그 와인은 프랑스산 도멘 르로이 리쉬브르 그랑 크뤼이에요. 평생에 한 번 마셔볼까 말까 한 빈티지죠."

박기수는 그녀가 말하는 와인을 이해하지 못했지만 처음에는 부드러운 맛이었다가 차츰 취하게 만드는 매력이 있는 술이라고 생각했다. 기수는 미희가 잠시 화장실에 간 틈에 와인을 한 병을 더 주문하려고 웨이터를 불렀다. 정장을 차려입은 남자 웨이터가 오자 기수는 빈 와인병을 들어 보이면서 "원 모어 플리즈. 세임 와인!"이라고 말했다. 웨이터는 기수의 말을 이해하지 못한 듯 빠르게 뭐라고 말하는데 기수도 그가 하는 말을 알아듣지 못했다. 잠시 후 미희가 자리로 돌아오자 기수는 포도주 빈병을 들어 보이면서 한 병을 더 가져오라고 요구했으나 웨이터가 그 말을 알아듣지 못한다는 취지로 말했다. 잠시 후 미희가 웨이터에게 능숙한 영어로 대화했다.

"이 집에는 이 와인은 없대요. 이 와인이 워낙 귀해서 미리 주문하지 않으면 이 집에는 한 병씩만 갖다 놓는다고 하네요."

기수는 이런 고급 식당에서 와인이 한 병밖에 없다는 말이 이해되지 않았다.

웨이터는 다른 와인 한 병을 서비스로 가져왔다. 새로운 와인을 가져오면서 작고 길쭉하고 두툼한 잔으로 교체했다. 새로 가져온 와인은 포도 맛과 단맛이 느껴지는 한국에서 마시던 와인 맛이었다. 식사를 마치고 기수는 웨이터에게 계산서를 달라고 했다. 머릿속으로는 이 식당에 팁을 얼마를 줘야 하는지 생각했는데 계산서를 받아 든 기수는 깜짝 놀랐다. 식사 값과 세금을 합쳐서 모두 5,500달러였다. 처음에는 550달러를 잘못 표기한 것이라고 생각했다. 웨이터를 부르려다가 상세 내역을 확인하자 처음 마셨던 와인 한 병이 5,000달러였고 식대와 각종 세금이 500달러였다. 한국에서는 원가에 각종 세금이 포함된 총가격으로 가격이 표시되지만, 미국은 물건과 음식 가격을 기재하고 그 가격에 부가세, 소비세, 주세, 관광세 등 각종 세금을 추가하는 식으로 가격을 결정했다. 오늘 저녁이 거의 600만 원짜리였다는 사실에 기수는 놀랐다. 기수는 신용카드를 웨이터에게 주었다. 그가 계산하는 모습을 바라보던 미희는 100달러짜리 지폐 1장을 팁으로 조용히 탁자에 올려놓았다. 계산을 다 마치고 밖으로 나왔다. 걸프만에서 불어오는 따뜻한 바람은 술을 더 취하게 하는 듯했다. 미희는 약간 비틀거리는 기수의 손을 잡고 그녀의 차로 갔다. 그녀의 차 안에서도 바다가 훤히 다 보였다. 미희는 차 안에 들어오자마자 운전은 하지 않겠다는 신호로 차 열쇠를 뒷좌석에 있는 핸드백에 넣었다. 차 창문을 열자 머리 위로는 부드러운 바닷바람이 얼굴에 감겼다.

"오늘은 정말 인상적이었어요. 제 평생 잊을 수 없을 것 같아요. 혹시 아까 저에게 그동안 비싸서 못 가본 식당에서 마음껏 주문하라고 한 말을 후회하시나요?"

미희는 기수를 쳐다보고 약간 가볍게 웃으면서 물었다. 기수는 농담조로 묻는 그녀의 질문이 직선적이면서도 송곳날처럼 날카롭게 느껴졌다. 마치 그녀의 이 질문은 중요한 면접 시험장에서 면접관이 묻는 뜻밖의 질문같이 들렸다.

"후회라니요. 전 오늘 마신 와인을 미희씨에게 한 병 더 사드리고 싶었는데 그 식당에는 한 병밖에 없다고 해서 무척 아쉬웠어요. 다음 기회에 한 병 더 사드릴게요."

기수는 오히려 아쉽다는 듯이 차분하게 대답했다. 오늘 지출은 한 달 정도 쓸 만큼 큰 금액이었지만 그녀와 함께 보낸 오늘은 아무리 돈을 써도 아깝지 않다고 생각했다.

기수의 말이 끝나자 미희는 기수가 앉은 쪽으로 몸을 돌리더니 그에게 키스를 했다. 그냥 입맞춤이 아니라 깊은 키스였다. 한동안 키스하고는 미희가 말했다.

"닥터 박을 오늘 처음 만났지만 당신은 제 테스트를 완벽하게 통과했어요. 정말로요." 그녀는 약간 흥분한 듯 목소리가 떨렸다. 그녀가 정해놓은 시험에 통과했다는 말에 기수는 기분이 좋았다. 둘은 한동안 아무 말 없이 차 안에 있었다.

"우리 자고 가요."

미희는 다시 기수에게 몸을 돌려 키스했다. 기수는 너무 가슴이 뛰었다. 둘은 차에서 나와서 식사한 건물로 다시 들어갔다. 기수는 데스크에서 1인용 침대가 2개 놓인 더블형 룸을 요구했다. 호텔은 객실에서 바다가 바로 보이도록 통유리도 되어 있었다. 둘은 침대를 사이에 두고 걸터앉았다.

"내가 미희씨 테스트를 통과했다고 말했는데 그 시험 문제가 궁금하네요?"

"미국에 와서 한국 사람들을 만나보니 딱 두 가지 유형이더라고요. 돈이 많은 사람은 생활이 방탕하거나 멍청하고요. 똑똑하고 생활이 바른 사람은 가난해요. 그래서 전 다짐을 했어요. 똑똑하면서도 가난하지 않은 남자를 만나야 하겠다고요. 그런데 그 사람이 바로 당신이에요." 그녀는 긴 머리를 뒤로 넘기면서 차분한 목소리도 말했다.

그녀가 나름대로 기준을 가지고 남자를 만나는 실리적이고 지혜로운 여자라는 점이 기수는 더 끌렸다. 마음속에 남아 있던 그녀에 대한 약간이 의구심과 두려움이 한순간에 사라졌다. 그는 미희를 침대에 눕히고 이번에는 기수가 키스를 했다. 그녀도 긴 팔로 기수의 목을 휘감아 그를 꼭 안아주었다.

"미희씨, 오늘 일일 부부가 아니라 평생 부부가 되어주세요?"라고 기수가 말하자 그녀는 더욱 깊게 키스했다. 둘은 오늘 결혼한 신혼부부처럼 첫날밤을 보냈다.

아침에 눈을 뜨니 아침 9시가 조금 넘었다. 기수는 미희를 어제 처음 만났지만 그녀에 대하여 잘 아는 사람처럼 친수하게 느껴졌다. '낯선 환경 때문일까?'라고 생각해보았지만 그는 그녀의 아름다움과 총명함의 매력에 취한 것 같았다.

기수와 동갑내기인 그녀는 대학에서 의류디자인을 전공하고 디자인 회사에 취직했다가 모친의 권유로 미국 변호사가 되기 위해 유학을 왔다는 것이다. 기수는 모처럼 강박감과 스트레스에서 벗어난 것 같았다. 이렇게 마음이 편한 것은 중학교 때 전교 1등 성적표를 받고 온 가족과 함께 피자를 먹은 이후 처음인 것 같았다.

둘은 샤워를 마치고 호텔 밖으로 나왔다. 어제 먹은 와인이 좋아서 그런지 전혀 머리가 아프지 않았다. 미희는 차를 운전하여 기수의 차가 주차된 곳으로 갔다.

"자기야, 오늘은 토요일이지만 오후에 교수님 미팅이 있으니 헤어졌다가 내일 아침에 연락할게요."

미희는 기수를 자기라고 불렀다.

"응, 알았어. 자기야! 나도 정리할 일이 있으니 그렇게 하자."

기수는 어제부터 지금 이 순간까지 모든 일을 머리와 가슴속에 그대로 담아두고 싶었다. 기수 차가 주차된 곳까지 온 미희는 먼저 차에서 내려 재빨리 반대편으로 가더니 기수의 차 문을 열어주었다.

"자, 내리세요. 우리 자기."

미희는 차에서 내리는 기수를 껴안고 가볍게 입맞춤을 하고는 차를 몰고 빠르게 갤버스턴을 빠져나갔다.

기수는 미희가 떠나는 것을 물끄러미 쳐다보면서 손을 흔들었다. 기수는 어제부터 하루 동안 일어난 일을 돌아보면서 문득 하룻밤에 만리장성을 쌓는다는 우스갯소리가 생각났다. 그도 여자 친구를 사귀어봤지만 김미희처럼 똑똑하고 솔직하게 자신을 표현하는 여자는 처음이었다. "우리 자고 가요"라고 먼저 말한 그녀의 용기와 진정성이 대단하게 느껴졌다. 솔직하면서 딱 부러지는 그녀가 너무 좋았고 한편으로는 책임감도 느꼈다. 기수는 내일 오전에 휴스턴대학교 부근 카페에서 그녀를 만나기로 했다. 그는 오늘은 컬리지스테이션에 가기 싫었다. 갔다가 다시 이곳까지 오는 것도 번거롭지만 무엇보다도 휴스턴에 있는 MD앤더슨 암센터를 가보아야 할 것 같았다. 미희한테 자신이 그곳 암센터에서 연수한다고 말했기 때문에 미리 장소 등을 파악해둘 필요가 있었다.

MD앤더슨 암센터는 휴스턴 시내 홀콤브가에 위치하여 차로는 1시간 20분 거리였다. 기수는 차를 몰고 휴스턴 시내로 향했다. 휴스턴 도심은 고층 빌딩이 즐비하고 도로가 잘 정비되어 있었다. 지하는 시원하고 상점도 즐비했지만 토요일 오후 휴스턴 도심은 한가했다. MD앤더슨 암센터를 배경으로 사진을 찍고 부근을 돌아봤다. 흰색 건물로 된 병원은 외부에서 봐서는 특별하지 않은 평범한 종합병원과 크고 작은 건물이 넓게 퍼져 있었다. 이 병원 암센터는 세계에서 가장 유명한 병원으로 명성이 나 있다. 그의 아버지는 기수는 이곳에서 연수해서 선진 의술을 배워오는 게 꿈이었다. 기수가 이곳으로 연수하러 간다고 하니 부친이 쉽게 승낙했다. 기수는 평생 만두 가게를 운영한 아버지가 어떻게 미국에 있는 이 병원을 알았는지 궁금했다.

기수의 부친 박용철은 개성에서 태어나 6·25전쟁 때 서울로 피난 왔다. 피난 도중에 부모와 여동생은 죽고 혼자 살아남았다. 그는 14살 때 남대문시장에서 식당 종업원으로 일했다. 20살이 되면서 그동안 모은 돈으로 남대문시장에서 '개성만두집'라는 가게를 차렸다. 그는 시장 사람들은 양념이 많이 들어간 자극적인 음식에 쉽게 싫증을 느낀다는 점을 간파했다. 재료 맛이 그대로 나면서도 자극적이지 않은 양념을 넣고 크게 만든 개성 만두를 팔았다. 사람들은 그에게는 개성 상인의 피가 흐른다고 말할 정도로 그는 장사에 소질이 있었다. 무엇보다 의지가 강하고 성실하고 손님들의 요구 사항을 빨리 파악하고 채워주는 재치가 있었다. 그는 남대문시장에서 만두 가게 총각으로 유명해졌다. 25살이 되던 해 남대문시장에서 심순애를 만나 결혼했다. 그녀는 박용철보다 2살 적었고 이화여고를 졸업한 문학소녀였다. 그녀의 아버지는 남대문시장에서 의류점을 운영했다. 식성이 유난히 까다롭던 그녀가 개성 만두 맛에 반해서 박용철을 알게 되었고 그녀의 부모도 그와의 교제나 결혼을 반대하지 않아서 순조롭게 결혼했다. 결혼 후 부부가 운영한 개성만두집은 장사가 잘되어 날로 번창했다. 부부는 아들 둘을 낳고 남부럽지 않게 살았다. 기수는 장남으로 부모가 만두 가게를 하는 동안 거의 동생과 둘이서 집을 지켰다. 기수는 늘 부모님 말을 잘 듣는 착하고 공부 잘하는 아들이었다. 고등학교 2학생 때 진로를 바꾼 것을 보면 그가 얼마나 부모에게 복종했는지 알 수 있다.

기수가 고등학교 2학년 때인 1997년 겨울방학 때 큰 변화가 시작됐다. 박용철은 기수가 2학년 2학기 기말고사를 앞두고 문과에게 이과로 바꾸어 의대에 진학할 것을 강하게 밀어붙였다. 기수는 활동적이고 사람 사귀는 것을 좋아하여 장사하는 아버지처럼 경영학과를 목표로 했다. 그는 명문대 경영학과에 무난하게 진학할 것이라고 믿는 촉망받던 학생이었다. 박용철은 남대문시장에서 만두집을 운영하면서 실물경제에 관심이 많았다. 1997년 5월경 기업의 전년도 결산 성과가 좋지 않아 기업마다 외화 부족으로 남대문시장까지 와서 외화를 사 모으는 것을 알았다. 그는 은행 예금을 찾아서 외화 예금으로 돌리고 현금으로 달러를 사 모으기 시작했다. 그의 예상대로 달러 가격이 가파르게 오르기 시작했다. 그해 11월경 정부는 외환 부족을 이유로 국제통화기금(IMF)으로부터 구제 자금을 지원받기로 결정할 수밖에 없는 외환 위기 사태가 발생하였다. 이때 박용철은 주변에서 회사가 한순간에 망하는 것을 봤다. 경영학과에 진학하려는 기수에게 의대로 진학을 강하게 권유한 이유도 그 때문이었다. 경영학과 졸업 후 좋은 회사에 취직해도 회사가 망하면 한순간에 실업자가 되는 것을 많이 봐왔다. 박용철의 주장은 누구도 쉽게 꺾을 수 없었다. 그가 지금까지 선택한 결정은 대부분 옳았기 때문에 누구도 그의 선택에 반박하지 못했다. 한동안 방황하던 기수에게 부친은 의대생을 과외 선생으로 붙여주었고 학력고사가 다가오자 기수도 마음을 잡고 다시 공부를 시작했다. 그렇게 시작한 의대 진학 준비로 그는 지방에 있는 의과대학교에 입학했다. 그도 대학에 진학하면서 IMF 사태의 심각성을 많이 보았다. 은행이 부도 나고 달러는 순식간에 기의 2배 가까이 올랐다. 박용철이 사둔 달러는 치솟고 시중 부동산 가격은 절반 이하로 떨어졌다. 그는 사두었던 달러를 팔아서 그 돈으로 값이 떨어진 부동산을 구입했다. 강남에 있는 오래된 아파트 단지 내에 있는 4층짜리 낡은 상가를 통째로 구입했다. 기수도 의대를 다니면서 부친 말대로 IMF 사태 이후에는 이과는 의대나 약대로, 문과는 법대로의 쏠림 현상이 심화됨을 알 수 있었다. 그는 적성을 떠나 의대 진학을 선택한 것은 잘한 일이라고 생각했다.

기수보다 5살 적은 동생 연수는 엄마를 닮아서 그런지 글 쓰는 것을 좋아했다. 아버지는 동생에게도 법대 진학을 강요했다. 하지만 그는 국문학과에 진학해서 중학교 국어 교사가 되었다. 첫째보다는 둘째는 부모의 관심에서 조금 벗어나지만 그래서 더 자신의 영역을 잘 차지하는 것 같았다. 아버지는 큰아들인 기수에게는 관심을 많이 보였지만 연수에게는 크게 관여하지 않았다. 무엇보다도 그는 엄마를 닮아서 문학에 소질이 있다는 것을 너무도 잘 알고 있기 때문이었다.

기수는 휴스턴에서 하룻밤을 보내기로 했다. 휴스턴 도심에서 약간 벗어나서 존스 스페이스 센터에 가보기로 했다. 휴스턴 시내에서 갤버스턴 방면으로 가는 도중에 위치한 이곳에는 우주선 모형과 각종 기념품을 전시해놓았고 체험도 할 수 있는 곳이었다. 부근에서 숙소를 예약하고 하룻밤을 보냈다. 저녁이 되자 김미희로부터 전화가 왔다. 내일 아침 10시에 휴스턴대학교 정문 앞에서 만나기로 했다. 그녀는 밝고 애교와 센스가 넘치는 편이었다. 미국의 모텔은 거의가 2층 목조건물로 되어 있고 좀 엉성하다는 느낌이다. 기수는 어제오늘 일을 떠올리면서 잠을 청했다.

다음 날 아침 모텔에서 주는 식사를 간단하게 하고는 휴스턴대학교로 갔다. 미국 모텔은 방값에 조식 포함이라고 되어 있으나 실제 아침은 주스, 커피 한 잔에 빵 한두 조각이 전부다. 휴스턴대학교 정문 앞으로 가자 미희가 미리 나와서 기다리고 있었다. 그녀는 기수가 차를 타고 온다는 사실을 알고 먼저 나와 있었다. 그녀는 기수 차를 타고 학교 이곳저곳을 기수에게 안내했다. 휴스턴대학교는 일요일임에도 풋볼 경기가 있어서 그런지 사람들로 붐볐다. 그녀는 기수를 주차장으로 안내했다. 그녀는 차에서 내려 기수와 팔짱을 끼고 학교 구석구석까지 구경시켜 주었다.

"오스틴에도 가끔 가나요?" 기수가 연수한다는 MD앤더슨은 오스틴에 있는 텍사스대학교 병원이기 때문이다.

"응, 가끔. 텍사스A&M에도 가끔 가고요"라고 간단하게 대답했다. 기수는 오스틴에는 한 번도 가보지 못했고 가끔 텍사스A&M에도 가는 것을 염두에 둬서 그렇게 둘러댔다.

"변호사 자격 시험은 언제 볼 예정이야?"

그녀는 내년 하반기에 시험을 볼 예정이라고 대답했다.

기수는 그녀의 가족에 대하여 궁금했다. "미희, 의류디자인을 공부하고 한국에서 직장 생활까지 하다가 미국 변호사 자격을 따라고 여기까지 와서 고생하는 이유가 있어요?"

그녀는 잠시 생각하다가 대답했다.

"어차피 우린 부부니깐 다 사실대로 말할게요."

"엄마는 저를 낳고 아버지와 일찍 이혼하셨어요. 저는 아버지가 누구인지 몰라요. 지금은 알고 싶지도 않지만요. 엄마는 심리학 박사로 교수를 하시다가 지금은 한국주역연구원 원장으로 계세요."

미희는 어릴 적부터 미술을 좋아하고 옷을 맵시 있게 입고 다녀서 의류디자이너가 되고 싶었다고 했다. 그녀는 미대에 진학해서 디자인을 전공했다. 그런데 5년 전에 그녀의 엄마가 미희의 사주팔자를 잘못 파악했다면서 사주에 큰 관이 있으니 공무원이 돼야 한다고 강요했다는 것이다. 그녀의 어머니는 미래를 보는 혜안이 있고 고집이 강해서 그녀는 다니던 회사를 그만두고 고시 공부를 시작했다는 것이다. 미대생이 한자도 모르면서 시작한 고시 공부는 너무 어려웠다. 그럼에도 그녀의 엄마는 다음 해에는 꼭 시험에 합격한다는 예언으로 3년 동안 고시 공부에 매진했음에도 시험에 합격하지 못했다고 했다. 그럼에도 엄마는 포기를 하지 않고 더 집착해서 그녀를 괴롭혔다. 그녀는 미국 변호사 자격을 따오겠다고 엄마와 약속하고 이곳으로 유학을 왔다는 것이다. 엄마는 3년이 되는 내년 말까지만 학비 등을 지원해주는 조건으로 유학을 왔다고 했다. 기수는 그녀의 말을 듣고 보니 어쩌면 그녀가 자신과 똑같은 처지라고 생각했다.

"미희, 어쩜 나랑 똑같은 운명이지? 사실은 나도 이곳으로 온 것은 아버지를 피해서 온 면도 있어." 기수는 그녀의 손을 잡고서 말하면서 가볍게 한숨을 내쉬었다.

"제 부친은 개성 출신으로 사업을 해서 돈을 많이 벌었어요. 그래서 전 병원을 하나 차려달라고 했는데 아버지는 MD앤더슨 암센터에서 2년간 연수하고 와서 종합병원 내과 과장을 거치면 그때는 강남에 큰 병원을 차려준다는 거예요. 그래서 왔어요."

"기수씨 아버지가 정말 멋지시네요. 아버지가 재산이 얼마나 되는데요?"

그녀의 질문에 기수는 망설임 없이 대답했다.

"지금은 한 800억 원 정도 될 겁니다. 앞으로 더 오를 예정이고요."

"오호, 그래요?"

"강남 아파트 단지 내에 있는 상가거든요. 재건축이 곧 시작될 건데 재건축이 되면 가격이 2배 이상은 오를 거라고들 해요."

기수는 상세하게 설명했지만 미희는 놀라면서도 그곳이 어디인지는 묻지 않았다.

점심시간이 다 되었는지 배가 고팠다. 기수는 자기 부친 재산까지 그녀에게 다 말했으니 더는 숨길 것이 없었다.

"우리 점심은 미희씨 집에 가서 라면 하나 끓여먹을까? 미국에 와서 며칠 동안 밍밍한 음식만 먹었더니 김치에다가 라면 한 그릇 먹고 싶네요."

"좋아요. 대신 집이 지저분하다고 흉보지 않는다고 약속하면 제가 라면 끓여줄게요. 나도 처음 미국 와서 매운 음식이 많이 먹고 싶었거든. 그래서 라면 사두었어요. 기수씨 오면 끓여주려고요."

"자기야, 약속할게." 기수는 새끼손가락을 구부려서 그녀에게 내밀었다. 그녀에게는 정말 센스와 멋이 있었다. 기수는 당돌하면서도 솔직하게 자신을 드러내는 그녀가 편하고 좋았다. 지금까지도 그녀와 처음 만난 날 밤에 "우리 자고 가요"라는 그녀의 음성이 귓가에 생생했다. 기수는 그녀가 한 말을 가슴속에 오래 간직하고 싶었다.

기수는 미희가 알려주는 대로 20분 정도 나오니 한적한 마을이 나왔다. 3층짜리 시멘트 건물로 그녀가 살고 있는 스튜디오였다. 차에서 내려 계단으로 한 층을 올라가서 열쇠로 문을 열고 들어갔다. 7~8평 정도 되는 원룸이었다. 방 안 한쪽에는 침대와 책상이 놓여 있고 책장에는 책이 빼곡하게 꽂혀 있었다. 그녀는 기수를 집 안으로 안내하면서 "방이 지저분하다고 뭐라 말하기 없기예요?"라고 그에게 다짐을 받았다. 방에는 미국 패션모델 사진이 벽면에 붙어 있었다. 그녀가 의류디자인에 관심이 많다는 것을 한눈에 알 수 있었다. 잠시 후 라면 2개를 넣고 라면을 끓였다. 방 안에 매운 스프 냄새로 가득찼다. 오랜만에 느껴보는 라면 끓는 냄새는 군침을 돌게 하는 고향 맛이다. 잠시 후 그녀는 냉장고에서 김치를 꺼내더니 계란을 하나 풀어 넣은 후 라면을 대접에 담았다. 김이 모락모락 나는 라면이 든 그릇을 받아든 기수는 나무젓가락으로 라면을 저었다. 둘은 방바닥에 앉아서 뜨거운 라면을 먹기 시작했다. 라면을 먹는 동안은 아무 말도 없었다. 기수는 흐릿해진 안경을 벗고는 땀을 흘리면서 국물까지 다 마시고 나자 얼굴은 온통 땀으로 범벅이 되었다. 그녀는 기수에게 수건을 건넸다. 그녀가 건넨 수건에서는 향기가 났다. 기수는 김미희와 함께 살고 싶어졌다. 라면을 먹은 후 그녀는 냉장고에서 시원한 아이스크림을 꺼냈다. 둘은 침대에 걸터앉아서 아이스크림을 함께 먹기 시작했다. 기수는 미희가 사는 집을 직접 와보니 그녀에 대한 일말의 의구심도 모두 사라졌다. 집안 어디를 보아도 미희가 혼자서 생활한다는 것을 알 수 있었다. 그는 미희를 껴안았다. 그녀도 양팔로 기수의 목을 끌어안았다. 라면 먹은 그릇을 그대로 두고 둘은 침대에 누웠다. "미희씨, 우리 언제 결혼할까?" 갑작스러운 기수의 질문에 미희는 차분하게 대답했다. "우리 엄마가 승낙해야 하는데 엄마가 좀 까다로워서 걱정이에요. 분명히 당신 사주를 봐서 둘이 잘 맞아야 오케이할 거예요."

그녀는 기수의 얼굴을 쳐다보면서 물었다. "당신네 집은 어때요?"

"우리 집에서는 장남인 나에게 빨리 결혼하라고 하는데 우리 아버지도 좀 까다로우셔. '사' 자 며느리여야 한다고 입버릇처럼 말씀하셔서…. 당신은 딱이지 뭐. 그리고 아들을 하나 낳아야 한대요. 옛날 분이라서 그래요."

"그 집 며느리 되기 무척 어렵네요."

"당신은 미국 변호사가 될 테니 합격이지. 아들이야 낳으면 되는 거고. 일단 결혼하면 그 문제야 거론되지 않을 테니까."

기수는 미희를 껴안자 그녀는 더 이상 아무 말도 하지 않았다.

"난 여기서 학교까지 버스로 다녀요. 어제 탄 차는 렌트를 한 거라 차가 없어요. 우리 엄마는 걱정이 많으셔서 학비는 학교 계좌로 직접 송금하고 나한테는 겨우 생활할 만큼만 보내줘요."

어제 갤버스턴에서 그녀가 탔던 빨간색 2인용 스포츠카를 타는 것보다는 버스를 타고 다닌다는 그녀에게 더 신뢰가 갔다.

"차가 필요하면 내가 차 한 대를 살 테니 같이 타자."

기수가 말하자 그녀는 좋아했다. 기수는 조만간 차를 구입하려고 했다. 미국에서 차 없이 생활한다는 것이 어렵고 렌터카를 계속 이용한다는 것도 낭비라고 생각했기 때문이다.

"자기는 집을 어디에 구할 거야?" 김미희가 기수를 빤히 쳐다보면서 물었다.

"당분간은 병원에서 의사들에게 주는 임시 숙소에서 생활하는데 곧 방을 하나 구하려고. 자기야, 어디가 좋을까?" 기수는 미희가 대답하기 전에 말했다.

"자기야, 우리 큰 집으로 이사 가서 같이 살자. 차도 한 대로 운영하려면 그게 좋을 것 같다. 왔다 갔다 하면 시간도 돈도 낭비잖아." 미희는 기수를 껴안고 키스를 했다.

"그럼 이곳은 내가 더 잘 아니깐 새집과 차는 내가 알아볼까요?"

기수는 좋다고 말하면서 그녀를 강하게 껴안고 서로 사랑을 만끽했다.

그는 미국으로 올 때 아버지로부터 받은 돈과 자신이 인턴을 하면서 번 돈과 어릴 적부터 예금한 돈을 모두 가지고 와서 2년 정도 쓸 돈은 충분했다. 그리고 컬리지스테이션은 초청 비자가 유지될 정도로만 가기로 하고 숙소는 휴스턴에서 정하기로 마음먹었다. 한국에서도 그가 휴스턴에 있는 MD앤더슨 암센터 연구원으로 근무하는 것으로 알고 있으니 휴스턴이 적합했다. 한 번도 아버지를 속인 적이 없었던 기수가 며칠 동안 철저하게 미희와 아버지를 속이고 있다는 사실에 자신도 신기했다. 하지만 죄책감보다는 놓치면 안 될 좋은 기회를 잘 잡고 있다는 생각에 혼자 피식 웃었다.

#2

완전한 유언

모든 죽음은 비밀을 남겨둔다.
비밀을 다 알게 되면 눈을 감고 죽을 수 없기 때문이다.
_명탐정 S

이발소 그림 찾기 사건을 마무리하고 첫 출근 일이다. 영호는 직원들에게 약속한 성과급으로 1인당 200만 원씩 준비했다.

"내일부터 1주일간 모두 휴가입니다. 올 초부터 모두 열심히 일한 덕분에 바세보 탐정은 큰 성과를 냈다고 자부합니다. 이것은 적은 금액이지만 그동안 성과급과 휴가비에 보태 쓰셨으면 합니다. 많이 드리지 못해서 미안합니다." 영호는 직원들에게 미리 준비한 봉투를 하나씩 건넸다. 갑자기 봉부에나 1주일 휴가를 받자 모두 당황하는 표정이었다. 봉투를 받은 강철만이 봉투 안을 살피더니, "사장님, 이렇게 많이 주십니까?"라며 놀라는 표정을 지었다. 그러자 문영민과 양초희도 영호가 준 봉투를 살펴보았다. "탐정님! 이건 너무 많아요. 지금까지 한 사건들이 모두 돈도 되지 않는 일만 했는데요. 유미 엄마도 지금은 돈이 없지만 나중에 꼭 신세를 갚겠다고 교수님께 전해달래요." 양초희는 받아든 봉투를 영호에게 되돌려주었다. 문영민도 양초희의 말을 거들었다. "양프로님 말씀에 일리가 있어요. 저희가 공무원이라면 마음이 편한데, 영리를 목적으로 하는 회사인데요. 앞으로는 돈이 좀 되는 사건을 하는 게 중요할 것 같아요. 그래야 저희도 마음이 편할 것 같습니다. 교수님이 개인 돈으로 우리 월급 주시랴, 활동 경비 보전해주시랴, 보너스 주시랴, 이건 아닌 것 같습니다."

"자, 초심으로 돌아갑시다. 지금 프로님들은 흥분하셨는데요. 제가 처음에 말씀드린 대로 늘 초심에서 출발해야 합니다. 프로님들은 방금 저를 '사장님', '탐정님', '교수님'이라고 각자 다르게 부르고 있어요. 이게 바로 초심이 흔들린다는 증거입니다. 제가 처음에 여러분께 말씀드렸듯이 저를 '교수님'이라고 불러주세요. '바세보 탐정'은 '바보처럼 세상이 알아주지 않는 보물을 찾는 회사'라는 운영 방침도 늘 기억해주셨으면 합니다."

"예, 교수님! 잘 알겠습니다. 초심을 늘 간직하겠습니다." 가만히 듣고 있던 강철만이 고개를 그떡으며 말했다.

"일이 우선이고, 일을 하다보면 돈도 들어오는 법입니다. 돈이란 놈이 참 묘해요. 쫓아가면 도망가고 포기하고 기다리면 다가오는 그런 고약한 놈입니다." 모두 영호의 비유에 한바탕 웃으면서 금방 분위기가 밝아졌다.

오후가 되자 직원들은 다 휴가를 떠났다. 아무도 없는 사무실에서 영호는 오랜만에 은행 잔고를 확인해보았다. 연 초에 1억 원으로 시작했는데 잔고는 3,000만원 정도 남았다. 이발소 그림 찾기 사건을 하면서 의뢰인으로부터 일본 출장 경비조로 돈을 받은 것 이외에는 수입이 없었다. 이상한 보이스피싱 사건은 누구도 돈을 줄 만한 형편이 되지 못했음을 잘 알고 있어서 기대하지도 않았다. 직원들이 오늘 영호에게 왜 그런 말을 했는지 그도 잘 알고 있다. 공무원과 교수를 하다가 처음으로 회사를 운영한 영호도 수익에 관한 경영 마인드가 부족한 것이 사실이다. 문득 직원 10여 명을 두고 세무사 사무실을 운영하는 아내가 대단하다는 생각이 들었다. 어쨌든 영호는 휴가 기간에 그동안 업무와 직원들에 대한 역량을 평가해보기로 했다.

한편 직원 3명은 사무실에서 좀 떨어진 카페에 모였다. 양초희의 제안으로 모인 것이다. "프로님, 오늘 전 너무 미안해서 가시방석에 앉아 있는 것 같았어요. 탐정님이 너무 순수해서 뭐라 말은 못했지만 탐정님이 자선 사업가도 아니고 엄연한 사업을 하면서 수익을 챙기지 못하시니 좀 답답해요." 오늘 모임을 제안한 양초희가 영호에 대한 답답함과 미안함을 토로했다. "그래도 우리 탐정님처럼 공정하고 순수한 분하고 일한다는 것은 큰 복입니다. 돈을 너무 따지면 우리가 더 힘들어할 겁니다." 문영민이 말했다.

"탐정님의 순수한 열정이 좋아서 우리가 큰 사건을 잘 해결한 것이지만요. 그래도 회사가 이익이 남아야 일하는 직원들도 일한 보람을 느끼게 되는 겁니다. 보통 회사는 직원이 자신의 3배 정도 수익을 올려야 사장은 본전치기을 한다고 하잖아요. 월급의 3배가 안 되면 경비와 세금 등을 제하면 적자라는 이야기죠." 양초희가 구체적인 수치까지 제시하면서 회사에서 직원을 고용하는 나름의 기준을 설명했다.

"프로님들은 혹시 제가 회사 처음 출근하는 날 질문했던 말 기억하세요? 다른 탐정 회사는 기본급 없이 일한 성과의 몇 퍼센트를 받아가는 구조인데 바세보는 기본급 200만 원에 성과급을 준다기에 세상 물정을 너무 몰라 회사가 오래가지 않을까 봐 걱정된다는 취지로 질문했잖아요." 강철만이 첫 출근한 날 질문했던 말을 상기시켰다.

"내가 나이가 한 살이라도 더 먹었으니 한마디만 더 해도 될까요?" 강철만은 평소 그답지 않게 예의를 갖추고 동료들의 양해를 구하자 문영민과 양초희는 고개를 끄떡였다.

"지금까지 이발소 그림 찾기는 문프로님이, 여고생 실종 사건은 양프로님이 사건을 가져와서 깔끔하게 해결을 했는데 과연 그 사건들을 처리하고 돈을 받은 것이 있었나 한번 냉정하게 생각해봅시다. 우리가 탐정님만 탓할 게 아니라 우리 스스로도 회사의 수익을 위한 경영 마인드를 좀 갖자는 뜻에서 한 말입니다. 섭섭하게는 듣지 마세요." 그 말을 들은 문영민과 양초희는 아무런 대꾸도 하지 않았다.

"강프로님 말씀이 맞아요. 저도 마음 한구석에는 늘 그런 미안한 마음을 갖고 있었어요. 앞으로는 우리가 신경을 써서 착수금, 비용, 성공 보수 등을 챙기도록 합시다." 양초희가 말했다.

"저도 양프로님과 똑같은 심정입니다. 이발소 그림을 찾아주느라 시간과 돈을 많이 투자했는데 의뢰한 후배는 마치 수사기관에서 사건을 잘 처리해준 것처럼 생각해서 저녁이나 한번 사겠다고 하더라고요. 사람이 화장실 가기 전과 다녀온 후가 다르다는 말이 딱 맞아요." 문영민도 강철만의 말에 공감했다.

"그렇게 흔쾌하게 제 말을 받아주시니 감사합니다. 아마도 우리가 탐정업 초기이다 보니 의뢰인들도 탐정 일을 마치 국가가 해주는 것으로 생각하는 것 같아요. 예전에 흥신소 때는 남녀 불륜 사건 등은 불법적인 활동으로 얻은 증거로 이혼 소송에서 활용되어 이익을 챙길 수 있으니 돈을 주는 것을 당연시했는데 탐정은 좀 다른 것 같아요." 강철만이 조리 있게 설명하자 평소와 다른 그의 또 다른 면을 보았다고 말했다.

"앞으로는 어떻게 해야 할 것인지 이게 중요하네요." 문영민이 말했다.

"지금까지는 아무도 회사 운영에 관심이 없었는데 앞으로는 의뢰인과 계약할 때에 계약금, 용역비, 성공 보수 등을 받는 일과 사무실 경비 처리 등을 담당할 사람을 두는 것도 좋을 듯싶네요. 그래서 아무래도 제가 당분간 담당해볼까 합니다." 양초희의 말에 강철만과 문영민은 그녀의 제안에 전적으로 찬성했다.

"자, 그러면 이제 각자 휴가를 떠납시다." 강철만의 제안에 모두 마시던 커피잔을 정리하고 카페를 나섰다.

1주일이 지나자 휴가를 마치고 첫 출근한 직원들은 좀 더 밝아진 표정이다. 강철만은 휴가를 떠나기 전에 동료들과 결정했던 일을 영호에게 설명했다.

"교수님, 휴가는 잘 보내셨지요? 저희는 덕분에 가족과 잘 쉬고 왔습니다. 1주일 전에 저희끼리 커피 한 잔했는데요. 회사에 재무 담당이 필요할 것 같다는데 의견 일치를 보았고요. 꼼꼼한 양초희 팀장이 담당하기로 정했습니다. 교수님, 승낙해주세요?" 그 말을 들은 영호는 나지막하게 웃었다.

"프로님들이 회사가 망할까 봐 걱정하셨군요? 하하, 걱정하지 마세요. 프로님들은 지금처럼 일만 열심히 하시면 됩니다."

양초희가 나섰다. "교수님 제가 일을 하면서 짬을 내서 가계부를 챙기듯이 영수증을 모으고 정리해볼게요?" 영호는 잠시 생각을 하더니 "우리 회사가 아직은 장부를 쓸 정도로 돈 쓰는 일도 없고요. 양프로님도 회계 업무를 보러 바세보에 들어온 게 아니잖아요. 그 기발한 아이디어로 '탐정 일에 집중하세요'라고 말했다. 영호는 직원들이 회사 운영을 걱정해주는 것은 고맙지만 양초희의 제안을 받아들일 수 없었다. 그는 애초에 돈 버는 것보다는 직원들의 역량을 관찰하는 것이 일차 목표였기 때문이다.

"교수님 말씀에 따르겠습니다. 그런데 우리 회사가 외부에서 사무실로 전화를 하거나 팩스로 문서를 보내야 할 때 사무실에 사람이 없어서 참 불편해요. 탐정 업무가 때로는 시간을 다투는데요. 우리보다 의뢰인 입장에서 보면 더 답답해할 수 있어요. 그래서 사무실에서 전화와 문서를 받고 보낼 수 있는 사람을 수습 직원으로 채용하면 어떨까요? 얼마 전에 제 후배와 함께 만난 분인데 남편이 미군인데요. 내년에 미국으로 복귀하는데 탐정 사무소에서 근무하고 싶어 했어요.

보수는 필요 없고 용산에 살고 있으니 적격이지요." 양초희는 영호의 의견에 동의하면서도 대안으로 자신의 후배 친구를 사무실 직원을 고용하는 방안을 제시했다.

강철만과 문영민은 양초희 제안에 찬성했다. "탁견입니다. 교수님과 양프로가 원하는 목표를 동시에 달성할 수 있는 상생 방안입니다. 사무실에 항시 직원이 있다는 것은 마치 집안에 엄마가 있는 것처럼 포근하지요."

그러자 영호도 달리 반대할 이유가 없었다. "그럼 양프로님 말씀대로 해보십시다. 급여는 많이 못 드리고 회계 업무와 사무실에서 전화를 받거나 문서 처리 업무를 하는 것으로 하지요."

"우와, 민주적인 바세보는 늘 이래서 좋아요. 양프로님이 그분에게 얼른 오시라고 해요." 강철만이 서둘렀다.

"자, 휴가도 다녀왔으니 이제 일합시다."

"제가 몇 달 동안 지켜본 사건이 있는데요." 강철만이 사건을 소개했다.

"무슨 사건인지 설명해보세요?" 영호는 반갑게 강철만을 쳐다보았다.

"제 어머니 고향 후배인 이민자라는 아주머니의 시집간 딸 집안 재산 싸움입니다. 이민자의 딸 시아버지가 남대문시장에서 장사를 하면서 구입해 둔 상가가 대박이 났데요. 아들만 둘인데 형제간의 재산 다툼인데요. 큰아들 부부가 아버지 재산을 다 차지하려고 아버지가 죽기 직전에 유언장으로 재판에서 이겼다고 하네요. 그런데 누가 봐

도 그건 큰아들 부부가 유언을 꾸몄다고 보는 사건입니다." 강철만은
사건 대략을 설명했다.

"그럼 사망한 아버지 상가를 놓고 형제 간의 재산 다툼 사건이네
요." 문영민이 사건을 간단하게 정리했다. "건강하던 아버지가 큰아
들 부부와 만나서 유언을 한 다음 날 갑자기 혼수상태에 빠져 식물인
간이 되었다가 끝내 깨어나지 못하고 사망했다는 겁니다. 아버지가
사망하자마자 큰아들 부부는 유언장을 근거로 상속재산을 독차지하
려고 재판을 하여 1심에서 승소했다는 겁니다." 강철만은 좀 더 자세
히 설명했다.

"재판까지 해서 승소했다면 우리가 더 할 일이 있을까요?" 문영민
이 되물었다.

"난 자세히는 모르지만 재판 과정에서 상식적으로 납득이 가지 않
는 점이 한두 가지가 아니라고 하네요. 그러니깐 난리들이지요." 강철
만이 말했다. 영호는 조용히 듣고만 있다가 양초희의 의견을 물었다.

"제가 보기엔 지금까지의 사건과는 달리 재산 다툼 사건으로 한 번
해볼 만하다고 생각합니다." 양초희는 이 사건은 다른 사건들과 달리
많은 돈이 걸린 사건으로 사건을 처리해주면 수고비 등을 받을 수 있
음을 고려한 것 같았다.

"탐정 일은 분실 물건 되찾기, 실종인 찾아주기와 재판 증거를 찾
아주는 것이 대표적인 업무입니다. 이발소 그림을 찾아주는 일과 실
종 여고생을 찾아주는 일을 했으니 이번 일과 같이 재판 증거를 확보
하는 일도 해볼 만하다고 생각합니다. 이 사건을 시작합시다." 영호는

탐정 업무의 범위에 대하여 설명하고 강철만이 소개한 이 사건을 진행하기로 했다.

며칠 후 양초희 후배가 소개한 이은희가 바세보 회사에 출근했다. 그녀는 40대 초반으로 남편은 미군이고 그녀는 용산 미8군 내에 있는 메릴랜드대학교 분교에서 회계학을 전공했다. 남편이 2023년 봄에 미국으로 들어갈 예정이고 자녀는 없었다. 그녀는 내년 초까지 시간을 보람 있게 보내고 싶어서 탐정 사무실 근무를 희망했다는 것이다. 바세보 탐정 사무소에 딱 맞는 사람이다.

"저를 그냥 '실비아 리'라고 불러주세요. 잘 부탁드립니다." 그녀는 미군 부대에 있는 피엑스에서 회계 업무를 해봤다고 했다.

강철만은 그의 모친 고향 후배인 이민자를 만나기로 약속을 했다. 영호는 강철만의 성격이 급하고 강한 면이 있어서 이민자를 면담할 때 양초희도 동행하도록 했다. 양초희는 이민자와의 면담을 앞두고 유언 제도와 재산 상속에 관한 사항을 꼼꼼하게 챙기는 것이 눈에 띄었다. 며칠 후 강철만은 양초희와 함께 이민자를 면담했다.

2021년 12월 7일 박용철은 85세 나이로 사망했다. 그는 부인과 아들 둘을 두고 있었고 서울보건병원에서 사망했다. 사인은 심정지였고 유족으로는 처 심순애(83세), 1남 박기수(51세, 내과 의사), 2남 박연수(46세, 교사)가 있다. 심순애는 이민자의 고향 후배이면서 그녀의 외동딸이 2남인 박연수와 결혼했다. 심순애는 간암 진단을 받아 암 치료를 받았으나 암세포가 뇌까지 전이되는 바람에 몇 년 전부터는 요양 병원에 입원 중이다. 고인은 개성 출신으로 6·25 전쟁 때 서울로 피난 와서 남대문시장에서 만두 가게를 내서 많은 돈을 벌었다. 그는 강남에 있는 대형 상가 전체를 소유하고 있었는데 재건축으로 부동산 가격이 크게 올라 1,200억 원대 재산을 가지고 있었다. 고인은 암 치료 중인 처 심순애의 병을 고치려고 백방으로 노력했다. 전 재산을 다 써서라도 아내의 병을 고치려고 했으나 암세포가 뇌로 전이되는 바람에 심순애는 혼수상태에 빠졌고 아직도 깨어나지 못하고 있었다. 고인은 의사인 큰아들에게 엄마의 암을 고치면 전 재산을 그에게 주겠노라고 말하고 했다. 큰아들은 내과 의사로 암 치료로 유명한 미국 MD앤더슨 암센터로 연수까지 다녀왔는데 개인 병원을 차려달라고 고인을 졸라서 부자 사이가 나빠졌다고 했다. 고인이 사망한 2달 후인 2022년 2월 4일에 장남인 박기수는 고인이 사망하기 직전에 고인의 전 재산을 박기수에게 증여한다는 유언을 근거로 상가 건물 전체를 다 차지했다. 이에 이민자의 사위인 박연수는 법원에 소송을 제기했으나 2022년 8월 12일에 패소했다. 그 이유는 고인이 장남인 박기수에게 전 재산을 모두 그에게 준다고 한 유언은 적법하고 유효했다는 이유였다. 2남은 현재 1심 재판에 불복하여 항소 제기한 상태다. 장남은 그동안 수차례 고인에게 상가를 처분하여 강남에 병원을 차려달라고 졸랐고, 큰 며느리는 미국 변호사라는 것이다. 사위는 중학교 국어 교사이면서 등단한 시인으로 재산에는 욕심이 없어서 부부 사이가 나빠졌다고 했다. 이민자의 딸도 재산 욕심 때문은 아니지만 시아버지가 평소에 한 말과 유언 내용이 너무도 달라서 소송을 하게 되었다는 것이다. 그녀는 이민자의 외동딸로 은행에 근무하다가 현재는 보험회사에 근무하고 있다고 했다. 2심 재판이 곧 시작될 예정이라는 것이다.

강철만과 양초희는 이민자를 만나고 나서 양초희가 면담한 내용을 정리했다.

영호가 출근하자 자연스럽게 회의가 시작되었다. "어제 만난 일은 어땠어요?" 문영민이 묻자 양초희가 상담 내용을 정리한 것을 한 장씩 배포했다. 양초희는 핵심을 잘 정리했지만 이민자는 제3자 입장이어서 그녀는 구체적으로는 잘 모르는 것 같았다. 양초희가 요약한 내용만으로는 사건 내용을 파악할 수 없었다.

"1,200억 원대 상가에 대하여 큰아들에게 전부를 준다는 소송 이외에는 다른 소송은 없었나요?" 영호가 묻자 강철만과 양초희는 아무런 대답을 하지 못했다. "유언에 의해 재산이 특정 상속인에게 증여되는 경우에는 다른 상속인은 자신의 상속분을 주장하는 상속 지분 청구 소송이나 유류분 청구 소송을 동시에 제기하는 것이 상식인데요." 강철만과 양초희는 잘 모른다는 눈치였다.

"어제 면담한 이민자는 재산 다툼 사건의 당사자가 아니므로 둘째 아들 부부를 만나서 그들의 의사를 확인해보는 것이 중요할 것 같네요." 문영민이 말하자 강철만이 버럭 화를 냈다. "그럼 어제 상담한 내용은 아무 소용이 없다는 건가요?" 분위기가 갑자기 싸늘해졌다. 문영민은 사안의 핵심을 꿰뚫어보는 능력은 탁월하다. 하지만 그 내용을 다른 사람에게 표현하는 방식은 너무 직선적이라서 상대방을 자극하는 면이 있었다.

"교수님이 법을 좀 아시니 사무실에서 박연수 부부의 면담을 통해 사안을 확인해보실 필요가 있을 것 같아요. 집안싸움은 조심스럽게 접근할 필요성이 있더라고요." 양초희가 제안했다.

"그럼 내일이라도 박연수 부부에게 우리 사무실로 오라고 하시죠. 2심 재판으로 시간이 촉박한 것 같으니 바로 연락하세요. 프로님들도 내일 일정을 다 비워두세요." 영호는 재판 중인 사건은 당사자를 직접 만나서 사안을 정확하게 파악하는 일이 중요하다고 생각했다.

다음 날 오후 2시에 박연수 부부는 사무실로 왔다. 영호는 상속재산과 관련된 사건 유형과 법령 등을 미리 살펴보았다.

"바쁘신데 오시라고 해서 죄송합니다. 며칠 전 강철만 팀장님이 이민자님을 뵙고 와서 사안의 대략은 파악했지만 보다 구체적으로 내용을 확인할 필요가 있어서 두 분을 이렇게 오시라고 했습니다."

"예, 장모님으로부터 말씀 들었습니다." 박연수가 대답했다.

"1심 재판에서는 패소하셨던데요. 지금 재판 상황은 어떤가요?"

"제가 말씀드리겠습니다."

박연수 옆에 앉아 있던 김영희가 나섰다.

"이 사람은 너무 착해서 소송을 하지 말자는 거예요. 저도 재산에 욕심이 있는 것은 아니지만 형님네가 너무해요. 그리고 건강하시던 아버님이 갑자기 식물인간이 되었고 그 직전에 전 재산을 큰아들에게 다 준다고 유언을 했다는 거예요. 평소 아버님은 큰아들 부부에게는 재산을 절대로 주지 않겠다고 입버릇처럼 말씀하셨거든요. 무엇보다도 지금 어머니도 요양 병원에 누워 계신데 어머니 몫까지 다 가져가려고 해요."

"여보, 형님 부부에 대하여 나쁘게 말하지 말아요. 잘 모르면서 말하면 안 돼요."

박연수가 김영희가 한 말에 불만을 드러냈다.

"당신은 가만히 있어요. 재산을 다 달라는 것도 아니고 법대로 하자는 건데 뭐가 잘못되었어요. 이건 돌아가신 아버님이 원하는 게 아니에요. 당신도 잘 생각해봐요. 무조건 좋은 게 좋은 건 아니잖아요. 재산을 다 형님이 차지하면 어머니는 누가 모실 거 같아요?" 김영희는 한 치도 물러서지 않을 것 같은 태세였다.

"돌아가신 부친이 평소에도 큰아들에게 전 재산을 주겠다는 말씀을 하셨나요?"

"아니요. 아버님이 평소에는 정반대였어요. 아버님은 큰아들한테는 재산을 한 푼도 안 주겠다고 자주 말씀하셨어요. 여보, 그렇지요?"

김영희가 남편인 박연수를 쳐다보자 그는 아무 말 없이 난처한 표정만 지었다.

"아버님은 암 치료를 받는 어머니 병을 고치기 위해서는 전 재산을 다 주겠다고 말씀하셨어요. 아주버니가 어머니 암을 고치라고 2년 동안 미국에 있는 유명한 암병원인 MD앤더슨 암센터에 연수까지 보냈어요. 그런데 아주버니는 연수를 다녀와서는 아버님께 개인 병원을 차려달라고만 하자 아버님과 아주버니 사이가 아주 나빠졌어요."

"할 이야기는 아닌데⋯. 아버님은 아주버니가 MD앤더슨 암센터에서 연수하지 않았다고 믿고 계신 거 같아요. 그래서 아버님이 아주버니 부부를 더 미워하셨어요."

김영희가 참았던 말을 하자 박연수는 버럭 화를 냈다. "여보, 확인되지 않은 사실을 왜 함부로 말하고 그래요?" 순간 사무실 분위기가 썰렁해졌다.

"판결문을 보니 고인이 변호사 등 증인이 참석한 가운데 육성 녹음으로 유언을 하셨더라고요."

"저희도 재판 과정에서 그걸 처음 알게 되었어요." 김영희가 대답했다.

"박연수 님은 둘째 아들인데 당시 고인이 유언하실 때는 그 자리에 안 계셨나요?"

"예, 저는 당시 집사람하고 같이 어머니가 계신 요양 병원에 갔어요."

박연수가 대답하자 김영희가 끼어들었다. "아버님이 돌아가시기 며칠 전 형님 부부가 어머니 병원을 다녀와서는 우리 부부에게 어머니가 둘째 아들과 며느리를 보고 싶어 한다면서 꼭 병원에 가보라고 하고는 형님네가 그날 아버님 유언을 받은 거예요."

"여보, 잘 알지도 못하면서 형님 부부에 대하여 함부로 말하지 말아요."

박연수가 김영희의 말에 불편한 듯 꺼어들었다.

"그날이 언제인지 아시나요?"

"그럼요. 아버님이 유언을 하셨다는 2021년 11월 5일 금요일이었어요. 그리고 딱 40일 만인 2021년 12월 7일에 아버님이 돌아가셨어요."

"상속재산 항소심 재판에 관하여 두 분의 합의가 필요할 것 같네요. 저희는 두 분이 소송을 하시겠다고 하면 그때 소송 증거를 찾아주는 일은 할 수 있지만 부부 상담을 하는 회사는 아닙니다. 두 분이 소송을 할 것인지 여부를 논의해보시고 소송을 하시겠다고 결정하면 그때 다시 뵙는 것으로 하겠습니다."

영호는 수사나 탐정 일이 가정의 안방까지 들어가서는 안 된다는 소신을 갖고 있었다. 영호는 상담을 중단하고 박연수 부부에게 명함을 건네주고는 상담을 마쳤다. 그로부터 2일 후에 박연수가 영호에게 직접 전화를 걸어왔다.

"명탐정님, 며칠 전 집사람하고 같이 방문했던 박연수입니다. 잠시 찾아뵐 수 있을까요?"

"예, 언제든지 오세요. 기다리겠습니다."

"오늘 6시쯤 찾아뵐 수 있을까요? 오늘은 저 혼자서 찾아뵙겠습니다."

"예, 그러시죠. 그럼 6시에 박선생님하고 둘이 뵙지요."

"예, 감사합니다. 이따가 찾아뵙겠습니다."

6시가 되자 박연수가 박카스 한 박스를 들고 사무실로 들어왔다.

영호는 그를 맞이했다.

"그냥 오시지 뭘 이런 걸 사오세요?"

영호는 박연수가 손에 들고 온 박카스 박스를 받았다.

"저를 뵙자고 한 이유가 무엇인가요?"

"예, 처음에는 집사람이 돈 욕심을 낸다고 생각했는데요. 지금 거의 혼수상태로 누워 계신 어머니와 무엇보다도 평생을 어머니 병을 고치시려고 애를 쓴 아버지의 뜻대로 하는 것이 자식 된 도리인 것 같아서요."

"그렇게 생각하신 특별한 계기가 있으신가요?"

"며칠 전 탐정님을 뵙고 다음 날인가 1심 변호사를 만났는데요. 그 변호사가 하는 말이 심급별로 변호사를 선임을 하는데 자신은 1심까지만 하고 2심은 맡지 않겠다고 하더라고요."

"아하, 그래요? 보통은 1심을 담당했던 변호사가 2심도 맡는 것이 관례인데요. 왜냐하면 1심 재판 준비 과정과 판결 내용을 1심 변호사가 가장 잘 아니까요. 그 변호사는 2심을 맡지 않겠다는 이유가 무엇인가요?"

"그 변호사님은 제 제자의 아버지인데요. 그분이 뭐라고 말씀은 하지 않는데 자신이 더 이상은 안 맡는 것이 도리인 것 같다고만 하네요. 그렇게만 말하고 구체적인 이유는 말하지 않아요."

"혹시 1심 판결문이나 재판에 냈던 서류가 있나요?"

"예, 오늘 제가 다 가지고 왔습니다. 여기 있습니다."

그는 천으로 된 보조 가방을 영호에게 내밀면서 말했다.

"1심 변호사님이 왜 사건을 못 맡겠다고 하는지 그 이유가 진짜로 궁금해요. 그가 말한 이 사건을 더 맡는 게 도리가 아닌 것 같다는 말이 자꾸 신경이 쓰여서요."

"그럼 일단 서류를 제게 주고 가시면 제가 한번 검토해볼게요."

"탐정님, 아직은 장모님이나 집사람은 모르고 있으나 당분간만 비밀로 해주세요. 검토해보시고 탐정님의 처분대로 따르겠습니다."

"그렇게 말씀하시니 부담스럽네요."

"며칠 전 저희 부부가 탐정님과 상담할 때 탐정님은 정직한 분이라는 느낌을 받았어요. 먼저 저희 부부에게 재판을 할 것인지 여부를 결정하고 오라는 말씀이 저를 깨우쳐주셨어요. 보통은 집사람 편을 들면서 무조건 계약서부터 쓰자고 하시거든요."

"별말씀을요. 그럼 주신 서류를 검토해보고 바로 연락드릴게요."

영호는 박연수가 전해준 재판 서류를 받고 그와 헤어졌다. 영호는 박연수가 놓고 간 서류를 살펴보았다. 그런데 판결문이나 재판 서류를 보니 몇 가지 이상한 점이 발견되었다. 그는 대학 후배인 임택성 변호사에게 전화했다.

"임변호사, 잘 지내요?"

"예, 전 잘 지냅니다. 형님은요?"

"나 올 초에 교수 그만두고 탐정 회사 차렸어요."

"이하, 그러세요? 몰랐네요. 형님은 늘 빠르세요. 대단하십니다."

"그런데 어쩐 일로요?"

"임변호사, 지금 시간 좀 내줄 수 있어? 급히 상의할 일이 생겨서…."

"저도 오늘 소장 쓰느라 사무실에 늦게까지 있어야 하는데요. 형님이 제 사무실로 오시면 언제든 시간 낼 수 있어요."

"오케이, 그럼 내가 1시간 내로 갈게요."

"예, 오세요."

영호는 박연수로부터 받은 서류와 양초희가 정리한 글을 가지고 임변호사 사무실로 갔다. 서울중앙지방법원 부근으로 택시로 15분 정도 거리였다.

변호사 8명이 개별적으로 사건을 수임, 처리하는 작은 로펌이다. 변호사 사무실에 가면 늘 잔뜩 쌓아놓은 서류 뭉치에서 퀴퀴한 냄새가 난다. 마치 대학 도서관의 오래된 책에서 나는 그런 냄새다.

"선배님, 어서 오세요."

"저녁 식사 안 했지? 나랑 저녁 식사 같이할까?"

"전 늦게 점심을 먹어서 아직은 밥 생각이 없네요."

"임변호사. 그럼 이것 좀 읽어봐요. 이상한 점이 있는지 체크해줘요."

영호는 박연수로부터 받은 서류를 그에게 전해주었다.

"난 밖에 나가서 간단하게 저녁을 먹고 올 테니 읽어봐요. 아주 재미있는 사건이야."

영호는 일부러 사무실을 나왔다. 임변호사가 차분하게 사건을 파악할 시간을 주는 것이 중요하다고 생각했기 때문이다. 영호는 간단하게 식사를 하고 임변호사 사무실로 갔다.

"선배님, 이 사건 좀 이상한데요. 원고 측 변호사가 실력이 아주 없거나 아니면 피고 측 눈치를 많이 본 것 같아요. 1심 변호사가 판사 출신이니 실력은 없다고는 할 수 없는데요. 그래서 좀 이상해요."

"그래요. 그렇게 생각한 이유가 있어?"

"이 사건은 아주 간단해요. 고인 박용철이 전 재산을 큰아들인 박기수에게 증여한다고 유언을 하고 그 유언에 따라 박용철 소유 부동산을 박기수 앞으로 소유권이전등기를 한 거예요. 그런데 상속인은 처 심순애, 1남 박기수, 2남 박연수, 이렇게 3명인데요. 법정상속분은 심순애가 1.5이고 박기수와 박연수는 각각 1이에요. 그런데 박용철이 전 재산을 유증으로 큰아들인 박기수에게 전부 준다고 해도요. 처 심순애와 2남 박연수는 법적으로 유류분 청구 소송을 할 수 있거든요. 피상속인 망자가 아무리 유언으로 자신의 재산을 특정한 상속인에게 준 경우에도 나머지 상속인은 일정 부분을 받을 권리가 바로 유류분 청구거든요. 유류분은 상속분의 절반까지 가능하니깐 심순애는 14분의 3, 박연수는 14분의 2까지 유류분을 청구할 권리가 있거든요. 그런데 그런 청구도 하지 않고 그냥 망자의 유언이 잘못되었다고 소유권 이전 등기 말소 청구만 했다가 유언이 법에 정한 대로 합당하다고 원고 패소당한 거예요. 보통은 장남 명의로 된 부동산에 대하여 처분 금지 가처분 신청과 유류분 청구 소송 등을 동시에 제기하거든요."

"아하, 들고 보니 그러네요."

"더 이상한 것은 원고들이 고인의 유언에 문제가 있다는 주장을 했는데도 증인신청을 전혀 하지 않은 것도 이상해요. 아시다시피 민사재판은 형사재판과 달리 당사자가 주상하는 섯만 심리를 하잖아요. 이건 재판을 거의 포기했다고 봐도 돼요." 임택성 변호사는 약간 흥분한 목소리로 말했다.

"사실은 원고인 둘째 아들 부부가 우리 회사 의뢰인인데 1심을 맡았던 변호사가 2심 재판은 못 맡겠다고 하는데 뭔가 말 못할 사정이 있는 것 같다고 해요. 그래서 내가 임변호사님을 찾아온 거지."

영호는 임택성 변호사를 신뢰한다. 그는 대학 후배지만 그를 더 좋아하는 이유는 그는 의뢰인을 위해 성실하게 최선을 다하는 변호사라는 것을 누구보다 잘 알기 때문이다. 평생 골프채 한 번 잡아보지 않았고 그의 부모님 병 수발을 혼자 다하는 것을 보고 영호는 그를 더 좋아했다.

"원고인 둘째 아들은 중학교 국어 교사인데 1심 변호사가 그의 제자의 아버지라 믿고 맡겼다는데 1심 재판에 소홀하고 2심 재판을 맡지 못하는 이유가 뭘까?"

"형님, 제가 그거야 정확히는 모르지만 무슨 이유가 있겠지요? 피고 측이 대형 로펌을 선임했네요. 가만 있어보자. 아하, 피고 측 김창수 변호사는 아주 거물급이네요. 대형 로펌 파트너 변호사로 법원 수석부장판사 출신이네요. 원고 측 변호사와는 고교와 대학교 선후배 사이고요." 임변호사는 법조인명부를 뒤적거리더니 원고 측 1심 변호인이 2심을 맡지 않은 이유를 나름대로 분석했다.

"선배님, 제 분석이 100퍼센트 정확하다고는 할 수 없지만 그렇지 않고는 달리 설명이 안 되네요."

"알았어. 나도 참고만 할게. 그런데 돈을 받고 의뢰인을 위해 법률 대리행위를 하는 변호사가 그럴 수 있나?"

임변호사는 바로 대답하지 않고 신중하게 말했다.

"솔직히 그러면 안 되는데요. 변호사 업계에도 별 사람이 다 있어 요. 그래도 그 변호사는 2심은 맡지 않겠다고 스스로 사임한 것은 일 말의 양심이 있는 거예요." 영호는 임변호사가 하는 말의 뜻을 이해할 수 있었다. 임변호사 사무실을 나온 영호는 바세보 사무실로 되돌아 왔다.

바늘구멍

간절히 갈구하면 바람이 진실을 알려주고
꿈에서도 진실을 듣게 된다.
_명탐정 S

사무실로 오자마자 영호는 지금까지 일을 정리하기 시작했다.

수사관 시절부터 사건 내용을 A4 용지 한 장에 요약하는 습관이 있었다. 아무리 복잡한 사건이더라도 한 장에 요약할 수 있어야 사건을 제대로 파악하고 있다고 믿었다. 그만의 방식이었다. 한 장으로 요약하기 위해서는 몇 번을 지우고 고치고 했다. 밤 11시가 지났다. 그는 오늘 그를 찾아왔던 박연수에게 전화했다.

"늦은 시간에 죄송합니다만 내일이 토요일 오전에 제 사무실로 나오실 수 있으세요?"

"괜찮습니다. 내일 찾아뵙겠습니다. 몇 시쯤 찾아뵐까요?"

"아침 9시 이후에는 언제든 좋아요."

"그럼 10시까지 찾아뵙겠습니다."

영호는 연수와 통화를 마치고 집으로 돌아갔다.

토요일이지만 영호는 아침 8시에 사무실에 나왔다. 10시에 있을 박기수와의 미팅 준비를 위해서다.

"어서 오세요. 토요일인데 이렇게 사무실에 나오시라고 해서 죄송합니다."

"아닙니다. 저희 일 때문에 고생하시는 탐정님께 죄송하고 고맙지요."

영호는 어제 그를 만난 이후에 임변호사를 만난 일을 그에게 설명했다. 영호의 설명을 들은 그는 그제야 1심 변호사가 2심을 맡지 않으려는 이유를 이해하는 것 같았다.

"시간이 그리 많지는 않아요. 항소심이 곧 시작할 겁니다. 박선생님 마음의 결정이 되셨나요?"

"예, 어제 말씀드린 대로 돌아가신 아버지와 요양 병원에 계신 어머니를 위해서라도 진실 싸움을 끝까지 하겠습니다."

"알겠습니다. 마음 단단히 먹고 하셔야 합니다."

"예, 잘 알겠습니다. 이런 말씀은 안 드렸는데요. 며칠 전 우연히 알게 된 사실인데…."

박연수는 뭔가 말을 하려다가 말끝을 흐렸다.

"하시고 싶은 말씀이 있으시면 다 말씀하세요. 지금은 작은 바늘구멍만 한 단서라도 진실을 밝히는 중요한 단서가 될 수 있으니까요. 그게 저의 역할입니다."

"다 말씀드릴게요. 며칠 전 둘째 조카인 수라가 할머니 요양 병원에 가고 싶다고 해서 둘이서 어머니께 다녀왔어요."

"수라 양이 박기수 씨의 둘째 딸인가요?"

"예, 그렇습니다."

"예, 계속 말씀해보세요."

"수라가 수척해진 할머니 손을 붙잡고 '할머니, 죄송해요. 아버지가 모두 속여서요. 제가 아빠 대신 사과드릴게요'라는 말을 몇 번 하면서 슬프게 울더라고요. 어머니는 수라 목소리를 듣고는 잠시 눈을 뜨시고는 '수라야! 수라야!'라고 말씀하셨어요. 그동안 누가 와도 아무런 말씀이 없으셨거든요. 어머니가 이날 처음 눈을 뜨시고 말씀하신 겁니다.

제가 바로 간호사에게 연락을 해서 의사 선생님이 오셨는데 혼수상태에서도 아주 반가운 사람을 만나거나 자극적인 소리에는 반응을 한다고 하더라고요. 환자는 말은 못해도 듣는 경우가 있다고 하더군요. 그런데 어머니가 수라의 목소리에 반응하신 것 같다고 하더라고요."

"임종 시에도 고인에게 자극적인 말을 삼가라고 하잖아요."

"제가 수라에게 아버지가 거짓말을 한 이유를 물었더니 놀랍게도 수라는 형님이 MD앤더슨 암센터에서 연수했다는 것이 거짓이라는 거예요. 전 수라가 뭘 잘못 알고 그런 말을 했다고 생각했어요."

"수라양이 그렇게 생각한 이유가 뭐라고 하던가요?"

"수라가 올해 오스틴에 있는 텍사스대학교에 입학했거든요. MD

앤더슨 병원이 텍사스대학교 의과대학 병원인데 우연히 그녀의 아버지가 그 병원에 연수했는지 확인해보니 연수자 명단에 없었고 직접 병원에 확인해보았다는 거예요."

"저는 믿기지 않더군요. 수료증도 집에 걸어놓고 다 그렇게 아는 사실인데…."

"어머니가 수라를 유독 예뻐하셨어요. 사실 아버지는 개성에서 혼자 오셔서 형제가 한 분도 없어요. 그래서 늘 저희에게 아들을 많이 낳기를 바라셨지요. 특히 형님은 장남이니 꼭 아들을 낳아야 한다고 하셨는데 형님이 미라를 낳고, 둘째 수라를 낳아서 무척 실망을 하셨거든요. 그래서 처음에는 아버지가 수라를 미워했어요. 그런데 어머니는 유독 수라를 예뻐하셨고 수라도 할머니를 잘 따랐어요."

"아하, 그랬군요."

"수라는 할머니가 아프다는 말을 듣고 미국에서 중학교까지 졸업하고 한국에 들어와서 한국에서 고등학교를 졸업하고 올해 텍사스대학교에 합격했지요. 큰 조카인 미라는 미국에서 고등학교 졸업하고 미국대학교에 다니고 있고요."

영호는 오늘 연수가 자신을 찾아와서 끝까지 재판을 하겠다는 이유를 비로소 알 것 같았다.

영호는 연수를 쳐다보고는 약간 머뭇거리다가 물었다.

"이런 질문을 해도 될지 망설여지는데요."

"뭐든 물어보세요."

"박선생님은 차분한 분인데 사모님이 형님 부부 이야기만 하면 과

민하게 화를 내시던데 무슨 이유가 있나요? 부부간의 일이라서 묻기가 좀 그랬는데 아무리 생각해도 그럴 때는 박신생님이 아닌 다른 사람 같아서요."

영호의 질문에 연수는 아무 말 없이 창가를 쳐다보았다.

"전 형을 정말 좋아했거든요. 아버지가 형은 장남으로 집안의 기둥으로 삼고 형을 중심으로 우애 있는 형제가 되라고 늘 말씀하셨어요. 그래서 전 형 말이라면 다 믿고 따르며 살았어요. 그런데 형이 형수를 만나고는 많이 변했어요. 완전히 다른 사람으로요. 탐정님, 점심시간이 되어가는데 오늘 저랑 둘이서 술이나 한잔하시죠?" 연수는 갑자기 영호에게 술 한잔하자고 제의했다.

영호는 사무실이 있는 건물 2층 중국집으로 갔다. 토요일이라 식당은 한가했다. 방으로 자리를 잡고 술 한 병을 주문했다. 연수는 아무 말 없이 고량주 석 잔을 연거푸 마셨다. 영호도 오랜만에 마셔보는 낮술이다. 둘은 금세 고량주 한 병을 다 마셨다. 급하게 마신 고량주 때문이지 둘은 얼굴이 빨개졌다.

연수는 마음에 두었던 이야기를 하기 시작했다.

"우리 집은 참 행복했어요. 아버지는 가정적이면서 장사를 잘하셔서 경제적으로 어려움이 없었고요. 어머니는 사랑이 충만한 분으로 집안은 늘 화목했어요. 그런데 형이 미국 연수 중 형수를 만나 결혼하고부터는 형은 예전의 형이 아니었어요. 아버지께 순종하던 형이 아버지께 반항하는 아들로 완전히 변했어요. 2001년 12월경 형은 미국 연수 중에 갑자기 결혼식을 해야 한다면서 결혼 15일 전에 한국 와서 결혼만 하고 다시 미국으로 돌아갔어요. 형수님 어머니가 주역과 사주를 연구하는 분인데 형님과 형수님 두 사람의 사주가 너무 좋지 않아 결혼을 극구 반대했대요. 그런데 형수가 임신한 상태였고 형과의 결혼을 고집하자 형수님 어머니가 한 달 안에 조용히 결혼해야 한다고 해서 갑작스럽게 결혼했어요. 공개적으로 결혼을 하면 두 사람 중 한 명이 죽는 사주라고 하면서요. 아버지는 처음에 반대하다가 형수님이 임신한 상태였고 미국 변호사라는 말에 결혼에 찬성했어요. 아버지는 형제도 없고 형수님 집안도 형수님 어머니 혼자 계셔서 한정식 식당에서 점심 식사하는 정도로 결혼식을 치렀어요.

결혼 후 형과 형수는 바로 미국으로 갔고 다음 해인 2002년에 큰 조카 미라를 낳았어요. 그리고 그즈음에 형수님 친정어머니가 교통사고로 돌아가셨어요. 미라를 낳은 지 며칠 안 돼서 형님만 몰래 한국에 들어와서 장례를 치렀대요. 당시에는 아무에게도 알리지 않아서 저희 가족도 전혀 몰랐어요. 그런데 형이 한국에 오던 날 공항에서 지금 제 장모님을 우연히 만난 거예요.

그래서 집사람도 형이 한국에 왔다 갔다는 사실을 알게 되었지요. 나중에 형수님 어머니가 점집을 운영하던 점쟁이였다는 사실을 아버지가 아시고는 사기 결혼이라면서 크게 화를 냈어요. 그리고 형수님은 미국에 있는 로펌에서 일을 하면서 둘째 딸 수라를 낳고 미국에서 딸 2명을 키웠어요. 형은 연수를 마치고 한국으로 와서 강남에 있는 건강 검진 병원에서 의사로 근무하면서 1년 중 절반은 미국에서 생활했어요. 형이 우여곡절을 치르고 결혼해서 그런지 저는 엄마가 후배의 딸인 집사람과 중매로 만나 결혼했지요.

2011년 12월 어머니의 질순 잔치와 형님 부부 결혼 10주년 기념으로 싱가포르로 가족 해외여행을 갔어요. 부모님은 첫 해외여행이었고 지금도 그때 사진을 보면 힘이 납니다. 한국은 겨울이었는데 싱가포르는 한여름 날씨라서 좋았어요. 아버지와 어머니는 주롱새공원을 가장 좋아하셨어요. 새 공연과 말하는 앵무새를 보시고 두 분이 얼마나 좋아하시던지 지금도 생각만 해도 즐거워요. 여행을 다녀온 다음 해 봄에 두 분은 앵무새를 한 마리 키우기 시작했어요. 두 분이 하는 말을 그대로 따라하는 앵무새를 너무 좋아하셔서 아주 행복해 하셨어요. 특히 작은 조카인 수라가 할머니와 함께 앵무새를 유난히 좋아했어요.

2019년 어머니가 간암 진단을 받아 치료받다가 2020년부터 현재까지 요양 병원에 입원 중이에요. 아버지는 어머니 암 치료를 위해 백방으로 노력하셨어요. 특히 형님이 연수했다는 미국 MD앤더슨 암센터에 입원해 치료받기를 요청했으나 형님이 반대를 했어요. 아버지는 아무리 돈이 많이 들더라도 어머니를 MD앤더스 암센터에서 치료받게 하려고 하셨으나 형은 무슨 이유인지 강하게 반대했어요. 그래서 아버지와 형은 사이가 더 갈라지게 되었지요.

어머니는 간암으로 얼굴과 몸이 온통 노랗게 되는 황달 현상을 보이시고는 식사를 전폐하실 정도로 고통스러워하셨어요. 아버지는 개성에서 서울로 피난 오면서 하나밖에 없는 여동생의 얼굴에 황달 현상이 심하기에 부모님이 여동생을 돌보면서 천천히 서울로 오시겠다고 하고 아버지만 먼저 내려오셨대요. 그런데 부모님과 여동생을 영영 보지 못하게 되었어요. 얼굴과 온몸이 노랗게 된 황달 현상으로 고생하시는 어머니를 보면서 너무 괴로워하셨어요. 그래서 아버지는 의사인 형님에게 어머니 병만 고쳐주면 전 재산을 형님에게 주겠다고 말씀하셨지요. 그런데 형님은 어머니의 병을 고치려고 노력하지 않고 병원만 차려달라고 해서 나중에는 아버지가 형을 아주 미워했어요. 그런데 며칠 전 수라가 형님이 MD앤더슨 암센터에서 연수하지 않았다는 것을 알고부터는 저도 형님 부부에게 아버지 재산을 줄 수 없다는 생각이 들었어요." 연수는 말을 마치자마자 고량주를 연거푸 마셨다.

"박선생님, 안주를 좀 드시면서 마시세요?"

"탐정님, 오늘은 그냥 취하고 싶어요."

영호는 안주를 접시에 담아 박연수 앞에 놓았으나 그는 술만 마시기 시작했다.

"고2 때 문과에서 이과로 바꾸라는 아버지 말씀에 한마디 거역을 하지 않고 진로를 바꾼 형인데 미국에 연수 가면서부터 완전히 다른 사람으로 변했어요." 그는 은근히 형수를 원망하는 듯한 뉘앙스로 말했다.

급하게 술을 마신 탓인지 박연수는 자리에 앉은 채 졸기 시작했다. 평소 단골 식당으로 식당 지점장에게 양해를 구했다. 마침 토요일 오후라서 손님이 적어 5시까지는 양해를 구했다. 영호는 그를 의자에 눕히고 자리에 앉아 그로부터 들은 이야기를 정리했다. 코를 골면서 곤하게 잠을 자던 박연수가 4시 30분쯤 되자 일어났다. 급하게 취했다가 금방 술이 깬 듯하다. 그는 자세를 고쳐 앉더니 영호에게 미안한 듯 어색해했다.

그와의 긴 점심을 마치고 둘은 헤어졌다. 영호에게는 금요일 연수로부터 전화를 받고 그를 만난 일부터 토요일 중식당에서 식사까지 일련의 일이 마치 몇 달 동안 있었던 일처럼 아득하게 느껴졌다.

월요일 아침이다. 직원들과 전체 회의를 하는 날이다. 영호는 박연수를 만났던 일을 간단하게 정리하여 직원들에게 설명했다. 설명을 들은 직원들은 주말에 영호가 많은 일을 한 것에 대하여 놀라는 눈치였다.

"이제 박연수가 본격적으로 소송을 하겠다고 하는 것은 아주 긍정적이네요. 바늘구멍을 찾을 수도 있을 것 같은데요." 문영민이 영호의 이야기를 듣고 말했다.

"교수님, 제가 박연수 처 김영희를 한 번 만나봐야 할 것 같아요. 그녀를 만나면 뭔가 바늘구멍을 찾을 수도 있을 것 같아서요." 양초희가 말했다.

"어떻게 무슨 단서를 찾을 수 있다는 것이죠?" 문영님이 궁금하다는 듯이 양초희를 보면서 물었다.

"그건 비밀입니다. 그런 극비 사항을 물어본다고 말하는 탐정이 어디 있어요? 호호호."

그녀는 자신만의 비법이 있는 듯 자신감이 있어 보였다.

"양프로님이 생각보다는 면도날입니다. 슬쩍 지나쳐도 상처가 날 정도로 날카로워요. 전 양프로님이 김영희를 만나는 것에 찬성합니다."강철만이 양초희와 문영민을 번갈아 쳐다보면서 말했다.

"예, 좋은 생각입니다. 그러시지요. 다만 박연수가 말한 부분 가운데 예민한 부분은 모르는 체하고 만나세요."영호는 박연수가 부인과 장모에게 비밀로 해달라는 부분을 강조했다.

"예, 명심하겠습니다."

회의는 끝났다. 오후가 되자 후배인 임택성 변호사로부터 전화가 왔다.

"선배님, 지난 금요일 저녁에 저에게 말했던 사건의 원고 박연수 선생님이 저를 찾아와서 사건을 맡아달라고 해서 수임 계약을 했습니다."

"그래, 잘됐다. 같이 잘해보자고. 가끔 우리와 만나서 정보도 공유하자고."

영호는 박연수에게 임택성 변호사 전화번호를 알려주지도 않았는데 그가 직접 찾아가서 변호사 선임 계약을 했다는 말에 약간 놀랐다.

양초희는 김영희를 조용한 카페에서 만났다.

"남편 분이 재판에 적극적으로 참여하시기로 했다고 들었어요."

"예, 남편이 이제야 뭘 좀 아는 것 같아요."

"2011년에 싱가포르 가족 여행을 다녀오셨고요?"

"예, 남편이 추진해서 다녀왔어요. 그때가 시어머니 칠순이고 형님 부부가 결혼 10주년이었거든요. 시아버지와 아주버니 사이를 회복시키려고 남편이 오래전부터 준비해서 온 가족이 모두 다녀왔어요.

아버지와 어머니는 처음이자 마지막 해외여행이셨어요."

"싱가포르 여행을 다녀오신 후에 앵무새를 키우기 시작하셨다고요?"

"예, 주롱새공원에 가셨는데 부모님들이 새 공연을 아주 좋아하셨어요. 특히 말을 따라 하는 앵무새를 아주 좋아하셔서 한국에 오시자마자 앵무새를 키우기 시작했어요."

"앵무새를 왜 그렇게 좋아하셨는지 아세요?"

"처음에는 그 이유를 몰랐는데요. 나중에 아버님은 본인이 새라면 고향인 개성까지 훨훨 날아갈 수 있어서 새를 좋아하셨데요. 그리고 어머니는 앵무새는 자기가 한 말을 그대로 따라 해서 아들들이 앵무새처럼 자기 말을 잘 따랐으면 하는 마음에서 앵무새를 좋아하셨다고 하시더라고요. 그 말씀을 듣고 부모님의 깊은 뜻을 조금은 알 것 같았어요."

김영희는 그 말을 하고는 가방에서 손수건을 꺼내서 눈물을 닦아냈다.

"아하, 그 말씀을 듣고 보니 두 분이 앵무새를 키운 뜻이 참 슬프네요."

"혹시 부모님이 키우신 앵무새는 무슨 앵무새인지 아시나요?"

"전 잘 몰라요. 온몸이 회색이고 꽁지만 빨간색이고 이름이 '순애'였어요. 아버님이 어머니 같이 예쁘다고 하시면서 어머니 이름과 똑같이 순애라고 불렀어요."

"지금은 순애 앵무새는 어디에 있나요?"

"어머니가 암 치료를 받으시면서는 처음 새를 분양받은 새 농장에 위탁했다가 어머니가 요양 병원에 가시면서 아버님이 앵무새를 키웠어요. 아버님이 병원에 입원하신 후에는 다시 농장으로 갔어요."

"혹시 순애가 있는 농장 연락처를 아시나요?" 양초희가 묻자 그녀는 누군가에게 통화를 하더니 농장 전화번호를 양초희에게 알려주었다.

"혹시 방금 누구에게 연락을 했나요?"

"예, 둘째 조카인 수라한테요. 수라가 순애를 아주 좋아했어요. 앵무새가 무척 예민하고 똑똑해요. 자기를 좋아하는 사람과 싫어하는 사람을 기가막히게 잘 알아요."

"앵무새가 좋아하는 가족은 누구인가요?"

"어머니, 아버지, 수라. 제 아들 기철이 4명은 아주 좋아하고요. 남편과 저는 보통이고요. 시아주버니 부부와 미라는 싫어해요. 새가 그렇게 예민한지 저도 깜짝 놀랐어요."

그녀는 양초희가 그녀에게 앵무새에 관해서만 집요하게 묻는 이유가 궁금하다는 표정을 지었다.

"제가 앵무새 순애를 한 번 만나 보려고요."

"그러시면 수라하고 같이 가세요. 순애가 자기가 좋아하는 사람하고 온 사람한테는 온순한데 싫어하는 사람을 보면 날개를 치면서 난리를 쳐요."

양초희는 그녀에게 박수라의 연락처를 받아 두고 바로 순애가 있는 새 농장으로 갔다.

새 농장은 새 카페와 함께 운영하는 곳으로 용인에 있었다. 카페에서는 앵무새 새장이 있고, 가끔 앵무새를 손으로 만져볼 수도 있는 그런 곳이다.

양초희는 새 농장 주인을 찾아갔다.

"안녕하세요? 오후에 전화했던 바세보 탐정 양초희입니다."

"안녕하세요? 저는 카페와 새 농장을 운영하는 김소라입니다." 40대 초반으로 보이는 그녀는 경쾌하면서도 발랄한 편으로 목소리가 맑은 사람이었다.

"김사장님, 순애 아시죠?"

"그럼요. 저희 집에서 분양한 아이인데요."

"혹시 순애를 키우던 박용철 사장님이 돌아가신 것 아시죠?"

"그럼요. 잘 알고 있지요. 부부가 지극정성으로 순애를 키웠어요. 부부가 2011년 싱가포르 주룽새공원을 다녀오신 후 2012년 봄인가 저희 농장을 찾아오셔서 제가 어렵게 순애를 찾아서 분양해드렸거든요."

"순애는 어떤 종인가요?"

"코카투라는 종으로 코카투 회색 앵무입니다. 앵무새 가운데 가장 똑똑한 아이죠."

"순애가 언제부터 사장님 농장으로 왔나요?"

"앵무새가 겉으로 보기에는 말하고 밝은 새로 알고 있지만 사실은 아주 예민해요. 자신이 좋아하는 주인이 아프거나 무슨 나쁜 일이 있으면 우울 증세도 보여요. 그래서 할머니가 암 치료를 받으시는 동안 순애가 힘들어서 가끔 농장에 왔다 갔다 했어요. 할머니가 요양 병원에 가신 이후에는 할아버지가 정성스럽게 키우셨는데 얼마 전에 무슨 일이 있었는지 그 집에서 일하는 아주머니가 전화가 와서 가보니 애가 완전히 패닉 상태가 되어 있더라고요. 그래서 그때부터 우리 농장에 와 있어요."

"그날이 언제인지 기억하세요?"

"예, 기록을 보면 알 수 있어요."

그녀는 컴퓨터에서 뭔가 찾았다. "2022년 2월 5일 토요일이네요. 일하는 아주머니가 토요일 청소하러 갔더니 순애가 이상하다고 제게 전화해서 제가 바로 가서 순애를 데리고 왔어요. 주인 할아버지와 저희 농장에서 순애를 50년 동안 보호해주기로 계약하고 관리비를 일시금으로 다 지불하셨거든요."

"아하, 순애에 대한 애정이 대단하시네요. 당시 순애가 어떻게 이상했나요?"

"날개를 새장에 부딪치는 등 자해한 것으로 보였고요. 무엇보다도 그때부터 말을 하지 않는 실어증 증세까지 있더군요."

"실어증이요? 앵무새도 실어증에 걸리나요?"

"드물게 그런 경우가 있어요. 특히 순애같이 아주 똑똑한 아이들이 그런 경우가 있어요."

"왜 그런 증세를 보인 거지요?"

"금요일 날 오후에 할아버지가 쓰러지셔서 병원에 입원하신 거로 아는데 아마도 그때 순애가 큰 충격을 받은 것 같았어요. 저도 이런 경우는 처음이라 정확한 원인은 몰라요."

"순애가 지금은 어떤 상태인가요?"

"그때와 거의 똑같아요. 처음보다는 많이 좋아졌지만 음식만 먹을 뿐 실어증 증세는 여전해요."

"순애 실어증을 고칠 수 있나요?"

"아마 우리나라에는 실어증을 고칠 수 있는 동물 병원이나 재활하는 곳이 한 군데도 없어요. 외국에는 있는지 모르지만요. 사실 우리나라에는 조류학과가 있는 대학이 한 곳도 없는 실정이에요."

"아하, 그렇군요. 순애를 잠시 볼 수 있을까요?"

"죄송합니다만 지금은 안 보시는 게 좋을 것 같아요. 다음에 둘째 손녀딸인 수라와 함께 오시면 보여드릴게요. 수라가 넘버3거든요."

"예, 넘버3가 무슨 뜻인가요?"

"순애가 세상에서 3번째로 좋아하는 사람이라는 뜻입니다."

"아하, 그럼 넘버1, 넘버2는 누구인가요?"

"음, 어려운 질문인데요. 넘버1은 할머니고요, 할아버지가 넘버2지요."

양초희는 농장 주인과 헤어져 사무실로 오는 동안 순애에 대한 생각이 머릿속에 가득 찼다.

결국 박용철이 전 재산을 박기수에게 주겠다는 유언은 당시 유언에 참여했던 사람들과 순애뿐이다. 순애를 제외하고는 모두 박기수와 한 편인 셈이다. 그렇다면 순애만이 유언 당시 상황을 객관적으로 알고 있다는 것은 아닐까?

양초희는 앵무새에 대하여 아는 바가 별로 없다. 그녀는 사무실로 오는 길에 국립도서관으로 갔다. 앵무새 특히 순애와 같은 회색 앵무새에 관한 책과 자료를 찾아보기 위해서였다. 앵무새에 관한 자료는 국내 자료보다는 외국 자료가 더 많았다.

새 가운데 가장 똑똑한 새가 앵무새이고 앵무새 가운데도 회색 앵무새가 가장 똑똑하다. 앵무새는 예민하여 외로움을 잘 견디지 못하고 호기심이 많다. 그래서 키우는 데 세심한 관심이 필요하다고 한다. 앵무새는 평균 2~3살 아이 정도의 지능을 갖지만 회색 앵무새는 5살 정도 아이의 지능과 2살 아이의 감정을 가지고 있다. 앵무새의 평균 수명은 50년에서 70년 정도이고 주인에 대한 충성심이 매우 강하다.

앵무새가 왜 똑똑한지 설명해줄 뇌의 비밀이 밝혀졌는데, 뇌 전체에 촘촘하게 분포되어 있고 피질과 소뇌를 연결하는 교핵이 유독 발달해 있기 때문이다. 생물학적으로 대뇌피질과 소뇌를 연결시켜주는 교핵 크기가 다른 새의 5배나 된다. 이러한 현상은 앵무새의 뇌가 조류와 영장류가 '수렴 진화'했기 때문이라고 한다. 수렴 진화란 마치 포유류인 고래가 물속에서 헤엄칠 수 있게 적응하면서 어류와 비슷한 형태적 유사성을 띠게 된 것처럼 앵무새도 환경이나 생태에 적응하면서 유사한 특성과 신체 형태, 기관을 갖게 되었다는 뜻이다.

그녀는 도서관 종료 시간까지 앵무새에 관한 자료를 찾아서 정리했다. 그녀는 밖으로 나오자마자 김영희에게 전화했다.

"바세보 탐정의 양초희입니다. 알려주신 대로 순애를 만나고 오는 길인데요. 시아버지께서 유언할 당시 순애를 돌봐준 아주머니 연락처 좀 알려주세요."

"예, 도우미 아주머니요? 제가 전화번호 찾아서 문자로 전해드릴게요."

"예, 감사합니다. 기다릴게요."

잠시 후 박용철 집에서 일하던 가사 도우미 아주머니의 이름과 연락처를 문자로 받았다.

양초희는 다음 날 아침에 영호와 직원들과 전체 회의를 소집했다. 지금으로서는 박용철이 한 유언 과정에 대하여 우리에게 유리한 증거는 순애라고 생각했기 때문이다. 중요한 단서를 찾으면 전체 회의를 통해 함께 논의해서 좋은 대안을 찾는 것이 바세보의 업무 처리 방식이다. 그녀는 "내일 아침 9시에 긴급 전체 회의 요망합니다"라는 톡을 영호와 다른 직원들에게 보냈다.

다음 날 아침 8시 30분쯤 출근하니 모두가 사무실에 모여 있었다. 양초희가 도착하자 강철만이 놀라면서 말했다. "양프로님이 늦은 시간에 긴급 회의를 소집한 걸 보니 뭔가 대어를 잡은 것 같은데요."

"꼭 그런 것은 아닌데요. 한 번 같이 생각해볼 만한 일이 있어서요." 그렇게 말하자 모두 궁금한 듯 그녀를 주시했다.

"자, 모였으니 안건을 올려보시지요." 영호가 차분한 목소리로 말했다.

"제가 오늘 오전에 박연수의 처 김영희를 만났어요. 그녀를 통해서 박용철 부부가 싱가포르 가족 여행을 다녀와서 앵무새를 키웠다는 사실을 새롭게 알게 되었어요. 그래서 앵무새를 분양한 새 농장을 찾아갔어요. 새 농장 주인을 통해서 알게 된 사실인데 그 집 앵무새는 사람 정도의 두뇌를 가져 아주 똑똑하다는 사실을 알게 되었어요."

"그래서요?" 강철만은 양초희가 중요한 이야기를 할 줄 알았는데 계속해서 새 이야기만 하자 실망했다는 듯이 퉁명스럽게 말했다.

"제가 보기엔 지금 재판의 결정적인 증거는 박용철이 했다는 '완벽한 유언'입니다. 그 유언 과정에 참여한 사람들은 모두 박기수 편입니다. 유일하게 당시 상황을 우리에게 알려줄 사람은 없지만 있다면 바로 순애라는 똑똑한 코카투 회색 앵무새뿐입니다."

양초희는 강철만의 말에 개의치 않고 자신이 하고 싶은 말을 계속했다. "순애는 유언 당시 모습을 보고 그 충격으로 실어증에 걸렸어요. 순애가 당시 상황을 말하는 순간 승산은 우리에게 있다고 생각합니다."

그녀의 말에 강철만은 물론 아무도 토를 달지 않았다. 정확하게 말하면 누구도 토를 달 분위기가 아닐 만큼 그녀의 말에 힘이 느껴졌다.

"그럼 결론적으로 순애가 당시 상황을 말하게 해야 한다는 거네요. '앵무새 증언'을 하자는 거네요."

문영민이 팽팽한 긴장을 깨고 나섰다.

"박용철의 완벽한 유언을 깰 방아이 앵무새 증언이다. 양프로님, 대단합니다. 그게 바로 바늘구멍입니다. 그 바늘구멍으로 세상 속을 한번 보자고요." 조용희 듣고 있던 영호는 알 듯 모를 듯한 말을 했다.

"내일 2심 변호사와 함께 이 문제를 함께 논의해봅시다. 양프로님은 일단 박용철 집 가사 도우미 아주머니를 만나서 당시 순애의 상황 등을 좀 파악해보시죠. 내일 오후 6시에 임택성 변호사와 박연수 부부와 함께 회의하도록 합시다."

직원들이 퇴근하고 영호는 임택성 변호사에게 전화했다.

"임변호사, 2심 재판 일정이 어때요?"

"예, 선임하자마자 박연수와 심순애 명의로 유류분 청구 소송과 상속재산처분금지 가처분신청을 별도로 접수했어요. 일단은 재산은 묶어두었고 최소한의 상속분은 청구해놓았어요. 항소심 재판은 다음 주 화요일이 첫 기일입니다."

"짧은 시간 동안 많은 일을 했구나. 고생 많았어요."

"아닙니다. 당연히 해야 할 일이고요. 2심 재판도 최선을 다해야지요, 그런데 항소심에서 새롭게 주장할 만한 내용을 찾아내기가 쉽지 않네요."

"그래서 말인데, 잠시 지금 좀 만날까요? 오늘 중요한 단서 하나 찾은 듯싶어서…."

"아하, 그러세요. 당장 형님 사무실로 뛰어가겠습니다. 사무실에 계시죠?"

"응, 사무실에 있어요. 오세요."

잠시 후 임변호사는 서류가 가득 담긴 가방을 들고 찾아왔다.

"선배님 사무실 분위기가 아주 신세대 분위기입니다."

그는 바세보 사무실을 둘러보고는 신기한 듯 이곳저곳을 살폈다.

"사무실이 좁으니까 이렇게 만든 거야."

"그나저나 무슨 단서인데요?"

영호는 오늘 양초희로부터 들었던 앵무새에 관한 내용을 차분하게 설명했다.

"앵무새가 당시 상황을 말한다고 해도 증인신청은 할 수 없고요. 법정 증인은 사람만이 할 수 있거든요. 그래도 앵무새가 당시 상황을 재현하는 말을 할 수 있다면 증거 자료로 제출할 수 있을 것 같아요."

"무슨 말이지? 좀 자세히 설명해봐요."

"박용철의 유언 성립을 탄핵하는 증거로 제시하는 거지요?"

"이하, 그래서 말인데, 우리가 내일 오후 6시에 이 사무실에서 우리 직원 전체하고 임변호사, 박연수 부부 모두 참석하는 회의를 하려고 해요? 임변호사 일정이 안 되면 우리끼리라도 회의를 하려고 일정을 급하게 잡았어요. 내일 일정이 어때요?"

"좋아요. 내일 6시에 회의 참석할게요."

"임변호사는 피고 측에서 증거로 제시한 이 재판에서 결정적인 증거인 박용철 유언 녹음 파일을 법원에서 복사해서 내일 준비해줄 수 있어요? 박연수 부부는 1심 재판 때 한 번 들은 적은 있다는데 파일은 없다고 하더라고요."

"예, 저도 기록을 열람 등사 신청해서 받아보니 유언 녹취록 사본만 기록에 붙어 있더라고요. 제가 법원에 열람 복사 신청을 해서 유언 녹음 파일을 가져가겠습니다."

"임변호사가 보기엔 박용철의 유언을 비집고 들어갈 만한 다른 부분이 있어요?"

"제가 보기엔 유언은 완벽해요. 먼지 하나 비집고 들어갈 만한 틈도 없어요. 형님도 아시다시피 유언은 민법에 사필증서, 녹음, 공정증서, 비밀증서, 구수 등 5가지 종류와 그 방식이 구체적으로 규정되어 있어요. 이 사건 유언은 민법 제1067조에 규정한 녹음에 의한 유언인데요. 유언자가 유언의 취지, 성명과 연월일을 구술하고 이에 참여한 증인 2명이 유언의 정확함과 그 성명을 구술하도록 되어 있는데 증인으로 변호사가 2명이 참여하였고 박영철이 또렷하게 말하고 그 내용이 그대로 녹음되어 있어서 흠잡을 데가 거의 없어요. 너무도 완벽해요."

"난 오히려 그렇게 완벽한 것이 흠이라고 생각하는데…. 바쁘실 테니 어서 사무실에 가서 일해요. 내일 6시에 만나자고."

"벽에 부딪혔을 때가 8부 능선이다."

영호가 수사관으로 수사 업무를 수행하면서 얻은 일종의 신념이다. 등산할 때 정상에 오르다보면 8부 능선 정도가 고비다. 평평한 곳이 있고 사람들이 잠시 쉬어간다. 그런 곳을 흔히 깔딱고개라고 한다. 깔딱고개에는 막걸리도 팔고 파전도 판다. 장사하는 사람 입장에서는 사람이 모인 곳이니 자연스럽게 좌판을 펼치게 마련이다. 정상이 눈앞에 보일 경우도 있고, 조금만 오르면 정상이 보일 수 있다. 사람들은 8부 능선까지 올라온 것에 만족하면서 그 자리를 즐긴다. 그러고는 하산한다. 그래도 8부 능선까지 올라간 것에 만족하고 하산하는 것이다. 8부 능선에 만족하는 사람은 산 정상을 결코 오를 수 없다. 왜냐하면 8부 능선까지 가본 것이 전부였기 때문이다. 수사 업무도 마찬가지다.

　일을 시작해서 8부 능선까지 가는 것은 누구나 할 수 있다. 그것은 수사의 작은 성공이 아닌 실패다. 수사 업무가 속성상 그렇다. 'all or nothing' 원칙이 수사에도 그대로 적용되기 때문이다. 탐정 업무도 마찬가지다. 완전한 유언 절차에 대하여 양초희 프로가 알아낸 앵무새 증언을 통해 유언을 무너뜨리지 못한다면 재판은 승소할 수 없다. 앵무새 증언이라는 바늘구멍을 통해 당시 상황을 정확하게 바라봐야 한다. 나머지 2부 능선를 돌파해야 정상에 우뚝 설 수 있듯이 지금은 벽에 부딪힌 상황이다. 여기서 주저앉는다면 작은 성공이 아니라 철저한 실패다.

밀물과 썰물

> 밀물은 모든 거짓을 다 숨겨주지만
> 썰물은 그 거짓을 다 드러낸다. 밀물과 썰물이 반복되는 이유다.
> _명탐정 S

양초희는 김영희가 알려준 가사 도우미 박미순에게 전화를 했다.

"아주머니, 전 바세보 탐정 회사 양초희입니다. 김영희 사모님한테 전화번호 받아서 연락드려요."

"아, 예. 작은 사모님한테 연락받았어요."

"아주머니, 시간 좀 내주실래요. 좀 뵙고 싶어서요."

"탐정 회사에서 저를 만날 일이 뭐가 있어요."

"박사장님 돌아가시고 아드님끼리 재판 일을 저희가 도와주고 있거든요."

"전 남의 싸움, 그것도 재판일에는 끼고 싶지 않아요. 끼어서 득 될 게 하나도 없어요."

"아주머니 박용철 사장님과 심순애 사모님을 위해 시간 좀 내주세요. 그렇게 오래 걸리지는 않을 겁니다."

"예? 박사장님과 사모님을 위하는 일이라고요? 그럼 제가 시간을 내야지요."

"댁이 어디인가요? 제가 댁 근처로 가겠습니다."

"저희 동네는 좀 멀어요. 군포역 부근입니다."

"주소만 알려주세요. 제가 찾아가겠습니다."

"제가 사실 혼자 사는데요. 며칠 전부터 무릎이 아파서 거동을 잘 못해요. 누추하지만 저희 집으로 오실래요?"

그녀는 처음에는 퉁명스러운 목소리와는 달리 맑은 목소리로 자신의 집으로 오라고 했다. 의외였다.

양초희는 그녀가 알려준 대로 군포역에서 내려서 산본시장 쪽으로 걸어갔다. 전철이 다니고 큰길에는 많은 차가 다니는 것 말고 시장 쪽으로 들어서니 어릴 적 서울의 동네 모습 그대로였다. 차가 한 대 겨우 지나갈 정도의 길에는 폐지를 모으는 노인들이 보이고 상점은 거의 중국인이 운영하는 식당과 식료품점이 즐비했다. 어렵게 그녀가 알려준 주소대로 찾아갔다. 지하 1층, 지상 3층 다가구주택의 지하1층이었다. 그녀는 누군가를 기다렸다는 듯 문을 열고 양초희를 맞이했다.

"어서 오세요. 누추한 곳까지 오시라고 해서 미안해요. 그런데 보시다시피 제가 얼마 전부터 무릎이 아파서…."

그녀의 집안은 작지만 깔끔하게 정리되어 있었다.

"그런데 제가 박회장님과 사모님을 위해 뭘 도와줄 수 있어요? 두 분을 위해서라면 뭐든 할게요."

그녀는 양초희가 박영철과 심순애를 위해서 도와달라는 말에 한순간 마음을 열어준 것 같았다.

"사모님은 언제부터 박회장님 집에서 일하셨어요?"

"10년이 조금 넘었지요. 회장님 부부가 싱가포르 여행을 다녀오셔서 앵무새를 키우면서 일하기 시작했으니 11년 되었네요."

"지금도 일하세요?"

"박회장님 돌아가시고부터는 그만두었어요. 큰아들 부부가 저한테 그만두라고 했어요."

"박기수, 김미희 부부가 왜 아주머니를 그만두시라고 했어요?"

"모르죠. 보기 싫은 앵무새도 농장으로 보내고 하니 그분들 집에서 일하는 분이 영감이 사시던 집도 같이 청소하게 한다고 하더군요. 솔직하게 회장님 병원에 입원하시면서 제가 스스로 그만두려고 했어요."

"왜요?"

"솔직히 말해서 그 집은 큰아들하고 작은아들하고 영 딴판이에요. 며느리들은 더 하고요."

"무슨 말씀이세요?"

"박회장님 병원에 입원하시고 며칠 있다 큰아들 부부가 영감님 집으로 오셔서 여기저기를 둘러보더니 제 자존심을 상하게 하더라고요."

"누가 뭐라고 했는데요?"

"부부가 은근히 제가 박회장님과 무슨 남녀 관계가 있는지 확인하려고 하더라고요. 이곳저곳을 다니면서 여자 옷이 있으면 이게 제 거냐고 묻고 여기서 주무신 적이 있느냐는 등 말은 안 해도 은근 저를 의심하는 것 같더라고요. 그래서 정말 자존심이 상했어요."

"아하, 그랬군요."

"아휴, 그때 생각하니 혈압이 오르네. 제가 젊을 때 혼자 돼 남매를 다 키워서 시집 장가 다 보내고 아들은 대학교수고 딸은 약사예요. 저를 그냥 식모로 보는 그 눈초리가 정말 자존심 상했어요. 그래서 그만두려고 했어요."

"아하, 자녀 분들을 다 잘 키우셨네요."

그녀는 자식 이야기를 하다가 한숨을 내쉬었다.

"잘 키우면 뭐해요. 아들은 여자한테 꼭 쥐어서 살고 딸은 돈 있는 집에 시집가더니만 엄마가 창피한 듯 피하고 있으니…. 자식은 자식이고 저는 저고 그래요. 세상이 다 그래요."

"돌아가신 박회장님 둘째 아들 부부는 어때요?"

"둘째 아드님은 꼭 사모님을 닮아서 법 없이도 살 수 있는 사람이죠. 따뜻하고 정이 많아요. 사모님도 참 착하고 좋은 분이고요. 전 사모님 아들을 보면 같은 배에서 나왔는데 어떻게 저렇게 다를 수가 있을까 생각해요."

"아주머니 혹시 박회장님이 유언한 날 기억하세요?"

"기억하지요. 그날 전철 타고 출근하려고 하는데 큰아들이 전화를 해서 그날은 출근하지 않아도 된다고 하더군요. 부부가 청소를 하겠다고 하면서요."

그래서 사당역에서 2호선으로 전철을 갈아타려고 하다가 전화를 받고 집으로 되돌아온 날이지요."

"그다음 날은 출근했나요?"

"예, 출근했더니만 박회장님은 쓰러지셨고요. 순애는 말이 아니더라고요."

"그래서 제가 앵무새 농장에 전화를 해서 그분들이 와서 순애를 데리고 갔어요. 그리고 며칠 후 박회장님은 병원으로 입원하셨고 저도 그 집을 그만두게 된 거지요."

"아주머니가 출근했을 때 순애는 어떠했나요?"

그녀는 한동안 말을 하지 못할 정도로 한숨을 내쉬었다.

"순애가 원래 있던 곳이 아닌 부엌 쪽 베란다에 내다 놓았어요. 순애는 날개를 얼마나 쳤는지 뽑힌 털이 새장에 끼어 있었고 새장도 누가 막대기 같은 것으로 쳤는지 한쪽이 약간 찌그러져 있었어요."

"아주머니, 당시 순애 상태를 좀 상세하게 말씀해주세요."

"순애가 말을 못하고 멍하니 있더라고요. 원래는 저를 보면 '안녕하세요. 안녕하세요' 인사했거든요. 그날은 저를 보고도 못 본 척하더라고요. 그래서 제가 새 농장으로 전화를 했어요. 순애는 아주 똑똑해요, 그 대신에 자기가 싫어하는 사람한테는 아주 사나워요."

"순애가 아주머니는 좋아했나요?"

"그럼요. 제가 나이가 들었어도 박회장님 댁에서 10년 넘게 일할 수 있었던 것은 순애 때문이었다고 해도 과언이 아니에요. 순애는 자기를 좋아하는지 싫어하는지 귀신같이 알아요. 그럴 때는 순애가 새 같지가 않아요."

"평소 순애는 어디에 있었고 어떻게 관리했는데요?"

"순애가 원래 이름은 앵두였어요. 꼬리 부분의 붉은 깃털 색이 앵두 색이라고 앵두라고 불렀지요. 그러다가 사모님이 아프시고 요양 병원에 가신 이후에는 박회장님이 사모님이 앵두를 너무 좋아해서 그런지 어느 날 '순애야'라고 불렀는데 앵두가 '순애야', '순애야'라고 말을 해서 그때부터 회장님이 순애라고 불렀어요. 사모님이 앵두를 제일 예뻐했거든요. 사모님이 요양 병원에 가시고부터는 회장님 방 안에 있었어요. 그리고 제가 매일마다 밥을 주고 새장을 청소해주고 했어요."

"아주머니 오늘 감사했습니다. 다음에 또 연락드릴게요. 건강하시고 저도 좋은 자리 찾아볼게요."

"아휴, 말씀만 들어도 고마워요. 저도 올해 75세인데 일을 그만둘 때가 되었다고 생각해요."

박연수 부부와 변호사가 모두 참석하는 회의가 시작되었다.

영호가 먼저 말문을 열었다. "며칠 후에 2심 재판이 시작됩니다. 바쁘신데 오늘 이 자리에 오시라고 한 것은 현재 상황을 진단하고 앞으로 대응 방안을 논의하기 위해서입니다. 우선 임변호사님이 재판 진행 관련 내용을 먼저 설명해주시지요?"

"예, 임택성 변호사입니다. 바세보 탐정 회사와 함께 일을 하게 되어서 영광입니다. 우선 지난주에 피상속인 박연수, 심순애 명의로 유류분 청구 소송과 상속재산 처분 금지 가처분 신청을 별도로 접수했어요. 일단은 상속재산은 묶어두었으니 2심 재판에 집중하면 될 것 같습니다. 그리고 며칠 전 명탐정님께서 요청하신 고인의 유언 녹음 파일을 준비해왔습니다."

"그럼 우선 유언 녹음 파일을 같이 들어보시지요. 이상한 점이 있으면 편하게 말씀해주세요. 임변호사님, 녹음 파일을 틀어주세요." 임택성 변호사는 자신의 휴대폰에 저장된 유언 파일을 재생시켰다.

"나는 박용철입니다. 생년월일은 1937년 9월 9일생이고 오늘은 2021년 11월 5일 금요일이고 여기는 내 집입니다. 나는 오늘 내 재산 중 강남구 역삼동 상가건물 전체를 큰아들인 박기수에게 증여하고자 합니다. 모두 제 스스로 결정한 사항입니다. 저는 법무법인 대양의 오인락 변호사입니다. 2021년 11월 5일 오후 2시 34분 생년월일 1937년 9월 9일생 박용철님 댁에서 본인 소유 강남구 역삼동 소재 상가 건물 전체를 장남인 박기수님에게 증여한다는 유언을 하셨습니다. 박용철님, 잘 들었지요? 예. 유언 참여자 변호사 오인락, 변호사 김인식입니다."

참석한 사람 모두 유언 내용을 듣고 있었다.

"박연수님, 김영희님, 방금 유언하신 목소리가 박용철님이 맞나요?" 영호가 물었다. "예, 아버지 목소리가 틀림없습니다."

"혹시 말씀하신 거나 목소리 등에서 이상한 점이 없나요?"

임변호사가 물었다.

"1심 재판 과정에서 들었는데요. 평소 아버지가 절대 아주버니에게는 재산을 한 푼도 안 주시겠다고 말씀하셨는데요. 유언 목소리는 아버님이 맞고요. 특이 사항을 전혀 발견하지 못했어요." 김영희가 대답했다.

"변호사님, 다시 한번 더 들려주실래요? 제가 내용을 휴대폰으로 녹음해도 될까요?" 양초희가 말했다.

"예, 괜찮습니다. 대신 다른 용도로 사용하시면 안 되는 것은 아시지요?"

임변호사는 유언 녹음을 다시 한 번 들려주었다.

"그런데 이 녹음은 좀 이상해요." 양초희가 유언 내용을 다시 듣고는 말했다.

순간 모두가 양초희를 쳐다보았다.

"뭐가 이상한지 설명해주세요. 편안하게요." 임택성 변호사가 말했다.

모두가 양초희만 주시하기 시작했다. "제가 보기엔 이 녹음 내용이 한 번에 녹음한 것은 아닌 것이 확실합니다. 이유는 할아버지 방에 순애라는 앵무새를 키우는데요. 그 순애가 할아버지가 말하면 꼭 그 말을 따라 했다고 합니다. 그런데 순애 소리가 전혀 안 들려요. 이것은 처음에 녹음할 때 순애가 박용철의 말을 따라 해서 순애를 다른 곳으로 옮겨 놓고 다시 녹음을 했거나 아니면 처음에는 지금 유언 내용과 전혀 다른 내용으로 말했다가 여러 번 반복해서 방금 들은 유언으로 만들어졌을 가능성이 있습니다."

양초희는 자신이 그동안 순애에 관하여 새 농장에 갔던 일, 가사도우미 박미순을 만나서 들은 이야기를 차분하게 설명했다.

양초희의 설명을 들은 김영희는 눈물을 글썽거리면서 말했다.

"아하, 정말 대단해요. 양프로님. 저는 시부모님께서 싱가포르 여행을 다녀와서 앵무새를 키우신다고 해서 좋아했는데요. 앵무새가 자기를 좋아하는 사람과 싫어하는 사람을 너무도 잘 알고 싫어하는 사람을 보면 공격성을 보여서 마치 새가 무슨 판정자 같이 굴어서 좀 가까이하기 싫더라고요. 아무튼 앵무새가 정말 똑똑해요 새가 아니라 무슨 심판관 같아요."

"앵무새가 좋아하는 사람과 싫어하는 사람은 누구였나요?" 문영민이 물었다.

"어머님, 아버님, 수라, 박미순 할머니, 기철이는 아주 좋아했고요. 저하고 남편은 보통이었고요. 형님과 아주버니는 아주 싫어했어요. 특히 아주버니만 보면 새장에서 막 공격성을 드러낼 정도였어요."

"순애가 좋아하는 사람을 보았을 때 행동과 싫어하는 사람에게 보인 행동이 어땠는지 설명해주실래요?" 임택석 변호사가 물었다.

"좋아하는 사람이 다가오면 '안녕하세요?'라고 하거나 그 사람이 하는 말을 따라 했어요. 그리고 보통인 사람이 오면 별 반응을 보이지 않고 가만히 있어요. 좀 무관심한 편이지요. 그런데 싫어하는 사람에게는 부리를 앞으로 내밀면서 물려는 태도를 취하고 다가오면 날개를 치면서 막 공격성을 보여요. 새장이 없다면 달려들 태세이고 절대 그 사람이 하는 말은 따라 하지 않아요. 그래서 앵무새도 자기가 좋아 하는 사람 말을 따라 한다고 생각했어요." 김영희가 대답했다.

"혹시 지금 말씀하신 내용을 입증할 만한 비디오나 사진이 있나 요? 특히 박기수에게 공격성을 보인 모습 영상이나 사진이요?"

"있는지 기억은 안 나지만 아마 찾아보면 있을 수도 있어요."

"양프로님은 앞으로 어떻게 하면 좋을까요? 지금까지 순애에 대하 여 잘 아는 양프로 의견을 듣고 싶네요." 영호가 양초희를 보면서 말 했다.

"저는 유언이 있은 다음 날인 2021년 11월 6일에 순애를 처음 발 견한 가사 도우미 박미순님의 증언이 필요하다고 봅니다. 유언을 했 던 날 이후 순애가 실어증에 걸렸고 회장님 방에서 베란다로 옮겨진 점도 이상해요. 그리고 순애를 농장으로 데리고 간 농장 주인이 이 유 언 직후 순애 상태나 실어증을 고치는 방안을 확인할 필요가 있다고 생각해요."

그녀는 자신의 생각을 차분하게 설명했다.

"순애가 할아버지가 하는 말을 따라 했다면 유언 당시에도 말을 따 라 했을 텐데. 그러면 그 소리가 유언 녹음에도 조금이라도 있어야 하 는데 방금 들은 유언 녹음에는 순애가 박용철이 하는 말을 따라 하는 소리가 전혀 들리지 않거든요. 그렇다면 방금 들은 녹음 파일은 원본 파일이 아닐 가능성이 있어요. 원본 파일이 더 있을 수도 있으니 전체 파일을 찾는다면 새로운 사실을 알 수도 있을 거 같아요." 문영민이 포렌식 관점에서 말했다.

"말씀을 들어보니 아주 좋은 의견입니다. 다만 2심 재판은 1심에서 제출하지 않은 새로운 증거를 제시해야 재판부에서 받아줄 겁니다. 그러니 방금 말씀하신 앵무새 소리 등을 찾아낸다면 피고 측에 전체 파일이 있는지 여부를 확인하고 가사 도우민 박미순을 증인신청하는 방안이 있을 것 같습니다. 그런데 중요한 것은 재판부를 설득할 만한 단서를 찾아서 구체적으로 제시해야 합니다. 2심 재판은 1심 판결에서 무죄 선고한 부분에 관한 사항을 쟁점으로 재판을 진행하는 것이 원칙이거든요. 그래서 1심에서 주장했던 내용을 되풀이할 수 없습니다. 새로운 증거를 제시해야 1심 재판을 번복할 수 있거든요. 참고로 첫 공판이 임박했으니 서둘러주세요." 임택성 변호사가 2심 재판 진행 과정을 상세하게 설명했다.

"그럼 더 하실 말씀이 있으신가요?" 영호가 회의를 종료하려고 할 때 김영희가 말했다.

"순애를 만날 때 수라와 함께 가세요. 지금으로서는 순애가 가장 좋아하는 사람이 수라예요."

그동안 아무 말 없이 듣고만 있던 박연수도 말했다. "제가 수라와 함께 어머니 병원에 간 적이 있는데 수라 목소리를 들으시고 어머니가 잠시 눈을 뜨시더니 '수라야! 수라야!' 두 번 수라를 부르셔서 깜짝 놀랐어요."

"예, 귀한 말씀입니다. 참고하겠습니다."

그렇게 회의를 마쳤다. 임택성 변호사와 박연수 부부는 돌아가고 사무실에는 영호와 직원들만 남았다.

"교수님, 박연수와 수라양이 심순애가 입원한 병원에 찾아갔다는 이야기는 처음 듣는데요."

"아하, 며칠 전에 박연수와 둘이서 만나서 이야기할 때 제게 그런 말을 했는데 하도 부인 김영희에게는 비밀로 해달라고 당부해서 말을 못했네요. 미안해요. 제가 그 사실을 공유했어야 했는데…."

"하긴 저도 김영희가 순애를 만나러 갈 때는 순애가 좋아하는 수라와 꼭 함께 가라고 말했는데 까맣게 잊고 있었네요."

"그러니깐 이런 회의가 필요한 겁니다. 다 자신의 작은 실수도 다 그대로 인정하니 다 용서합니다. 앞으로는 더 공개합시다." 강철만이 큰소리로 약간 어색한 분위기를 돌렸다.

"제가 생각하기에는 순애의 실어증을 고치는 것이 지금으로서는 가장 중요할 것 같네요. 문득 수라 목소리를 듣고 심순애 할머니가 잠시 눈을 뜨고 반응하신 것을 주의 있게 볼 필요가 있을 것 같아요. 그래서 순애에게 할머니를 보여주면 순애가 반가운 사람을 보고 변화를 보일 수 있지 않을까요? 그래서 순애가 무슨 말을 하게 된다면 유언 당시 상황을 알려줄 수 있는 증거 조각을 찾을 수도 있지 않을까요?" 조용히 듣고 있던 문영민이 새로운 방안을 제시했다.

"좋은 생각입니다. 만약 순애의 반응을 보고 작은 단서가 되면 유언 당일 녹음한 휴대폰을 제출받아 포렌식 의뢰하면 뭔가 단서가 나올 수도 있어요. 문프로님, 휴대폰 녹음 파일을 지워도 다시 복원할 수 있지요?"

영호의 말에 문영민은 대답했다. "녹음 파일은 디가우징 방식으로 삭제되지 않았다면 자료를 100퍼센트 복원할 수 있습니다."

"디가우징 방식이 뭐예요?" 강철만이 물었다.

"강력한 자기장을 이용해 하드디스크에 저장된 데이터를 물리적으로 삭제하는 기술로, 디가우저라는 박스형 장치에 하드디스크를 넣어 삭제시키는 것입니다."

"우와, 문프로님은 정말 모르는 게 없어요." 강철만의 조크로 웃으면서 회의를 마쳤다.

양초희는 다음 날 아침부터 분주했다. 박기수의 둘째 딸인 박수라와 함께 새 농원에 가서 순애를 보러 가는 날이다. 양초희는 그녀에게 전화할까 하다가 망설여졌다. 박수라의 아버지와 소송 중인 박연수의 입장에서 박수라를 만나 협조를 구한다는 것이 부모와 딸 사이를 이간질하는 것 같았기 때문이다.

그럼에도 불구하고 양초희는 김영희에게 받아 둔 박수라 전화로 전화를 했다.

"여보세요."

"안녕하세요. 수라양! 저는 할아버지 사망과 관련한 일을 하는 바세보 탐정의 양초희입니다. 오늘 시간 되시면 순애를 보러 같이 가실래요?"

"순애요?"

"예, 지난번에 제가 한번 다녀왔는데 순애가 무척 힘들어해요. 할아버지가 돌아가셨고 할머니도 요양 병원에 계시고 해서요…."

양초희의 말이 끝나기도 전에 수라가 대답했다.

"예, 갈게요. 순애를 보러 간다고 하면 당장이라도 갈게요. 수라도 순애를 좀 보고 싶었는데요. 순애가 어디 있는지 누구도 이야기를 안 해줘서요."

"예, 그럼 제가 차를 가지고 집 부근으로 갈까요?"

"예, 그럼 교대역 부근으로 와주시면 감사하죠."

"몇 시쯤 나오실 수 있으세요?"

"30분 후에 교대역 14번 출구로 오세요."

"예, 이따가 봐요."

수라는 순애를 만난다는 말에 흔쾌히 양초희와 함께 순애를 보러 가기로 했다. 양초희는 문영민과 함께 가기로 했다. 중요한 대화 내용을 녹음하거나 사진을 찍어서 증거로 확보해두기 위해서다.

잠시 후 교대역 14번 출구에서 수라를 태웠다. 그녀는 백팩을 메고 청바지와 티를 입은 평범한 대학생처럼 보였다.

"아주머니, 순애가 어디가 어떻게 안 좋아요?"

"말을 전혀 따라 하지 못하는 실어증 증세가 있다고 해요."

"아하, 아마도 순애가 충격을 받아서 그럴 거예요. 순애는 무척 똑똑하고 센서티브해요."

"수라씨, 순애가 전에도 실어증 증세를 보인 적이 있었나요?"

"실어증까지는 아니지만 며칠 동안 말을 못한 경우는 있었어요. 할아버지와 할머니가 큰소리로 싸우신 적이 있었거든요. 아마도 순애가 집으로 오고 처음이자 마지막 싸우신 걸 거예요. 그때 순애가 며칠 동안 말을 못했어요."

"그래요? 그럼 그때 말 못하는 증세를 어떻게 고쳤어요?"

"순애가 보는 앞에서 할아버지가 할머니께 사과하고 서로 껴안고 사랑한다고 말하니깐 그다음 날부터 말을 했어요."

"아하, 그렇구나. 수라씨, 우리 순애를 만나서 순애랑 같이 할머니한테 갈까요?"

양초희는 순간적으로 수라에게 순애와 함께 할머니 요양 병원에 가자고 제안했다. 수라가 슬프게 할머니를 부르자 심순애가 잠시 깨어났다는 말을 영호로부터 전해 들었기 때문이다.

수라는 표정이 한순간에 확 바뀌면서 좋아했다.

"정말로요? 좋아요. 순애랑 할머니한테 가요."

새 농장에 도착했다.

카페 안으로 들어가니 농장 주인이 수라를 보고 반갑게 맞이했다.

"오호, 이게 누구야 수라잖아. 이젠 더 예쁜 숙녀가 다 되었네요."

"사장님, 안녕하셨어요?"

"대학생이 되었지? 요즘 왜 그렇게 뜸했어요? 순애가 수라를 얼마나 기다렸다고요."

"죄송해요. 작년에 미국에 있는 대학에 입학해서 얼마 전에 처음 한국에 나왔어요."

"어디 다녀요?"

"텍사스대학교 들어갔어요."

"어디? 오스틴?"

"예, 오스틴이요."

"역시 대단하다. 착하고 열심히 하니깐 명문대학교 들어갔구나. 늦게나마 축하해요."

새 농장 주인은 수라가 마치 자신의 조카쯤 되는 것으로 생각하고 옆에 누가 있던 말던 눈길도 주지 않고 반갑게 인사했다.

"안녕하세요? 지난번에 한 번 뵈었지요?"

"아하, 기억나요. 탐정님. 지난번에 오셔서 순애에 관하여 이것저것 물으셨지요?"

"그런데 오늘은 어쩐 일로 수라와 함께 오셨어요?"

"순애가 요즘은 어때요? 말을 따라 하나요?"

새 농장 주인은 잠시 한숨을 내쉬면서 말했다.

"순애가 아직도 말을 하지 않아요. 요즘은 우울 증세까지 보여서 걱정이에요."

"한번 볼 수 있을까요?"

"그럼요. 넘버3, 아니 이젠 넘버1이 오셨는데요. 당연히 봐야지요."

"잠시 후 그녀는 양초희 일행을 새 농장으로 안내했다."

작은 새와 큰 새를 구별하고 1인실과 다인실과 같이 새장이 구분되어 있었다. 한참을 안으로 들어가니 특실 구조와 같은 새장이 몇 개 있었다. 클래식 음악이 나지막하게 흘러나왔다.

"다른 새장보다는 큰 새장 안에 큰 새 한 마리가 새장 안에 놓인 나무 위에 앉아서 꾸벅꾸벅 졸고 있었다.

"순애야! 수라가 왔다. 수라가 왔어."

그러면서 수라가 새장 가까이 다가갔다. 그러자 순애가 갑자기 날개를 펼치더니 천천히 날갯짓을 하는 것이 마치 반갑다고 인사하는 것 같았다.

"수라를 보니 순애가 이제야 살았구나?"

"순애야! 순애야! 미안해. 언니가 자주 못 와서."

수라가 순애를 보면서 마치 동생에게 말하듯이 말하자 순애는 눈을 크게 뜨고는 수라를 빤히 쳐다보았다.

문영민은 농장 주인에게 나지막하게 말했다. "사장님 혹시 순애를 이곳으로 데리고 올 때 사용한 새장을 좀 볼 수 있을까요?"

"순애를 데리고 올 때 새장이요? 왜요? 아주 못 쓸 정도로 망가졌어요."

"저희한테 좀 보여주세요. 그게 아주 순애한테 중요하거든요."

그러자 주인은 문영민을 창고 같은 곳으로 데리고 갔다.

"이겁니다. 여기하고 여기 보세요. 누군가 밖에서 망치나 몽둥이로 때린 흔적이 보이지요?" 그녀가 보여주는 부분에는 분명 누군가 새장을 밖에서 때린 흔적이 그대로 있었다. 문영민은 새장 사진을 찍고 동영상을 찍어두었다.

"사장님, 이 새장 없애지 마시고 당분간 잘 보관해주세요. 부탁드립니다."

"그러잖아도 수리 맡길까 하다가 그냥 두었어요."

"감사합니다. 부탁드릴게요."

영민이 잠시 새 농장 주인과 새장을 보는 사이에 수라와 순애는 한층 가까워졌다. "사장님, 오늘 순애를 데리고 이분들하고 같이 할머니한테 다녀와도 될까요?"

농장 주인은 잠시 순애의 상태를 살피더니 "순애가 많이 좋아졌네. 밥을 좀 먹이고 좀 쉬고 나면 다녀와도 될 것 같은데. 순애가 수라를 보았는데 넘버1 할머니까지 만난다면 얼마나 좋아하겠어. 오늘은 내가 막을 수가 없지. 그래, 다녀와. 그런데 만약 순애가 좀 이상하면 바로 농장으로 다시 데리고 와야 해"라고 말했다.

농장 주인은 수라가 할머니를 만나기 위해 순애의 외출을 허용했다. 농장 주인은 새장에 모이를 넣어주고 물을 갈아주었다. 수라와 양초희는 순애가 외출을 준비하는 동안 새 카페로 와서 커피와 케이크를 먹었다.

양초희는 영호에게는 진행 상항을 보고하고 김영희에게도 알려주면서 앵무새가 심순애가 입원한 요양 병원에 갈 수 있는지 미리 양해를 구해달라고 했다.

잠시 후 김영희로부터 연락이 왔다. "어머니가 2인실에 계시는데 함께 병실을 사용하는 분 가족에게도 양해를 구했어요. 병원에서도 잠시 왔다 가는 것은 무방하다고 승인을 받았어요. 저도 병원으로 갈게요."

잠시 후 새 농장 주인이 카페로 순애를 데리고 왔다. "자, 이제 외출 준비가 끝났으니 다녀오셔도 돼요. 순애야, 오늘 피크닉 잘 다녀와. 아니, 할머니 병문안 가지?"

양초희가 운전하는 차량 뒷자리에 순애와 수라가 타고 심순애가 있는 요양 병원으로 출발했다. 경기도 광주에 있는 요양 병원에 가는 동안 수라는 한순간도 쉬지 않고 순애에게 말을 걸었다. 가끔 차가 흔들릴 때마다 순애는 중심을 잡기 위해 날개를 퍼덕거리면서도 수라의 말을 듣고 있었다. 마치 말을 하지 못하는 아이에게 젊은 엄마가 세상살이에 대하여 설명해주면 그 말을 듣는 아이와 같았다. 병원은 시원하게 뚫린 3번 국도에서 20분쯤 깊숙이 들어가자 한적한 흰 건물이 보였다. 주변은 논밭과 산과 하천이 잘 어울려 있는 조용한 곳이었다. 병원에 들어서자 몇몇 환자들이 휠체어를 타고 천천히 다니는 모습이 눈에 들어왔다. 병원은 4층 건물로, 1층은 공동 시설이고 2층에는 병원, 물리치료실, 식당, 사무실이 있고, 3층과 4층이 병실이었다. 심순애는 햇볕이 잘 드는 남향의 2인실에 있었다. 오늘은 심순애와 함께 입원한 환자는 외부에 나가 있었다. 안으로 들어가자 김영희가 먼저 도착해서 심순애의 손을 붙잡고 기도를 하고 있었다.

"작은엄마도 오셨네요?"

"수라야, 어서 와. 나도 방금 도착했어."

순애는 병실 안으로 들어왔으나 여전히 얌전하게 앉아 있었다. 순애는 자신이 미워하는 사람이 없어서인지 아주 얌전했다.

병실에는 간호사가 한 명이 와 있었다.

"가족이 오신다고 해서 그런데 오늘은 할머니가 좋으시네요. 면회 시간은 30분입니다."

수라는 심순애 침대로 가서 양손으로 그녀의 손을 붙잡고 가끔 심순애의 손을 자기 뺨에 대고 있었다. "할머니, 수라예요. 할머니, 수라가 왔어요."

"심순애는 눈을 감고 숨을 약하게 쉬고 있었다. 그녀의 얼굴과 몸이 마치 노란 물감을 몸에 바른 것처럼 온통 누런색을 띠고 있었다.

수라는 순애가 심순애를 바라볼 수 있도록 가까이 옮겨 놓았다.

"할머니, 눈을 좀 떠보세요. 오늘은 순애도 같이 왔어요. 순애도요."

그러자 순애가 갑자기 목을 내밀면서 심순애를 쳐다보았다.

"할머니, 순애가 왔어요, 순애요."

갑자기 순애가 날개 짓을 가볍게 하더니 "안 돼. 나쁜 놈. 안 돼. 나쁜 놈"이라는 말을 내뱉었다. 누구의 말을 따라 했다기보다는 목에 걸려 있는 것이 빠져나오듯이 말을 내뱉었다. 병실 안에 있던 사람들은 모두 깜짝 놀랐다.

"수라야! 수라야!" 김영희가 수라를 쳐다보면서 수라를 여러 번 불렀다. 그러자 순애도 "수라야! 수라야!"라고 김영희의 말을 그대로 따라 했다. 순애가 하는 말은 또렷해서 누구도 쉽게 알아들을 수 있었다. 문영민은 병원으로 들어오면서부터 휴대폰으로 비디오 촬영을 하고 있었다.

순애는 병실 안에 있는 사람들 가운데 여전히 심순애를 뚫어지게 쳐다보고 있었다. 심순애는 침대에 누워 있으면 가끔 밝은 표정을 지었지만 눈을 뜨지는 못했다. 간호사는 심순애와 함께 병실을 쓰는 환자가 곧 병실로 들어오실 거라고 알려주었다. 수라는 심순애의 볼에 자신의 볼을 비비면서 작별을 고하고 있었다.

"할머니, 수라 이젠 갈게요. 다음에 또 올게요. 할머니를 보고 순애가 말을 하기 시작했어요. 순애가요." 그녀의 목소리에는 기쁨과 슬픔이 동시에 느껴졌다.

모두 병실을 나왔다. 양초희는 병실을 나와 사무실로 돌아오는 길에 "안 돼. 나쁜 놈"이라고 말한 순애의 목소리가 귀에 계속 또렷하게 남았다.

새 농장으로 돌아오자 농장 주인은 순애를 보더니 "순애가 할머니를 보고 오더니 많이 좋아졌네"라고 말했다. 그녀는 순애를 쳐다보면서 입으로 새 소리와 비슷한 소리를 내자 순애도 곧 따라 했다.

"아하, 이제 순애가 말을 하는구나. 순애야!"라고 말했다.

그녀는 순애를 쳐다보면서 "안녕하세요. 안녕하세요"라고 또박또박 말하자 순애도 "안녕하세요"라고 그녀의 말을 그대로 따라 했다.

"이제는 순애도 다른 애들하고 함께 놀아도 될 정도로 좋아졌어요. 앵무새가 말을 너무 오랫동안 하지 않으면 말하는 것을 잊어버리거든요. 앵무새의 건강 상태는 말하는 것만 보면 알 수 있어요. 건강의 척도인 셈이죠."

양초희는 순애가 심순애를 보면서 "안 돼. 나쁜 놈"이라고 말한 과정을 설명하고 동영상을 그녀에게 보여주었다.

"사장님, 순애가 누구에게도 하지 않은 말을 했고, 그 이후부터 말을 따라 하기 시작했는데 순애가 말한 '안 돼. 나쁜 놈'이라는 말을 어떻게 한 건가요?"

"코카투가 앵무새 가운데 가장 똑똑한 애들인데 아주 드물게 실어증을 보이는 경우가 있대요. 전 그동안 순애가 처음이었어요. 왜냐하면 코카투를 키우는 사람들은 새가 예민한 것을 알기 때문에 자극을 주지 않거든요. 그런데 순애는 아마도 큰 충격을 받은 것 같아요. 그런데 오늘 수라와 할머니 등 자기가 좋아하는 사람들을 만나면서 정서적으로 안정을 되찾은 것이 말을 하기 시작한 것이 아닌가 싶어요."

"그리고 순애가 한 말은 목에 걸렸던 음식을 내뱉듯이 충격적으로 들었던 말이 나온 것이 아닌가 싶네요. 제 경험으로 말씀드린 거예요. 앵무새의 실어증은 갑작스러운 충격으로 인해서 온다고 보는 것이 정설입니다." 새 농장 주인은 순애가 다시 말을 하게 된 과정을 설명했다.

양초희와 문영민은 사무실로 복귀했다. 사무실에는 영호와 강철만이 그들을 기다리고 있었다. 양초희는 오늘 있었던 일을 설명하고 동영상을 다 보여주었다. 영호는 임변호사에게 전화를 했다.

"임변호사, 오늘 우리가 아주 중요한 증거를 찾았어요. 시간 되면 우리 사무실로 빨리 와주실래요?"

"우와, 양초희 프로는 대단해. 말 못하는 앵무새를 말하게 했네." 강철만은 양초희를 바라보면서 양손 엄지손가락을 들어 보였다.

15분 정도 되자 임택성 변호사가 사무실로 들어왔다.

"무슨 증거를 찾았어요?" 그는 영호가 중요한 증거를 찾았다는 말에 인사도 생략하고 물었다.

"양프로님, 오늘 있었던 일을 변호사님에게 설명해주시고, 문프로님은 영상과 사진을 다 보여드리세요."

양초희와 문영민은 방금 영호에게 설명한 것과 똑같이 임택성 변호사에게 설명하고 보여줬다.

"오호, 아주 좋네요. 그럼 영상을 녹취하고 새장 사진 등을 첨부해서 이 사건의 핵심 증거인 박용철의 완벽한 유언을 녹음한 휴대폰 자체에 대한 열람 및 등사 신청 또는 포렌식 검증을 의뢰하려고 합니다. 아울러 가사 도우미 박미순과 새 농장 주인 김소라를 증인으로 신청하는 방안을 고려하고 있습니다."

"임변호사, 우리에게 가장 중요한 증거가 뭐지요?"

"앵무새가 말한 '안 돼. 나쁜 놈'이라는 말이 박용철이 유언하는 과정에서 증거로 제출한 유언 내용과는 다른 내용으로 유언했을 수도 있다는 점을 드러내서 박용철의 유언의 완전한 게 아니라 일부 흠이 있다는 것을 증명하여 유언의 적법성을 깨트리는 것이 우리로서는 가장 좋은 시나리오죠."

임변호사는 앞으로 재판 과정에서 밝힐 내용을 명확하게 설명했다. 그 말에 영호와 직원들도 공감을 하는 것 같았다.

"변호사님, 대단하십니다." 강철만이 큰소리로 임택성 변호사가 최고라고 엄지손가락을 치켜세웠다.

"아닙니다. 사실은 이런 과정을 1심 재판 때 주장했어야 했는데요. 솔직하게 말씀드리면 변호사들이 머리는 똑똑한데 현장감이 부족하고 책상에서 모든 일을 다 해결하려고 해요. 한마디로 자신만 믿는 헛똑똑이죠. 저도 이번에 선배님과 처음으로 일을 해보았는데요. 그동안 사건을 맡은 것이 하다가 만 것 같아서 부끄럽기도 하고 죄책감을 갖게 되었어요. 바세보 탐정 회사의 힘입니다. 명영호 선배님은 검찰 수사관으로 근무할 때에도 최고의 명수사관으로 이름을 날리신 분입니다."

순간 팀원들은 모두 입을 딱 벌리고 영호를 쳐다보았다. 영호는 뭔가 나쁜 짓을 하다가 걸린 사람처럼 얼굴이 붉어졌다. 그는 아무 말도 하지 않았다. 순간 그 말을 한 임변호사가 자신이 뭔가 큰 비밀을 누설한 것 같아 더 놀라는 눈치였다.

"내가 여러분들을 속이려고 한 것은 아닌데…."

영호의 말에 아무도 대꾸하지 않고 조용히 앉아 있었다. 마치 그동안 자신들을 감쪽같이 속여온 것에 대한 배신감과 허탈감 때문인 듯했다.

"제가 여러분께 진심으로 사과드립니다. 일부러 속일 생각은 없었지만 결과적으로 꽤 오랫동안 속여온 셈이네요. 잘못했습니다." 영호는 일어서서 직원들에게 머리를 숙이면서 사과했다.

"탐정님이 검찰 수사관 출신이라고 말하면 우리가 탐정님만 믿고 일을 적극적으로 하지 않거나 자신감을 잃을까 봐 일부러 우리에게 검찰 출신이 아니라고 말씀한 거지요. 부모가 너무 잘나면 아들이 기를 못 펴고 살까 봐 일부러 겸손하신 겁니다." 강철만이 영호의 입장에서 변명을 조리 있게 설명했다.

"그 말씀을 들으니 탐정님의 깊은 뜻을 조금은 알겠네요. 앞으로는 교수님이 아닌 탐정님입니다. 아셨죠?" 양초희 말에 영호는 아무 대답도 못하고 있었다.

임변호사는 그때서야 자신이 무슨 말을 잘못했는지 눈치챘다. "원래 명선배님이 학교 다니실 때도 그랬어요. 고시를 잘 치고도 시험 끝난 다음 날부터 다시 공부 시작했어요. 그래서 후배들도 따라서 공부를 일찍 시작했지요. 그런데 나중에 시험 발표하면 선배님은 합격한 거예요. 그러고는 선배님이 하는 말이 명품이었지요. '내가 시험 잘 치렀다고 놀면 후배들이 공부를 하지 않을까 봐 일부로 공부를 하게 하려고 공부를 일찍 시작했다'고 말씀한 적이 있었지요. 그래서 후배들이 지금도 명선배님의 깊은 뜻을 알고 좋아했고 지금도 따르는 후배가 많아요."

영호가 검찰 수사관 출신이 아니라고 직원들을 속여온 일은 이렇게 해프닝으로 끝났다.

"자, 그럼 임변호사님이 오늘이 금요일이고 화요일부터 재판 준비 기일이 잡혀 있으니 필요한 증거신청과 증인신청을 하시고 필요하면 언제든 말씀하시면 저희가 지원하겠습니다. 바쁘실 텐데 얼른 일보시지요."

영호는 강철만과 양초희에게 박연수 부부를 만나서 그동안 진행 과정과 앞으로 재판 진행 상황 등에서 관하여 상세하게 설명하도록 했다.

영호는 자신이 검찰 수사관 출신이었다는 사실을 치밀하게 숨겨 왔는데 뜻밖에 너무도 쉽게 완전히 드러나게 된 일을 생각하면서 피식 웃었다.

#5

거짓과 진실

서울고등법원 한 법정이다.

항소심이 시작된 후 2번째 심리 기일이다. 2주 전에 시작한 첫 기일에서는 원고, 피고 측에서 증인신청과 증거 제출 요구가 있었다. 오늘은 지난번 기일에 청구한 원고 측과 피고 측의 증거신청과 증인신청 채택 여부를 결정하는 날이다.

피고 박기수 측에서는 1심 공판 과정에서 심리한 사항에 대하여는 중복 심리라는 이유로 거부하겠다고 했다. 한마디로 지금까지 제출된 증거로만 재판을 해달라는 의도다.

반면에 원고 박연수 측은 1심에서 제출하지 못한 자료 제출 요구와 증인신청을 추가로 하겠다는 것이다. 1심에서 전혀 논의되지 않은 새로운 증거와 증인이라는 주장이다.

원고 측 임택성 변호사가 먼저 증거 제출 요구와 증인 2명을 신문할 것을 요청했다. 1심 재판에서 전혀 논의되지 않았던 망인이 키우던 앵무새와 관련된 증거신청과 증인신청이었다.

"존경하는 재판장님, 1심에서 전혀 거론되지 않았던 망인의 집에서 10년 이상 키웠던 회색 코카투 앵무새가 망인이 유언 당시 현장에 있었고 당시 상황을 생생하게 전달하는 음성파일을 증거로 제출합니다. 참고로 이 회색 앵무새는 앵무새 가운데 가장 지능이 높아 5살 아이 수준의 지능과 2살 아이 정도의 감정을 갖고 있는 우수한 종입니다. 순애가 피고와 변호인 등이 망인으로부터 유언을 하는 장소에 있었으며 그 장면과 음성을 기억하고 있습니다. 앵무새의 음성 녹음 파일을 증거로 제출합니다"라고 말했다.

피고 측 법무법인 바다 김창수 변호사는 "재판장님, 이의 있습니다. 민사소송법상 법정에서 증언은 사람만이 할 수 있습니다. 증언하고 위증하면 처벌을 받겠다는 선서를 하는 것도 그런 이유입니다. 원고 측에서 엉뚱한 앵무새의 증언을 증거로 제출하는 것 자체는 받아들여서는 안 됩니다. 원고 측이 신성한 법정을 모독하고 있으니 기각하심이 상당하다고 생각됩니다"라고 말했다.

법정 안이 술렁거리면서 재판장은 배석 판사 2명과 귓속말로 뭔가를 논의했다.

재판장은 "피고 측 변호인의 주장에도 일리는 있습니다. 원고 측

반박하실 기회를 드리겠습니다"라고 말했다.

임택성 변호사는 "재판장님, 피고 측에서 뭔가 오해를 하고 계신 듯합니다. 원고 측에서 앵무새를 증인석에 세워 증언을 듣는다는 것이 아니라 앵무새의 음성을 증거 파일로 신청하려는 것입니다. 민사소송법상 증인 적격은 규정되어 있지만 증거에 관해서는 그 요건이 규정되어 있지 않습니다. 앵무새가 기억하는 당시 상황을 알려주는 음성 내용을 증거로 신청하는 것입니다"라고 했다.

재판장은 "피고 측 변호인 원고 측 변호인 진술을 들으셨지요? 증인신청이 아니라 증거신청입니다"라고 말했다.

김창수 변호사는 "증인이든 증거든 동물의 울음소리에 불과한 내용을 재판의 증거로 삼는다는 것 자체가 신성한 법정을 모독하는 행위라 할 수 있어서 반대합니다"라고 말했다.

재판장은 "일단 원고 측이 주장한 증거신청과 증거와 관련된 증인 가사 도우미 박미순과 앵무새 농장주 김소라에 대한 증인신청은 모두 받아들이겠습니다. 피고 측은 원고 측이 요구하는 유언 내용을 녹음한 피고의 처 김미희 소유 휴대전화를 이미징을 할 수 있도록 협조해주시고 원고 측이 신청한 증인 박미순과 김소라에 대한 증인 신문은 다음 기일에 하도록 하겠습니다. 피고 측에서는 별도로 증거신청이나 증인신청을 하실 일이 없으면 오늘 공판은 이것으로 마치겠습니다"라고 결정하고 재판을 마쳤다.

3개월간 진행된 재판 절차를 마치고 드디어 선고 날이다.

개정 30분 전부터 재판정 복도에는 사람들이 붐볐다. 피고 측 변호인 3~4명은 서류 가방을 들고 다소 여유로운 표정을 짓고 있었다. 박기수와 김미희 얼굴도 보였다.

원고 측 변호인은 임택성 변호사 혼자다. 그도 서류 가방을 들고 안경을 닦고 명영호와 조용히 앉아 있다. 박연수와 김영희도 눈에 띄었다. 박기수와 박연수 형제는 서로 눈도 마주치지 않고 있다. 서로 부인들의 눈치를 살피느라 의도적으로 눈길을 서로 피하는 모습이다. 영호는 두 형제의 자녀들은 보이지 않는 것을 보고 그래도 마음이 좀 편했다. 두 형제간의 재판이라 그런지 다른 사람이라고는 김영희의 친정엄마 이민자와 심순애의 남동생 부부가 눈에 띄었다. 마치 재판이라기보다는 집안 회의하는 모습이다. 집안 분쟁을 제3자인 판사가 한쪽을 승자로, 다른 쪽은 패자로 결정하는 냉혹한 재판이 곧 시작한다는 것이 마음에 걸렸다.

법정 개정 시간이 임박하자 재판정 문이 열리고 밖에 있던 사람들이 재판정으로 들어와 자리를 잡았다. 변호사들은 변호인석으로 가서 자리를 잡고 들어오는 사람은 자연스럽게 좌측과 우측으로 구분해서 자리를 잡았다. 잠시 후 법원 정리가 재판부 입장 사실을 알리면서 모두 자리에서 일어섰다. 법정 뒤쪽 문을 통해 기록과 서류를 옆에 낀 판사 3명이 들어왔다.

"자 모두 앉으시지요. 지금부터 선고하겠습니다."

재판장은 손으로 법대 마이크를 조절하는 동안 법정 안에는 긴장감이 흘렀다.

"우선 심리와 선고에 이르기까지의 과정을 먼저 말씀드리겠습니다. 본 재판부에서는 1심에서 논의되지 못하고 제출되지 못한 증거신청과 증인신청을 모두 받아들여 그동안 증거조사와 증인신청을 진행해왔습니다. 물론 1심에서 논의한 내용에 대하여도 양 당사자가 추가로 주장할 내용은 가급적 다 받아주려고 했습니다. 잘 아시다시피 항소심은 사실관계를 확인할 마지막 사실심이므로 본 재판부에서는 원고와 피고의 주장을 가급적 다 논의되도록 기회를 주려 한 것입니다.

2심 원고 측에서 신청한 앵무새 순애의 목소리가 담긴 녹음 파일을 증거신청, 망인의 집에서 10년간 일한 가사 도우미 박미순, 앵무새 농장주 김소라에 대한 증인신청도 받아들였습니다. 이러한 증인신문 과정을 근거로 원심에서 피고 승소의 가장 큰 증거인 망인의 유언이 담긴 피고 박기수의 배우자 김미희 소유 휴대폰을 임의 제출받아 원고 측에 이미징 복사를 해주어 원고 측에서 공인 기관으로부터 녹음 파일 전체에 대한 파일 복원 등 포렌식 절차도 거쳤습니다.

또한 피고 측에서는 원심 법원이 인정한 고인의 유언은 민법에 정한 절차에 적합한 유효한 유언이라는 주장과 민법과 민사소송법상 재판정에서의 증인은 사람만이 할 수 있고 예외적으로 수화 등만 인정할 뿐 앵무새와 같이 동물은 증인 적격에 없다는 주장을 했습니다. 피고 측에서는 세계 어느 나라에서도 법정에서 사람이 아닌 새나 동물의 진술을 근거로 한 사례가 없음을 이유로 본 재판 과정에서 회색 앵무새 순애의 진술을 근거로 주장하는 원고 측 주장을 받아들일 수 없다고 주장했습니다. 본 재판부에서도 앵무새 순애를 증인으로 신청하는 것 자체는 용납할 수 없다는 입장이고 증인 적격이 없음을 본 법정에서 명백하게 했습니다. 다만 원고 측 변호인 주장대로 앵무새 순애가 자신을 좋아하는 고인의 유언 모습을 보고 평소와 같이 그의 말을 따라 했을 수 있고, 유언을 녹음하는 과정에서 말을 따라 하는 순애에게 공격적인 행동을 보인 점은 한쪽이 찌그러진 새장과 다음 날 새장을 베란다에서 발견한 증인 박미순과 같은 김소라의 진술로 보아 앵무새 순애가 고인의 유언 과정을 방해할 수 있었다는 개연성은 인정할 수 있었습니다. 그리고 나중에 순애가 혼수상태인 원고 심순애를 만나고 나서 말을 다시 시작한 점은 여러 증언으로 인정할 수 있습니다. 비록 앵무새 실어증 원인이나 치료 방법이 아직까지는 과학적으로 증명되지는 못해도 피고 측 둘째 딸 박수라가 제출한 진술서를 보면 원고 측 주장이 터무니없다고 보기는 어렵다고 판단했습니다. 다만 원고 측 변호인이 박수라에 대하여 한 증인신청은 그녀가 아직 만 19세인 점, 피고의 친딸인 점, 증언 이후의 파급 효과 등을 고려하여 원고 측 증인신청을 인정하지 않았습니다. 다만 박수라가 앵무새 순애와 함께 할머니인 원고 심순애에게 면회 간 과정을 자발적으로 적어 우편으로 재판부로 보내온 진술서는 접수하였습니다. 이러한 모든 과정을 거쳐 본 재판부에서는 이 사건에 주문을 선고하는 바입니다.”

재판장의 재판 과정을 설명하는 동안 법정 안은 조용했지만 재판장의 한마디 한마디에 탄식과 환호가 교차했다.

“본 재판부에서는 원고 전부 승소를 선고합니다. 따라서 본 재판으로 고인이 한 유언은 무효이므로 피상속인은 법정상속분에 해당하는 상속 권한만 있습니다."

순간 피고 측 변호인은 웅성대기 시작했다. 변호사 중 나이가 가장 적은 변호사 1명이 재판부를 향해 소리쳤다.

"앵무새의 증언을 증거로 인정한 본 재판은 법률 위반이다! 무효다! 무효다!"

법원 정리 몇 명이 법정에서 소란을 피우는 그를 법정 밖으로 끌어냈다. 선고를 마친 재판부는 기록과 서류를 정리하고는 법정에 들어올 때처럼 퇴정했다.

재판이 끝났지만 여느 재판과는 모습이 달랐다. 승자가 승리의 미소를 짓지 못하고 무덤덤하게 있었다. 패자는 망연자실한 모습이었다. 특히 재판을 이끈 법무법인 바다 변호사는 재판이 끝났음에도 그대로 변호인석에 앉아 있었다. 법원 정리의 퇴정 요구로 모두 밖으로 나왔다. 박기수는 혼자서 법정을 빠져나가고 김미희는 변호사 김창수와 뭔가 대책을 논의하면서 법정 밖에 서 있었다. 승소한 원고 측은 표정 관리하는 모습이 역력했다.

"임변호사님! 다윗이 골리앗을 이겼습니다! 너무 수고 많았어요."

법정을 빠져나오면서 명영호와 직원들은 임택성 변호사에게 다가갔다.

"아휴, 다 바세보 덕분입니다. 저는 한 게 별로 없어요."

임변호사는 모든 공을 바세보에게 돌리면서 도수 높은 안경에 입김을 불고 안경을 닦아냈다.

박기수 측은 며칠 후 2심 판결에 대해 민사소송법 위빈 등을 이유로 대법원에 상고했다.

경기도 광주시 오포면에 있는 한 공원묘지에서 한 남자가 해가 저물어가는 줄도 모르고 한 무덤 상석 위에 북어포와 향을 피워놓고 혼자서 소주를 마시면서 흐느끼고 있었다.

"아버지! 죄송해요. 기수예요. 그동안 아버지가 저를 어떻게 키우셨는데…. 흑흑."

"아버지! 아버지! 잘못했어요." 그는 혼잣말로 죄송하다는 말만 계속하면서 소주를 연거푸 마셨다. 잔도 없이 소주병을 입안에 넣고 목마른 사람이 물을 마시듯이 소주를 들이켰다.

얼마나 그가 흐느끼는 소리가 크게 들렸는지 공원묘지 관리인이 다가왔다.

"선생님, 혼자 오셨나 봐요? 답답하실 때에는 오셔서 술을 드시고 마음껏 우세요. 그래야 속이 후련하시지요? 고인께서 다 들어주실 겁니다."

관리인의 말에 그는 아무런 대꾸도 하지 않은 채 계속 술을 마셨다. 빈 소주병이 두 병이 놓여 있고 세 병째 마시고 있었다.

"선생님, 날씨가 추워요. 그리고 이곳은 산이라서 산짐승들이 나타나서 위험합니다. 주차장에 있는 검은색 승용차가 선생님이 타고 오신 차인가요?"

기수는 아무런 대답도 없이 고개를 푹 숙이고 있었다.

"고인께도 술을 한 잔 올리시지 않고요?"그는 남자가 손에 쥐고 있는 소주병이 마지막 술인 줄 알고 술을 덜 마시게 하려고 고인에게 술을 올리라고 말했다.

지금까지 아무런 대꾸를 하지 않던 그가 갑자기 눈을 뜨고 말했다.

"저희 아버지는 평생 술을 마시지 않았어요. 자식들한테도 절대 술은 마시지 말라고 하셨는데 제가 아버지 말을 듣지 않고 술을 배우는 바람에 이렇게 되었어요. 저는 아버지께 술을 드릴 수 없어요."

그가 술을 고인에게 올리지 않는 이유를 설명하고는 더 슬프게 흐느꼈다.

"그랬군요. 저랑 둘이서 저 아래로 내려가서 술 한 잔 더 합시다. 저도 오늘은 아버지 생각이 많이 나네요."

관리인은 박기수를 일으켜 세우자 그도 일어났다. 그는 봉분 쪽으로 두 번 큰절을 하고는 비틀거리면서 관리인과 함께 내려왔다. 관리인은 기수를 부축하며 내려와서 부근에 있는 식당으로 갔다. 방 안이 들어오자마자 기수는 잠이 들었다. 그 집은 관리인이 운영하는 식당이었다. 그는 기수에게 이불을 덮어주었다.

박기수가 2심 재판에서 패소하자 새로운 사실들이 드러나기 시작했다. 박기수 측 변호사인 법무법인 바다의 김창수 변호사를 선임한 것은 김미희의 제안이었다. 김미희는 법무법인 바다의 파트너 변호사인 김창수와는 서로 알 수 있는 인연이 있었다. 기수가 김미희를 만나기 1년 전에 김창수는 판사로서 1년간 휴스턴대학교 로스쿨에 연

수한 적이 있었다. 김미희는 1심과 2심에서 모두 승소하면 변호사 성
공 보수로 그에게 50억 원을 주기로 약정을 한 사실도 새롭게 드러났
다. 2심 재판에서 패하자 김미희 태도는 완전히 달라졌다. 특히 박기
수가 상고 포기한 이후에 더욱 그랬다. 그 이후 김미희는 박기수와 날
마다 심하게 부부 싸움을 했다. 상고 포기한 이후에 김미희의 모습은
예전 그녀의 모습이 아니었다. 그녀는 작은 일에도 사사건건 기수에
게 다가와서 하이에나같이 그를 몰아붙였다. 그러던 어느 날 그녀는
큰딸 미라만 데리고 미국 휴스턴으로 돌아갔다. 며칠 후 박기수는 법
원으로부터 등기우편을 전달받았다. 박기수는 그 우편물을 보고 한
동안 멍하니 앉아 있었다. 김미희가 박기수를 상대로 제기한 이혼 소
송 재판 통지서였다. 이혼 소송 대리인이 법무법인 바다 김창수 변호
사였다. 기수는 원고인 김미희가 낸 이혼 사유를 몇 번이나 읽어보았
다. 박기수가 MD앤더슨 암센터에 연수하지도 않으면서 자신을 속이
고 사기 결혼했다는 점, 김미희 집안이 가난하다고 결혼식도 제대로
올려주지 않을 정도로 무시했다는 점, 2002년 김미희의 친정 엄마가
교통사고로 사망했을 때에도 시부모가 조문은커녕 조화나 조의금도
보내지 않은 점, 상속재산을 동생인 박연수에게 주기 위해 자신과 한
마디 상의 없이 상고 포기한 점, 둘째 딸 수라를 교사해서 2심 재판에
증인신청과 진술서를 내게 하여 고의로 재판에서 패소하게 한 점 등
이 그녀가 주장하는 이혼 사유였다.

증거 서류로는 식당에서 식사하는 결혼식 사진 1장, 김미희 친정
엄마 장례식장에 모습과 방명록 사본과 상고 포기 신청서 사본 등을

증거로 첨부하였다. 김미희는 이혼의 귀책사유가 박기수에게 있다는 이유로 그의 재산의 절반을 위자료 등으로 청구했다. 김미희는 이혼 소송과 별도로 박기수의 법정상속지분 지급금지 가처분 신청도 동시에 제기했다. 박기수는 문득 아내가 결혼한 후에도 휴스턴에 머물면서 기수와 처음 식사한 카리브 식당에서 500만 원 정도 카드 결제를 한 적이 있었지만 모른 체했다. 그녀와 처음 카리브 식장에 들어갔을 때 웨이터에게 팁을 주면서 그 집에서 한 병밖에 없는 와인을 주문한 것이 오버랩되었다.

그녀가 제기한 이혼 소송에서 박기수는 아무런 주장을 하지 않아 그녀의 주장이 모두 인정되었다. 결과는 원고인 김미희가 승소했다. 박기수로서는 더 이상 재판에서 처인 김미희와 다투고 싶은 마음이 없었다. 박기수의 상속분인 박용철 재산 감정가 1,200억 원의 7분의 2인 342억 원 가운데 상속세 등을 공제한 300억 원의 2분의 1에 해당하는 150억 원을 지급하면서 이혼 소송이 끝났다.

김미희가 제기한 이혼 소송이 확정된 지 이틀이 지나고 심순애가 세상을 떠났다. 그녀가 남편으로부터 받은 상속 지분 7분의 3인 514억 원 중 한 푼도 김미희에게는 줄 수 없다는 듯이 이혼 소송이 끝나고 나서야 사랑하는 남편 곁으로 떠났다.

재판이 확정된 후 첫 번째 일요일 저녁이다. 양초희는 놀라움과 다급한 목소리로 영호에게 전화했다.

"탐정님! 큰일 났어요. 실비아 리가 토요일부터 오늘까지 전혀 연락이 안 돼서요."

"왜 갑자기 주말에 그분에게 연락하려고 해요?"

"지난주 금요일 오후에 김영희 사모님이 제게 좀 이상한 질문을 하시는 거예요."

"무슨 질문을 했는데요?"

"'실비아 리 선생님이 믿을 만한 분이시죠?'라고 묻는 거예요. 제가 아주 착실하고 꼼꼼한 분이라고 대답했어요."

"그런데 그게 뭐가 이상해요?"

"김영희 사모님이 방금 제게 전화를 해서 실비아 리 선생님이 연락이 안 된다는 거예요. 그러면서 사모님이 실비아 리에게 돈을 1억 5,000만 원을 금요일 저녁에 빌려주었다는 거예요."

"그래요? 왜 그렇게 큰돈을 빌려주었데요?"

"김영희 사모님 외아들 기철이가 중3인데요. 지난달부터 실비아 리가 영어 과외를 했다고 해요. 기철이가 영어가 약해서 실비아 리에게 영어 회화 등 영어를 배웠데요. 그런데 며칠 전부터 그녀가 급히 돈이 필요하다고 하면서 바세보 회사에는 절대로 비밀로 해달라고 당부했대요. 그런데 지난 금요일에 저와 전화 통화를 하고 저녁에 그녀에게 1억 5,000만 원을 빌려주었다는 거예요. 차용증에 그녀의 사인만 되어 있어서 인감도장과 인감증명서를 달라고 하려고 전화를 했더니 전화기 전원을 꺼져 있다는 거예요. 그래서 저도 전화를 했더니 전원이 꺼졌다는 기계음만 계속 나와서요."

"아하, 그랬었군요. 며칠 동안 일에 파묻혀 일하다보니 그녀에 대해서는 전혀 신경을 쓰지 못했네요. 부정적으로만 생각하지 말고 기다려봅시다. 전화기를 분실하거나 망가졌을 수도 있으니까요."

"탐정님, 뭔가 불길한 생각이 자꾸 들어서요."

"토요일과 일요일에 전화가 안 되는 이유는 아주 다양해요. 계속 생각하면 자꾸 불길한 생각에 스스로 사로잡히게 돼요. 불길한 생각은 꼬리에 꼬리를 물고 나오는 놈이거든요."

"예, 내일 뵙겠습니다."

영호는 양초희에게 불길한 생각을 하지 말라고 말했지만 그도 불길한 생각이 끊이지 않고 살아나는 느낌이다.

사실 이은희에 대하여 잘 아는 사람이 아무도 없다. 양초희가 그녀를 바세보 탐정 사무소에 소개했지만 양초희도 후배의 소개로 이은희를 알게 되었다고 말했던 기억이 났다. 결과적으로 그녀를 제대로 하는 사람은 없었다. 그녀는 필요한 물품을 구입할 정도의 돈만 관리했기에 회사 돈은 거의 쓰지 않았다. 그래서 금전 사고는 전혀 생각하지 못했다. 그녀가 의뢰인 김영희의 아들에게 영어 회화를 가르쳤다는 사실에 대해 아무도 몰랐다. 게다가 김영희로부터 1억 5,000만 원을 빌렸다는 것이 정말 놀라운 일이다.

사람을 선발하고 함께 일하는 것에 대하여 전문가라고 자부했던 영호지만 최근 유언 사건을 담당하면서 그녀에 대하여는 거의 신경을 쓰지 못한 점이 마음에 걸렸다. 이런저런 생각에 머리가 무거워졌다.

이은희 일로 양초희의 전화를 받고 나서부터는 걱정으로 잠을 설치고 일찍 사무실에 출근했다. 8시쯤 출근을 했는데 양초희는 이미 출근해 있었다.

"양프로님! 왜 이렇게 일찍 출근했어요?"

"밤에 한잠도 못 잤어요. 집에 있으니 답답해서 그냥 사무실에 나왔어요. 탐정님은 왜 이렇게 일찍 출근하셨어요? 제가 어젯밤에 전화를 드리지 말았어야 했는데…. 죄송해요."

"아니에요. 나이가 좀 들면 잠이 줄어요. 그리고 운동할 겸 걸어왔어요."

"탐정님, 아무래도 실비아 리에게 문제가 생긴 것 같아요. 어젯밤에 실비아를 제게 소개했던 후배에게 전화를 했더니 그 후배도 실비아와 연락이 안 돼서 남편에게 전화했대요. 남편은 3달 전에 먼저 미국으로 돌아갔고 실비아 리는 토요일 오후에 인천공항에서 출국해서 미국으로 가는 중이라는 거예요."

"그래요?"

"탐정님 말씀 듣고 조금 안정되었던 제 마음이 후배와 통화한 후 산산조각이 났어요. 밤새 한잠도 못 잤어요. 흑흑흑." 그녀는 흐느끼지 시작했다."

"너무 극단적으로 생각하지 맙시다. 설령 그녀가 돈을 빌려서 도망을 갔다고 해도 양프로님 잘못은 아니잖아요?"

영호는 사무실 부근에 있는 카페에서 커피 두 잔을 사러 밖으로 나왔다.

사무실에도 커피 자판기가 있지만 양초희가 괴로워하는 모습을 보고 혼자 있을 시간을 주는 것이 필요하다고 느꼈기 때문이다.

커피를 들고 사무실로 들어오니 양초희는 많이 안정을 되찾았다. 커피를 한 잔씩 마시는 도중에 문영민과 강철만이 출근했다. 모두 탁자로 모였다.

강철만은 양초희의 얼굴을 보더니 "양프로님! 무슨 일이 있어요? 어제 집에 안 들어간 사람 같은데…." 강철만의 농담에 양초희는 들은 체도 하지 않고 영호가 사온 커피만 마시고 있었다. 순간 강철만은 무슨 일이 있다는 눈치를 채고 이번에는 영호를 바라보았다. 영호도 모른 체하고 커피만 마셨다.

누구도 먼저 말을 꺼내기 힘든 팽팽한 긴장감이 느껴졌다.

"탐정님! 제가 책임지고 회사를 그만두겠습니다." 양초희가 그 말을 하고는 밖으로 나갔다. 분명히 그녀는 속으로는 울고 있었다.

누구도 어쩌지도 못하고 그냥 멍하니 그녀의 뒷모습만 바라보고 있었다.

"탐정님, 주말에 무슨 큰일이 있었어요?" 문영민이 차분한 목소리로 물었다.

영호는 주말에 있었던 일을 두 직원에게 설명했다.

"아하, 우리가 그 불여우한테 홀린 거네. 불여우한테요." 강철만이 양초희에게 급히 전화했다. "양프로님, 빨리 와요. 뭐 별것도 아닌 것 가지고…. 불여우한테 홀리지 않을 사람이 누가 있어요? 빨리 와요. 사표 내려면 와서 서명부터 해야지?"

잠시 후 양초희가 사무실로 돌아왔다.

"자, 우선 이번 일은 누구에게도 책임이 없어요. 회사 대표인 저의 책임입니다. 사장은 책임지라고 있는 자리입니다. 누구의 잘못도 없는데 손해가 생기면 그건 사장이 책임을 져야 하는 겁니다. 결국 이은희씨를 채용했고 관리하지 못한 책임은 제게 있어요. 양프로님은 그러니 다른 마음먹지 말고 열심히 일해요. 이번 유언 사건을 처리하느라 정신도 없었을 텐데…."

"탐정님, 금요일 김영희 사모님이 실비아 리가 어떠냐고 물으시기에 정직하고 좋은 분이라고 말해서 사모님이 그 말을 믿고 돈을 빌려줬다는 거예요. 그러니깐 제가 잘못이지요. 1억 5,000만 원이 얼마나 큰돈인데요." 양초희는 말을 하면서 울먹였다.

"김영희 사모님이 '실비아 리에게 돈을 빌려주려고 하는데 믿을 만해요?'라고 물었어야지 밑도 끝도 없이 '그 사람 어때요?' 그렇게 물으면 같이 근무하는 사람인데 누가 나쁜 사람이라고 대답할 사람이 누가 있겠어요?" 문영민은 돈을 빌려준 김영희가 전적으로 잘못한 일이라고 말했다.

"10명의 경찰관이 도둑 1명을 못 막는 겁니다. 그리고 열 길 물속은 알아도 한 길 사람 속은 알지 못한다는 말이 딱 맞네요."

실비아 리의 남편인 로버트 리는 3개월 전에 이미 미국 뉴저지로 전근 간 상태였다. 그녀는 한국에 남아 있으면서 김영희뿐만 아니라 지인 2명에게 1억 원씩 돈을 빌려서 3명으로부터 총 3억 5,000만 원을 빌린 다음 미국으로 도주했다는 것이다. 그녀는 한국에서 남편 몰래 주식 투자를 했다가 최근에 비트코인에 투자해서 큰 손해를 보는 바람에 급하게 돈을 챙겨서 미국으로 도주한 것이다. 김영희는 자신이 실비아 리에게 아들 과외를 시키면서 그녀에게 속아서 돈을 빌려준 것이고 바세보는 전혀 책임이 없다고 했다. 영호는 바세보에 근무하는 직원을 관리하지 못한 잘못으로 김미희에게 피해금의 3분의 1인 5,000만 원의 손해를 보전시켜주면서 실비아 리 사건을 일단락되었다.

영호는 그동안 역량 관점에서 직원 3명에만 몰입하는 바람에 실비아 리에 관해서는 너무도 무관심했던 자신을 자책했다. 직장에서 사람을 선발할 때 역량과 함께 인성 검사와 가치관 등을 확인하는 면접 시험을 보는 이유다.

그동안 실비아 리에 관해서는 제대로 아는 사람도 없었고 관심도 두지 않았는데 이는 조직 관리의 치명적인 문제임을 절실히 느끼게 되었다.

공연이 끝나고 막이 내린 뒤에 관객들이 찬사를 보내면 막이 다시 오른다. 출연자들은 감사의 표시로 무대에 다시 선다. 커튼콜이다. 관객들이 출연자의 실제 모습을 볼 수 있게 된다.

이 사건에 대한 정보는 강철만에게 나왔지만 실제 사건을 해결하는 데 큰 역할을 한 사람은 양초희다. 사건을 제보받은 강철만이 사건 해결에 결정적인 역할을 하지 못한 이유는 무엇일까?

선입견과 편견 그리고 부담이 그 원인일 것이다. 사건을 접수받은 사람은 제보자로부터 처음으로 설명을 들으면서 그와의 관계 때문에 사안을 정확하게 파악하지 못할 수 있다. 또한 사건을 신속하게 의뢰인이 원하는 방향으로 처리하려는 부담감도 영향을 줄 수 있다.

양초희는 관계형 역량이 탁월하다. 그녀는 사람을 만나는 것을 좋아하고 사람을 만나서 편안하게 잘 사귄다. 또한 사람들 사이에 발생할 수 있는 갈등 문제도 잘 해결한다. 또한 현장을 중시한다. 사건을 해결하는 결정적인 역할도 그녀가 현장을 찾아다니면서 사람을 만났기 때문이다. 그녀는 사람을 만나는 과정에서 박용철과 심순애 부부가 앵무새를 키웠다는 사실을 알고 그 사실에 주목했다, 앵무새에 대한 정보를 수집하고 앵무새를 찾아간다. 현장에서 작은 정보를 빠르게 조합하고 확인했다. 박노인의 집에 일하던 가사 도우미 박미순을 직접 만나 앵무새 순애의 행동이나 습관에 관하여 알게 된다. 앵무새 순애의 소재를 확인하고 직접 새 농장을 찾아가서 앵무새가 말을 흉내 내지 못하는 실어증 증세를 보인다는 점을 알아냈다. 그녀는 처음 만나는 사람과도 좋은 관계를 잘 유지한다. 수라와 함께 망인의 처 심순애를 방문하면서 앵무새와 함께 가는 아이디어를 냈다. 결국 그날 앵무새 순애는 자신이 좋아하는 심순애를 보고는 말을 하기 시작해서 실어증을 극복했다. 양초희는 사람뿐만 아니라 앵무새도 이해하려고 노력했고 친화적이다. 순애가 실어증을 극복하면서 처음 한 말을 녹음하여 이를 증거로 제출하였고 앵무새와 관련된 가사 도우미와 새 농장 주인을 증인신청하여 결국 2심 재판에서 박노인이 유언을 하는 과정에서 문제를 찾아내는 단서를 확보하게 되었다. 이렇게 파악한 앵무새 순애의 음성 파일이 1심 재판을 뒤집고 2심 재판에서 승소하게 하는 단서가 되었다. 양초희는 사건과 관련된 사람들을 빠짐없이 만나 확인했다.

다만 관계형 역량이 뛰어난 양초희는 결국 사람 때문에 큰 곤혹을 당하기도 했다. 아는 후배의 소개로 실비아 리를 바세보 탐정 사무소에 일하게 했다. 그는 사람을 사귀면서 상대방에 대하여 긍정적이다. 부정적인 면보다는 긍정적인 면을 더 보려는 경향이 강하다. 실비아 리에 대하여 잘 알지도 못하면서 그녀를 회사의 회계 업무를 담당하도록 하고 그녀를 믿는 성향이 있기 때문에 곤혹을 당한 것이다.

사고형 역량이 뛰어난 문영민은 중간중간에 핵심 쟁점을 잘 정리한다. 이런 정리는 사건 진행에서 진행 방향을 정확히 하고 논의 쟁점을 좀 더 명확하게 하여 효과적인 진행이 되도록 이끈다.

성과형 역량이 뛰어난 강철만은 쟁점을 명확하고 명쾌하게 정리한다. 다만 그는 다양하게 원인과 대안을 고려하기보다는 다소 즉흥적인 면이 강하다. 신속하게 단호하게 결정하는 편이다. 강철만이 좀 더 폭넓고 다양하게 원인과 대안을 찾는다면 좀 더 큰 성과를 낼 수 있을 것이다.

바세보 탐정에게 배우는 33역량

성과형, 관계형, 사고형 역량이 각각 뛰어난 3명이
이발소 그림 찾기, 실종 여고생 찾기, 형제 간의 상속재산 다툼 등
3가지 사건을 해결하는 과정에서 발휘하는 역량이 33역량이다.
_명탐정S

하룻밤 자고 나면 세상이 뒤바뀔 정도로 위기 또는 갈등의 시대에 살고 있다. 개인이나 조직이 살아남기 위해서는 잠들기 전 과거와 눈을 뜬 현재의 문제를 해결하고 동시에 내일도 대비해야 한다. 국가나 기업이 이 같은 인재를 간절히 갈구하는 이유다.

이런 인재는 어디에서 어떻게 구할 수 있을까? 마치 진흙 속에 숨어 있는 진주를 찾아내는 일만큼이나 어려운 일이다.

과거 경력이나 실적을 무시한 블라인드 면접과 고성과자에게만 보이는 행동 특성을 찾아내는 역량 평가 방식이 지금까지는 가장 효과적인 인재 선발과 승진 방식이다. 면접과 역량 평가는 방식은 다르

지만 위기 또는 갈등의 문제를 제시하고 해결 방안을 찾아내는 과정을 통해 옥석을 골라내는 기능을 한다는 점에서는 똑같다.

사람의 잠재적인 능력을 알아보는 방식은 동서고금을 막론하고 있었다. 조선을 창건한 태조 이성계와 무학대사의 사례를 소개하고자 한다.

(태조) "스님! 내가 보기엔 스님은 마치 돼지처럼 보입니다."
(무학대사) "제가 보기엔 상감은 마치 부처님처럼 보입니다."
(태조) "내가 스님을 '돼지'라고 놀리면 스님도 나를 무어라 흉을 보셔야 재미가 있지. 나를 '부처'라고 하니 농담하려던 내가 재미가 없지 않습니까?"
(무학대사) "돼지의 눈에는 돼지가 보이고, 부처의 눈에는 부처만 보이는 법입니다."
(태조) ….

태조는 무학대사 사람됨의 깊이를 알고 싶어서 뜻밖의 말을 던져서 그를 당황하게 하려고 했지만 무학대사는 흔들리기는커녕 오히려 지혜롭게 되받아쳐 오히려 태조를 당황하게 만들었다. 무학대사의 위기 관리와 깊은 내공을 그대로 보여준 셈이다.

국내 한 대기업 회장이 간부들의 미래 가치를 파악하는 사례를 소개하고자 한다. 대기업 총수인 김회장은 회사 임원진과 함께 일본 동경으로 연수를 떠났다.

그는 늘 회사 전체를 이끌고 갈 만한 유능한 사장을 선발하는 데 온통 신경을 쓰고 있었다. 임원 가운데 회사의 현재 문제를 잘 해결하고 미래를 대비할 줄 아는 사장단이 기업의 앞날을 좌지우지한다는 사실을 잘 알고 있기 때문이다. 그는 저녁 식사를 마치고 임원들에게 불쑥 문제 하나 던졌다.

동경에는 까치가 보이지 않고 까마귀가 많이 보이는데 과연 동경 시에는 까마귀가 몇 마리나 있을까?

김회장은 황당한 질문을 남기고는 저녁 자리를 떠났다. 기업의 속성상 김회장이 다소 엉뚱한 질문을 한 이유를 아무도 알 수 없다. 하지만 임원들은 모두 그가 던진 물음에 대한 답을 찾으려고 안간힘을 쓸 것이다. 김회장이 다음 날 아침이면 어김없이 어젯밤에 그가 던진 질문에 대한 답을 확인할 거라는 것을 임원 정도면 모두 알고 있기 때문이다. 임원들에게 그날 밤은 완전 비상이 걸렸다.

모두가 술도 먹지 않고 밤새 이 문제를 해결하려고 끙끙댔다. 하지만 누구도 동료와 함께 이 문제를 해결하려는 사람은 보이지 않았다. 자신의 전략을 다른 사람과 공유하기보다는 혼자서 멋진 해결 방안을 찾으려는 욕심도 깔려 있을 것이다.

이 문제에 접근하는 방식은 크게 3가지 유형으로 나눌 수 있을 것이다.

A타입은 도서관이나 인터넷을 통해 까마귀와 까치의 속성과 특징

등에 대한 정보를 파악하려고 할 것이다. 그리고 각종 통계 자료를 파악하기 위해 각종 통계 수치와 백과사전 등을 먼저검색할 것이다. 그는 까치와 까마귀가 살아가는 환경과 유전적 특성으로 까치는 서울에는 살 수 있지만 동경에는 살지 않는 이유를 찾을 것이다. 또한 통계 자료를 찾아 동경에 서식하는 까마귀 숫자를 찾으려고 노력할 것이다.

B타입은 까마귀와 까치를 잘 아는 전문가를 먼저 떠올릴 것이다. 그는 자신이 아는 지인과 자신의 네트워크를 통해 조류 전문가를 물색하고 그에게 문제에 대한 답을 찾으려고 할 것이다. 그는 또 다른 전문가를 소개받아 그를 통해 문제의 해답을 찾으려고 계속 노력할 것이다. 그는 전문가의 조언이 이 문제를 해결하는 가장 좋은 방안이라고 생각하기 때문이다.

C타입은 자신이 직접 눈으로 확인하고 자신만의 방안을 도출해서 성과를 내려고 동분서주할 것이다. 그는 인터넷상의 정보나 전문가의 조언보다는 현장을 중시하고 직접 현장을 확인하는 방식을 선호한다.

다음 날 새벽에 숙소 부근에 있는 공원으로 갈 것이다. 자신이 직접 까치가 있는지 여부를 확인하고 까마귀를 눈으로 확인할 것이다. 현장에서 만나는 사람들과 대화를 나누며 까마귀에 대해 알아보지만 결과는 신통치 않았다. 그는 공원이 내려다보이는 높은 곳으로 가서 공원에 있는 까마귀 숫자를 대략 파악한다. 그리고 눈으로 보이는 공원의 면적을 대략 재서 면적당 까마귀 숫자를 파악한다. 그리고 그는 공원 면적당 까마귀 숫자를 동경시 면적으로 환산해서 동경시에 사는 까마귀 숫자를 대략적으로라도 파악한다.

A타입은 사고 역량, B타입은 관계 역량, C타입은 성과 역량이 두드러지게 높은 유형이다. 갑작스럽게 문제를 해결하려면 가장 먼저 작동하는 것이 그의 역량 특성일 것이다.

다음 날 아침 식사를 마치자 김회장은 임원들의 예상대로 어젯밤에 낸 문제에 대한 의견들을 물었다. 비서실장은 옆에서 누가 무슨 말을 했는지 여부를 꼼꼼하게 메모하고 있었다.

많은 임원이 방안을 해결하지만 결국 3가지 타입으로 구별할 수 있을 것이다. 문제를 해결하는 과정에서는 사고 역량, 관계 역량, 성과 역량이라는 3가지 유형으로 분류될 수 있다.

김회장은 오랜 경험을 통해서 평상시에 능력을 발휘하는 사람과 갑작스러운 위기 상황에서 능력을 발휘하는 사람이 구별된다는 점을 잘 안다. 그로서는 두 가지 상황에서 역량을 발휘할 수 있는 유형의 인재가 골고루 있어야 한다는 사실도 잘 알고 있다. 김회장은 임원들의 대답을 모두 듣고는 조용히 자리를 떠났다.

김회장은 갑작스럽게 문제를 던져놓고 임원들의 반응을 살피는 것이 어떤 목적이었는지 더 이상 말을 꺼내지도 않았다. 그는 조용히 자신만의 경험과 기준으로 임원이 낸 대안을 꼼꼼하게 분석하여 개인별 특성을 파악해둘 것이다.

필자는 만약 김회장이 임원들의 대답을 모두 듣고 나서 이런 제안했더라면 어땠을지 상상해보았다.

"지금부터 임원들이 5명씩 자유롭게 조를 짜서 오늘 오후 6시까지 조별로 15분씩 발표 시간을 갖도록 하겠습니다. 팀원들이 자유롭게 팀장을 선정하고 팀장은 각 팀원의 역할을 정하고 팀장이 논의 과정과 내용을 모두 발표하도록 하겠습니다. 우승한 팀 전원에게는 특별 보너스가 있습니다."

김회장은 6시가 되면 28명의 임원이 어떻게 5명씩 조를 짜서 팀을 구성하고 팀장 선임과 업무 배분을 통해 해결 방안을 도출하는지 그 과정을 관찰하고 평가할 수 있을 것이다.

이 책은 명영호 탐정이 3명의 직원과 함께 난해한 3건의 사건을 해결하는 과정에서 개인과 조직 역량을 보여주려는 의도에서 쓴 자기계발서다.

수사관과 역량지도 교수였던 명탐정은 성과 역량, 관계 역량, 사고 역량이 돋보이는 강철만, 양초희, 문영민을 선발했다. 탐정 업무를 통해 팀원들이 문제를 파악하고 실행하는 과정에서 역량을 관찰하고 평가하려고 했기 때문이다.

성향이 전혀 다른 강철만(성과형), 양초희(관계형), 문영민(사고형) 3명의 직원이 탐정 회사 직원으로서 일화이발소 그림, 이상한 보이스피싱, 완전한 유언이라는 3가지 사건을 해결하는 과정에서 보여주는 조직 역량을 배운다는 의미에서 '33역량'이다. 여기까지 읽은 사람이라면 다음 3가지 질문의 답을 찾아보기 바란다.

첫째, 강철만, 문영민, 양초희 3명 가운데 누가 가장 맹활약하였다고 생각

하는가?

둘째, 이 책에서 소개한 3가지 사례 중 가장 인상 깊었던 사례는 무엇인가?

셋째, 만약 운영하는 회사에서 한 명의 직원을 추가로 더 뽑아야 할 상황이라면 어떤 직원을 뽑아야 하는가? (또는 부득이하게 한 명의 직원을 감원해야 할 경우에도 동일함)

첫째 질문에서 가장 마음에 드는 사람을 정했다면 본인이 그와 같은 유형일 가능성이 높다. 의식하지 않고 읽다보면 자신과 같은 인물에게 관심과 애착이 생기기 때문이다. 직장 생활을 하면서 친하게 만나는 사람은 거의 본인과 유사한 유형이고 왠지 싫어하는 유형은 자신과 다른 유형이다.

둘째 질문에서 〈이상한 보이스피싱〉이 가장 인상적인 유형이라고 선택했다면, 이와 유사한 경험을 했거나 딸을 키우는 부모로서 정이 많은 유형, 논리적인 사고 유형일 가능성이 높다.

〈일화이발소 그림〉이 가장 인상적인 유형이라고 선택했다면, 상대적으로 나이가 든 세대이고 끈기와 뚝심을 중요하게 여기는 성과형 유형이다.

〈완전한 유언〉을 가장 인상적인 유형이라고 선택했다면, 로맨티스트 기질과 폭넓은 분야에 대한 관심이 많은 관계형 유형이다.

셋째 질문에 대해서는 조직이 필요로 하는 역량 인재는 바로 그 조직에 영양가 있는 직원이다. 즉 그 조직에 필요한 영양소를 채워줄 수 있는 사람을 선발해야 한다. 직무 성격이 치밀한 관리가 필요한 업무는 성과형, 분석과 논리를 필요로 하는 업무는 사고형, 활발하고 대인 관계를 요구하는 업무는 관계형 인재를 선발하는 것이다.

아울러 '달걀을 한 바구니에 모두 담아두지 말라'는 위험회피 이론을 주목할 필요가 있다. 업무 능력이 비슷한 수준이라면 가급적 똑같은 유형보다는 다양한 유형으로 팀이 구성되는 것이 큰 위기를 피할 수 있는 방안이다. 똑같은 유형이 모이면 단합은 잘되는 장점이 있지만 모두 같은 방향만 바라봄으로써 다른 쪽은 놓치는 우를 범하기 쉽기 때문이다. 다만, 다양한 유형이 모이면 단합이 잘 이루어지지 않는 경향이 있어서 갈등 조정에 관심을 가져야 한다.

3가지 질문에 대한 답은 필자가 이 책을 쓰는 과정에서 10명에게 초고를 읽어보게 하고 똑같은 질문을 했을 때의 답변과 역량지도 교수로서의 경험을 기반으로 쓴 것임을 밝혀둔다.